图书馆灰色文献资源开发与利用

林泽明　刘锦山　刘锦秀　著

國家圖書館出版社

图书在版编目(CIP)数据

图书馆灰色文献资源开发与利用/林泽明,刘锦山,刘锦秀著. --北京:国家图书馆出版社,2014.6

ISBN 978-7-5013-5387-3

Ⅰ.①图… Ⅱ.①林… ②刘… ③刘… Ⅲ.①图书馆工作 Ⅳ.①G25

中国版本图书馆 CIP 数据核字(2014)第 134609 号

书　　名 图书馆灰色文献资源开发与利用

著　　者 林泽明　刘锦山　刘锦秀　著

责任编辑 高　爽　王炳乾

出　　版 国家图书馆出版社(100034　北京市西城区文津街 7 号)

(原书目文献出版社　北京图书馆出版社)

发　　行 010-66114536　66126153　66151313　66175620

66121706(传真)66126156(门市部)

E-mail btsfxb@nlc.gov.cn(邮购)

Website www.nlcpress.com ——→投稿中心

经　　销 新华书店

印　　装 北京科信印刷有限公司

版　　次 2014 年 6 月第 1 版　2014 年 6 月第 1 次印刷

开　　本 710×1000(毫米)　1/16

印　　张 15.5

字　　数 300千字

书　　号 ISBN 978-7-5013-5387-3

定　　价 48.00 元

序　言

图书馆作为人类保存文化、传承文明的知识机构，其馆藏所涉范围当为人类一切有价值的文献。就“出版”方式与传播范围来划分，文献可以分为白色文献、灰色文献与黑色文献3种类型。这里的“出版”之所以要加上引号，是因为这里的“出版”是指广义的出版，既包括出版机构的出版活动，也包括非出版机构和个人通过一定方式对有关内容进行的发布活动。就图书馆所承担的历史使命而言，无论白色文献、灰色文献还是黑色文献，理应都属图书馆的收藏范围。但是，由于种种因素的制约，目前绝大多数图书馆的收藏重点皆聚焦于白色文献，其馆藏主体基本上都是由图书、报纸、期刊、其他形式的正式出版物及其相应的数字化资源构成，而对于非白色文献特别是灰色文献明显重视不够。

我们知道，黑色文献由于涉及文献出版者的经济、政治、技术、文化秘密或者个人的隐私，一般都是不公开的、保密的，因而，黑色文献一般不会成为图书馆等知识机构的收藏对象。但是，灰色文献则与黑色文献不同，基本上不涉及出版者的秘密或者隐私，而且具有相当的学术、文化、商业、历史与文献价值。通过持续地、系统地搜集、整理、挖掘与开发，就可以使灰色文献发挥出应有的作用，在推进学术研究、经济发展、社会繁荣等诸多方面做出积极的贡献。既然灰色文献具有如此大的价值和作用，为什么图书馆在灰色文献资源开发利用方面的工作还相当薄弱呢？除了灰色文献本身由于出版方式和传播范围的局限而造成的获取困难，以及由此带来的获取成本高的原因之外，另一个更为重要的原因是我们对于灰色文献的认识尚待加强，其中最为突出的就是对于灰色文献的价值判断存在着较大的误区。多数人认为，灰色文献没有太大的价值，或者灰色文献没有白色文献价值大。应该说，这种认识是片面的。任何类型的文献都既包括价值大的文献，也包括价值小的文献，白色文献如此，灰色文献亦如此。白色文献中不乏价值很小的文献，灰色文献中亦不乏价值很大的文献。因此，我们应该首先破除这种片面的认识，只有这样才有可能真正重视起灰色文献的开发利用工作。

本书围绕“图书馆灰色资源开发利用”这一主题展开，包括“绪论”“灰色文献资源的分类”“灰色文献资源开发与利用”“灰色文献资源开发利用案例”和“附录”5个部分。

“绪论”包括灰色文献的研究状况、灰色文献的定义和特点、灰色文献的类型、灰色文献资源发展趋势、灰色文献资源开发与利用的意义、国内外灰色文献开发与利用现状与目前我国灰色文献开发利用存在的问题等10个方面的内容。

“灰色文献资源的分类”按照来源、体裁、载体详细介绍了政党和国家机构灰色文献资源、非营利组织灰色文献资源、企业灰色文献资源与个人灰色文献资源,科技报告、学术论文、会议文献、标准文献、专利文献、翻译文献、技术与商务文件、党政机关公文、书目、家谱、地方志、拓片和口述资料与非物质文化遗产文献,纸质灰色文献、声像灰色文献、缩微灰色文献、数字灰色文献和网络灰色文献的来源、分布与特点。

“灰色文献资源开发与利用”介绍了灰色文献开发利用的基本原则,并分别从灰色文献资源的版权建设、相关标准、技术平台、资源组织、生产体系、长期保存、持续发展7个方面系统介绍了图书馆如何具体开展灰色文献的持续开发利用以及应该注意的问题。

“灰色文献资源开发利用案例”从政府机构、企业、公益机构、个人、家谱以及互联网6个方面介绍了国家知识产权局网站、美国商务部国家技术信息局数据库、e线图情、碧虚网、《碧虚内参》、台湾地区博硕士论文知识加值系统、美国医学院图书馆公共卫生报告数据库、欧洲灰色文献系统、捷克共和国国家灰色文献库、上海图书馆家谱数据库、方略知识管理系统、美国国会图书馆互联网档案、澳大利亚网络文档资源存取项目、国家图书馆名家手稿文库与Email Britain共14个国内外灰色文献资源开发利用的成功案例,供图书馆和读者朋友们参考。

本书绪论,第一部分,第二部分第一节、第二节,第三部分第一节、第三节、第四节由林泽明完成;第二部分第三节、第四节由刘锦山完成;第二部分第五节到第八节,第三部分第二节、第五节与第六节部分案例,参考文献及网站由刘锦秀完成。本书体例与章节安排由林泽明和刘锦山制定,林泽明对全书进行了最后的修改、润色和审定。

刘剑英完成了部分案例的撰写工作,赵启玥完成了《历年国际灰色文献大会一览表》的翻译工作,在此对于她们的工作表示衷心的感谢。

希望本书的出版对于我国图书馆灰色文献资源开发利用能够起到积极的推进作用。由于水平所限,不足之处在所难免,希望得到读者朋友们的批评指正。

林泽明

2014年3月1日

目　录

绪　论

第一部分　灰色文献资源的分类

第二部分　灰色文献资源开发与利用

第三部分　灰色文献资源开发利用案例

绪　论

1　灰色文献的定义及其研究状况

1984 年实施的中华人民共和国国家标准《文献著录总则》和 2009 年修订颁布的中华人民共和国国家标准《文献著录　第 1 部分:总则》(GB/T3792.1—2009)对文献概念定义均为:“记录有知识的一切载体。”文献在现代通常的另一种定义为:“记录有信息和知识的一切有形载体。”

具体来说,文献是将信息和知识用文字、符号、图像、音频等记录在一定的物质载体的结合体。信息和知识是文献的核心内容,载体是信息和知识赖以保存的物质外壳。除书籍、报纸、期刊等纸质出版物外,凡载有文字等信息和知识的甲骨、金石、简帛、拓本、图谱乃至缩微胶片、磁带、磁盘、光盘等,皆属文献的范畴。传统意义上,文献多以甲骨、金石、简帛、纸张为载体,信息时代,随着技术的发展,大量涌现的数字文献(即电子文献)多以磁盘、光盘等形式存在并依托互联网和电脑、手机等设备存取使用。

灰色文献一词最早是以德语“graue Literatur”的形式出现在 1976 年的《图书情报学文摘》(*Library and Information Science Abstracts*)的关键词列表里①,英式英语翻译为“grey literature”,而美式英语翻译为“gray literature”。

迄今为止,人们对于灰色文献还没有一个统一的定义。通常把各类正规出版机构正式出版具有出版号并在社会上公开流通和传播的文献如图书、报纸、期刊称为白色文献(white literature);把非公开发行、内容保密的文献称为黑色文献,黑色文献一般是非正式出版没有出版号的;灰色文献则是介于白色文献和黑色文献之间的文献。与灰色文献相类似的提法还有非正式出版

① Alberani V, Castrohttp P D. Grey literature from the York Seminar(UK) of 1978 to the year 2000[EB/OL]. [2013 - 11 - 14]. http://www.chinalibs.net/ArticleInfo.aspx?id=346433.

文献(non-publication literature)、非常规文献(non-conventional literature)、难获文献(hard-to-get literature)、内部刊物(house journals)、半出版文献(semi-published literature)等。

国际上对灰色文献的关注始于20世纪初。资本主义世界周期性的经济危机,致使各帝国主义国家之间争夺激烈,矛盾加剧,相继爆发了第一次世界大战和第二次世界大战。特别是在第二次世界大战期间,各国为加强自身的军事力量和经济实力,大力发展科学技术,在工业领域和航空航天领域开始出现了以科技报告为代表的内部科研成果的交流。战后,灰色文献开始扩展到经济、文化等社会科学领域。到20世纪70年代末,灰色文献已经进入图书情报学研究者的视野。

1978年,在英国约克郡,欧盟委员会、欧洲共同体(即现在的欧洲联盟)和大英图书馆外借部(即现在的British Library Bibliographic Services & Document Supply Centre,大英图书馆书目服务与文献提供中心)共同发起、召开了一次有关欧洲非常规文献和灰色文献的研讨会,来自欧洲共同体各成员国的出版商、用户和合作机构(包括图书馆和档案馆)的30位代表参加了会议,会议主题为"改善灰色文献收集与利用环境"。这次特殊的研讨会首次提到了"grey literature",并将灰色文献定义为"non-conventional literature, not issued through the normal commercial publication channels",即"非常规文献,不通过正规的商业出版渠道发行的文献"①。这是灰色文献以学术讨论的形式首次公开、正式地进入公众视野。此次会议讨论了灰色文献的征集、书目控制、编制灰色文献检索刊物等问题,并提出建立欧洲灰色文献信息系统(System for Information on Grey Literature in Europe,简称SIGLE),以使欧共体成员国的灰色文献得到有效开发和利用。

1982年5月,英国的专业图书馆及情报所协会(Association of Special Libraries and Information Bureaux,简称ASLIB,即现在的信息管理协会Association for Information Management)在伦敦召开了"非常规文献收集与书目控制"专题会议。所谓非常规文献也就是指不经正式出版发行的灰色文献。

1983年,英国图书馆学家D. N. Wood在第49次国际图联大会上宣读论

① Alberani V, Castrohttp P D. Grey literature from the York Seminar(UK) of 1978 to the year 2000[EB/OL]. [2013-11-14]. http://www.chinalibs.net/ArticleInfo.aspx?id=346433.

文《灰色文献的收集、书目控制及利用》(*The Collection, Bibliographic Control and Accessibility of Grey Literature*),该文于 1984 年发表在 *IFLA Journal* 上。D. N. Wood在文中提出:"灰色文献是通过正规售书途径所得不到的资料"。

1985 年,国际文献联合会社会科学文献委员会和国际图联社会科学信息部联合编辑出版了《社会科学文献中的灰色文献》(*Grey Literature in Social Science Information and Documentation*)一书。

1993 年 9 月,美国召开了"改善国外灰色文献获取条件"的会议,主题为如何获取国外灰色文献①。

1993 年 12 月,由欧洲灰色文献信息系统委员会主办的第一届国际灰色文献大会在荷兰首都阿姆斯特丹召开,与会者共 197 人,来自 29 个国家和地区,会议中心议题是灰色文献的收集与整理。此后不久,关于世界各国灰色文献收集和利用这一主题的学术论文开始涌现,如拉夫堡大学(Loughborough University)学者 Paul Sturges 在 *Using Grey Literature in Informal Information Services in Africa* 一文中介绍了塞拉利昂、坦桑尼亚、贝宁、塞内加尔、博茨瓦纳、津巴布韦等非洲国家对灰色文献的利用②;法国学者 Debachere, M. C 在 *Problems in Obtaining Grey Literature* 一文中讨论了灰色文献获取中遇到的种种问题③。这说明,灰色文献已成为人们普遍关注的信息资源,灰色文献的研究已形成了国际化态势。

1995 年,美国政府机构灰色文献工作小组(The U. S. Interagency Gray Literature Working Group,简称 IGLWG)在其制订的灰色文献信息功能计划(Gray Information Functional Plan)中对灰色文献的定义是"能够通过特殊渠道获取的国内外开放性原始资料,这些资料不受出版、发行和书目控制,亦不能通过书商和发行机构获得"④。

而为全球图书馆界广为引用的定义则是 1997 年召开的第 3 届国际灰色

① 倪虹. 探索灰色文献[J]. 中华医学图书情报杂志,2005(6).

② Sturges P. Using Grey Literature in Informal Information Services in Africa[J]. Journal of Documentation,1994(4).

③ Debachere M C. Problems in Obtaining Grey Literature[J]. IFLA Journal, 1995, 21(2).

④ Young P R. Grey Literature—A Digital Age Mosaic (Keynote Address at GL1114 December 2009)[EB/OL]. [2013 - 11 - 15]. http://www.chinalibs.net/ArticleInfo.aspx? id=346434.

文献大会(The Third International Conference on GL)上讨论并通过的“卢森堡公约”(Luxembourg Convention)中的定义:“灰色文献是指由各级政府、学术界、工商业界产生的,以电子或印刷版形式传播的不受商业出版控制的文献”。

2004 年在纽约召开的第 6 届国际灰色文献大会上又将此定义进行了补充,添加了“换言之,产生这些文献的主体不以出版作为其首要活动”①。上述定义主要强调的是灰色文献的来源以及其不通过商业出版和难以获得的特性。

2010 年 12 月,第 12 届国际灰色文献大会在捷克共和国首都布拉格举行,法国戴高乐·里尔第三大学的学者 Joachim Schöpfel 提出灰色文献的“纽约定义”已不能适应网络时代的信息发展和出版环境,应当予以修正。Joachim Schöpfel 认为灰色文献定义应该考虑到其知识产权归属和收藏、利用价值,建议将“纽约定义”修改为:“灰色文献是来源于各级政府、学术界、工商业界,以印刷或电子版形式出版的、可由文献收藏机构或机构知识库保存和加工的具有收藏和保存价值的文献,这些文献受知识产权法保护,但不受商业出版控制,换言之,产生这些文献的主体不以出版作为其首要活动。”② Joachim Schöpfel 的定义不仅强调了灰色文献的来源、流通和非商业出版的特性,同时提出了灰色文献应当具有利用和收藏的价值。

我们再来看看国外一些灰色文献收藏机构对灰色文献的描述。得克萨斯大学奥斯汀分校图书馆收藏有大量化学领域的灰色文献,认为灰色文献是“主流出版物(期刊和专著)之外的海量文献”,如化学方面的会议文献、技术报告以及专利等③。北达科他州立大学图书馆在其主页上为读者设置了灰色文献导航,他们认为灰色文献是由各领域研究人员和从业人员产生的不受商业出版控制的文献,产生灰色文献的机构包括政府、企业、宣传机构以及其他组织,如绿色和平组织、非政府组织、联合国等,这些文献以报告、数据或政策

① Lawrence A. Electronic documents in a print world: grey literature and the internet[EB/OL]. [2013-11-14]. http://www.chinalibs.net/ArticleInfo.aspx? id=346436.

② Schöpfel J. Towards a Prague Definition of Grey Literature[EB/OL]. [2013-11-14]. http://www.chinalibs.net/ArticleInfo.aspx? id=346431.

③ university of texas library[EB/OL]. [2013-11-14]. http://www.lib.utexas.edu/chem/info/gray.html.

的形式出版①。

我国其实很早就在开发和利用灰色文献了。北京图书馆早在1956年4月就在报纸上公开征集科学研究资料，并与高教部联系征集学位论文②；中国科学技术情报研究所于1962年创刊的《科技文献索引·特种文献》(后更名为《国外科技资料馆藏目录》)就是用以检索各国科技类灰色文献的题录式检索工具书。但使用“灰色文献”一词进行研究则始于20世纪80年代。初期的研究成果甚少，对于灰色文献多认为就是指“非正式出版物，由非正式发行渠道交流所得的各种各样的文献资料”③，也有称其为“特种文献”或“内部资料”④，或者仅从灰色文献的特点和所包括的文献类型论述它与其他文献的区别，而且论述多带有“科普”性质，作者重点在于向读者介绍这种新型的文献究竟是什么。从20世纪90年代后期开始，计算机、网络和数字化技术在我国飞速发展，信息变得更加丰富多样，图书馆界对灰色文献的研究也更加重视，相关研究的论文发表数量明显增加，研究中不仅关注灰色文献的价值、来源和开发利用，同时也在借鉴国外经验的基础上，探究灰色文献在我国图书馆的建设模式、服务方式、发展趋势以及版权保护等。

关于灰色文献，1991年出版的《图书情报词典》把其定义为：“通过正常发售途径难以获得的文献。”武汉大学出版社1991年1月出版的《英汉—汉英文献信息辞典》的解释是：“灰色文献就是利用访问、会议、报告、通信等手段提出，但尚未出版的文献。”有学者综合国内外研究情况，将灰色文献概念的“内涵”确定为“形式复杂多样，内容新颖，传播范围小而速度快，具有过渡性质的非公开出版、非正常交流渠道获得的非密级限制的文献⑤”。也有学者认为对灰色文献的界定虽然有多种说法，但这些说法实际上与1997年召开的第

① North Dakota State University library[EB/OL].[2013-11-14]. http://library.ndsu.edu/gray-literature.

② 赵志刚.国家图书馆灰色文献征集的历史、现状与未来[C]//国家图书馆外文采编部.新信息环境下图书馆资源建设的趋势与对策——第三届全国图书馆文献采访工作研讨会论文集.北京:国家图书馆出版社,2009:64.

③ 吴幼棠.高校图书馆应重视灰色文献的收集利用[J].四川图书馆学报,1989(3).

④ 孙成权.论特种文献情报源的开发与利用[J].图书与情报,1989(2).

⑤ 马学立.灰色文献内涵与外延的辨析及界定——关于文献等级结构研究系列之三[J].图书馆建设,2003(1).

3 届国际灰色文献大会的定义是一致的①。还有学者按照对文献的加工程度,将灰色文献划分为准文献、零次文献,认为灰色文献是“指未来得及记录下来、尚未发表或不适合公开和大范围交流的比较原始的素材、底稿、原始统计数字以及各种口头交流的经验、意见等”②。

2002 年之前,我国的图书馆、情报所、数据库厂商等资源提供、收藏和服务机构虽然也进行了有限的灰色文献如学位论文、会议文献的相关建设与服务工作,但都没有使用“灰色文献”一词明确向用户和读者介绍、推荐相关资源,也就是说,从文献提供者、服务者的角度,没有给予灰色文献足够的重视,这样用户和读者就不能充分认识灰色文献的价值,仅能被动地、“不知情”地利用图书馆等知识服务机构提供的甚为有限的灰色文献资源,没有形成“用户、读者利用——用户、读者需求的提出——进一步开发、研究——更好地利用”这样一个的良性循环链条,使得理论的研究缺乏更多的实践支撑。

2002 年,我国图书情报界灰色文献资源建设与利用出现了一个值得一提的变化。当年成立的北京雷速科技有限公司明确地将自己的业务方向定位为“高品质灰色文献资源挖掘与利用”,雷速公司推出的第一个产品——e 线图情(http://www.chinalibs.net)也成为我国第一个明确以收录灰色文献为主的专业数据库。在此后的 10 余年里,在图书馆界的支持下,雷速公司先后推出了以收录互联网高品质灰色文献学术资源为主的方略知识管理系统(http://www.firstlight.cn)和以收录哲学领域高品质灰色文献学术资源为主的哲摄线(http://www.toplights.cn),并致力于灰色文献学术资源的研究、推广和利用,有力地促进了我国图书馆界对灰色文献资源的理论研究和实践工作。

目前对于灰色文献的研究、搜集、整理和利用引起越来越多的图书馆和企业的重视,全国 300 多家大学图书馆、公共图书馆、科研院所图书馆用户使用雷速公司、CNKI、碧虚公司等企业提供的灰色文献产品。

从上述研究可以发现,迄今为止,人们对于灰色文献并没有一个统一的、清晰的定义,无论是从其获取程度的难易、获取途径进行的描述,还是从其来源、非正式出版等特性来划分,都还不能够清晰而准确地将其和其他文献区分开来。我们知道,白色文献是通过正规出版机构出版的具有出版号的文

① 赵伯兴 盛兴军.网络环境下灰色文献的合作存储问题探究[J].情报资料工作,2004(S1).

② 王宪洪.学术文献检索[M].北京:中国财政经济出版社,2008:6.

献，所谓正规出版机构就是经过政府相关主管机构批准成立的、从事文献出版的单位。出版号包括国际标准书号 ISBN、国际标准刊号 ISSN、国内统一刊号 CN 等，每种正规的出版物都会由出版机构按规范分配一个出版号。而灰色文献和黑色文献是没有出版号的，这样就把白色文献与灰色文献和黑色文献区别开来。灰色文献与黑色文献的区别也是很明显的，黑色文献是不公开的文献，而灰色文献是半公开的文献。因此，我们这里可以给出一个灰色文献较为简洁、准确的定义：灰色文献是没有出版号的半公开文献。

2　灰色文献的特点

如上所述，与白色文献相比，灰色文献突出的特点是未经正式出版，因而流通范围小，不易获得，进而难以收藏利用；与黑色文献的保密特性相比，灰色文献又是公开、开放的原始资源。总体来说，灰色文献有如下特点：

第一，来源丰富。灰色文献的来源包括但不限于政府机构、企事业单位、协会组织、个人等。

第二，体裁多样。灰色文献体裁包括但不限于学术论文、预印本、专利、商业文献、调查报告、企业刊物等。

第三，载体丰富。灰色文献的载体包括纸张、胶片、磁盘、光盘、网络等介质。

第四，出版灵活，时效性强。灰色文献不受《出版管理条例》的限制，文献发布具有很大的灵活性和随意性，很多灰色文献的发布时间和数量完全由文献所属机构或个人决定，发行周期短，传递速度快。

第五，流通范围相对较小。灰色文献通常不通过商业性出版物的流通渠道发行，是只在特定范围内公开的文献。所谓特定范围，是指由于作者意愿、灰色文献生产机构的利益、文献本身的特点而使文献只是在某一范围内流通，如部分学位论文只在本校收藏、流通，企业内部刊物只在企业内部或其用户群内流通等。

第六，版权问题复杂。灰色文献种类繁多，来源丰富，因而涉及版权问题也复杂多样，同时由于其半公开的特性，使侵权行为具有一定隐蔽性，往往出现侵犯他人权利而不知情，甚至创作者被他人侵权而不能及时发现的情况，因而极易造成版权纠纷。

3 灰色文献的类型

人类在政治、经济、军事、文化、科学以及宗教等的社会活动中产生了大量的文字资料和其他资料，记录着人类社会各个领域的发展历史，这些资料除去白色文献公开出版、流通和收藏之外，绝大部分都属于没有大范围流通的灰色文献。例如，古代文人志士的书信、手稿、赋诗、手抄本，民间流传的歌谣、乐谱、剧本、民间文学以及家谱、地方志等，宋代还出现过非官方的报纸"小报"等，都应属于灰色文献范畴。

20 世纪以来，随着经济社会和科学技术的发展，灰色文献的数量也呈逐渐增长的态势。从技术层面来看，印刷技术由传统的铅字印刷发展到激光照排机和电脑排版技术，使得民间非正式的印刷品更易印制；信息技术的飞速发展，网络广泛而深入地渗透到人们生活和工作的各个方面，各机构和组织纷纷建立自己的网站，发布与本组织相关的信息；论坛、博客和微博相继出现，个人信息发布更加便捷；信息载体不再只局限于传统的纸张，数字资源、网络资源逐渐成为信息资源的主流，以音视频为载体的信息传播也变得更加容易和通用化。在这样的背景下，信息的制作、传播更加容易甚至随意，无需通过正规出版，就可以将信息迅速发布，使得灰色文献的数量和种类也快速增长。从社会层面来看，随着经济社会的发展，政府部门出于政府信息公开、加强法制建设等目的，逐渐增加了信息发布和各类政府出版物的出版；企业出于竞争和自身发展的需要，将企业内部文化建设、外部宣传资料制作作为企业常设工作；经济的发展也带动了科研机构学术交流活动和技术研发项目等的增多，除公开发表的技术成果外，学术交流活动产生的文献、研究开发过程中的文献都属于灰色文献；另外，现代文化艺术的繁荣，使得文化艺术交流、创作空前活跃，很多作者通过网络将自己的作品公之于世，在没有正式出版之前，这些也属于灰色文献。社会的发展直接导致灰色文献的来源更加丰富，种类更为多样，数量更加庞大。灰色文献看似纷繁复杂，但我们仍可以将其以来源、体裁、载体来进行归纳分类。

3.1 按来源区分

主要分为组织机构灰色文献和个人灰色文献。组织机构灰色文献还可细分为政党和国家机构灰色文献、非盈利组织灰色文献和企业灰色文献。

3.1.1　政党灰色文献

政党灰色文献指各政党及其组织为实现其政纲和政治主张而展开的一切政治研究、政治活动和政治斗争中以各种形式或载体公开发布的、未经正式出版的文献,包括文字材料、音视频资料等。我国实行的是中国共产党领导下的多党合作和政治协商制度,中国共产党是执政党,8 个民主党派是参政党,中国人民政治协商会议是中国共产党领导的多党合作和政治协商的重要机构。中国共产党、各民主党派以及中国人民政治协商会议产生的灰色文献属于政党灰色文献。

3.1.2　国家机构灰色文献

国家机构灰色文献是指由各级国家机关及其组成部门、直属和所属机构以各种形式或载体公开发布的、未经正式出版的文献。我国的国家机构包括国家最高权力机关(全国人民代表大会)、中华人民共和国主席、最高国家行政机关(国务院)、中央军事委员会、地方权力机关(地方各级人民代表大会)、地方行政机关(地方各级人民政府)、民族自治地方的自治机关、国家审判机关(最高人民法院、地方各级人民法院和军事法院)、国家法律监督机关(最高人民检察院、地方各级人民检察院和军事检察院),这些机构形成的灰色文献属于国家机构灰色文献。

3.1.3　非营利组织灰色文献

这是指非营利组织在自身发展、处理和解决各种社会问题、进行公益活动和社会服务活动中形成的没有正式出版和发行的文献。我国的非营利组织包括社会团体、民办非企业单位和基金会。根据我国国情,在本书中我国的事业单位、人民团体以及《社会团体登记管理条例》规定的免于登记的团体也纳入到非营利组织范畴。

3.1.4　企业灰色文献

这是指企业在生产经营活动中产生的未经正式出版的管理、商务和技术类文献,如企业内部报刊、产品资料、产品样本、产品目录、管理手册、通知、决定、决议、报告、会议纪要和会议简报等。

3.1.5　个人灰色文献

这是指由个人在日常生活和社会活动中自行创作生产的未经正式发表的文献总称,主要有书信(包括电子邮件)、日记、笔记、个人文集、自传、回忆录、写作手稿、翻译手稿,以及个人在博客、微博、QQ 空间、个人网站上发布的信息等。

3.2 按体裁区分

可分为科技报告、论文、会议文献、标准文献、翻译文献、技术与商业文件、党政机关公文、书目、家谱、地方志、拓片、口述资料与非物质文化遗产文献。

3.2.1 科技报告

科技报告来源于科技创新活动，是用于描述科学或技术研究的过程、进展和结果，或描述一个科学或技术问题状态的文献。按专业名称可分为研究报告、论证报告、考察报告、观测报告、测试（检测）报告、设计报告、分析报告、实验（试验）报告、研制报告、施工报告、演示验证报告、鉴定报告等。

3.2.2 论文

论文指用来进行科学研究和描述科研成果的未经正式出版的文章，可划分到灰色文献的论文包括学位论文、预印本以及作者发布在其他非正式出版物、机构知识库、网站上的未经正式出版的学术文章。

3.2.3 会议文献

会议文献是指在政治性会议、经济性会议、文化教育会议、科技会议、商业会议等各种会议前后和会议中间产生的与会议相关的文献，包括会议议程、演讲课件、演讲音视频资料、未经正式出版的会议论文集，会前预印稿以及其他有关会议的资料。

3.2.4 标准文献

标准文献是指“按照规定程序编制并经主管机关批准，以特定形式发布，供一定范围内广泛并多次使用的，包括一整套规格、定额、规则、要求的文件”①。通过正规出版机构正式出版的标准不属于灰色文献，这里专指没有通过正式出版机构出版的标准。按标准制定的主体，可分为国际标准、区域标准、国家标准、行业标准、地方标准和企业标准；按标准化对象的基本属性可分为技术标准、管理标准和工作标准；按标准实施约束力划分，我国标准分为强制性标准和推荐性标准。

3.2.5 专利文献

---

① 郑卫华，宋寅平. 国家标准文献共享服务平台研究与实践[M]. 北京：中国标准出版社，2011：1－6.

世界知识产权组织1988年编写的《知识产权法教程》对专利文献的定义是:"专利文献是包含已经申请并被确认为发现、发明、实用新型和工业品外观设计的研究、设计开发和试验成果的有关资料,以及保护发明人、专利所有人及工业品外观设计和实用新型注册证书持有人权利的有关资料的已出版和未出版的文件或摘要的总称。"其特点是涵盖技术领域广泛、信息准确、时效性强,能够反映最新的科学技术信息。

3.2.6 翻译文献

翻译文献是记载由原文转换成目标语言的翻译成果的文本。翻译文献中的灰色文献是指未经正式出版的、不以营利为目的,只用于研究、学习、交流和使用的翻译文献,主要有引进项目的资料翻译、专利翻译、商务翻译、标准翻译、科研资料翻译、文艺和文学翻译等。此处"不以营利为目的"系指不以出版翻译文稿营利为目的。

3.2.7 技术与商业文件

这是指企业在生产经营活动中为促进技术创新、进行商务交流、处理经济事务而撰写或使用的各种商务和技术文件。也就是说,技术文件是企业在产品生产、研发、技术创新、技术服务等活动中产生的文件;商业文件则是企业在市场经济活动中处理商贸关系、进行业务拓展而产生的文件。

3.2.8 党政机关公文

我国2012年实施的《党政机关公文处理工作条例》(以下简称《条例》)规定党政机关公文是"党政机关实施领导、履行职能,处理公务的具有特定效力和规范体式的文书,是传达贯彻党和国家的方针政策,公布法规和规章,指导、布置和商洽工作,请示和答复问题,报告、通报和交流情况等的重要工具"。《条例》中规定的公文种类有:决议、决定、命令(令)、公报、公告、通告、意见、通知、通报、报告、请示、批复、议案、函、纪要。党政机关公文有广义和狭义之分。狭义的党政机关公文即指《条例》中规定的公文种类;广义的党政机关公文既包括《条例》中所规定的15种公文,又包括党政机关常用的事务性文书,如总结、计划、调查报告、大事记、述职报告、简报、规章制度等。属于灰色文献的党政机关公文是指广义范围内的各政党机关和国家行政机关的非涉密公文。

3.2.9 书目

书目是"一批相关文献的著录,是按照一定的次序编排组织而成的一种揭示和报道文献信息的工具”①。属于灰色文献的书目通常包含不经过正式出版的书目如:推荐书目、专题书目、教学与考试参考书目、馆藏书目、联合目录、回溯书目、预告书目、网络书目(包括搜索引擎)、地方文献书目、个人著述书目、重要文件或法规目录等。此外,对于一些特殊的目录如产品目录、机构名录、各类排行榜、获奖名录等也应注意收集和利用。

3.2.10 家谱

家谱是“一种以表谱形式记载一个以血缘关系为主体的家族世系繁衍及重要人物事迹的特殊图书形态”②,又称谱牒、族谱、宗谱、家牒、家乘、家史、家志、族志等。家谱载体多为纸本,也有少量的其他形式载体家谱,如口述家谱、结绳家谱、布谱、碑谱和塔谱等。家谱的收藏单位多为公共图书馆,散落于民间的家谱数量难以统计。

3.2.11 地方志

地方志简称“方志”,“包括地方志书、地方综合年鉴。地方志书,是指全面系统地记述本行政区域自然、政治、经济、文化和社会的历史与现状的资料性文献。地方综合年鉴,是指系统记述本行政区域自然、政治、经济、文化、社会等方面情况的年度资料性文献”③。由于年鉴为连续公开出版的文献,不纳入灰色文献范畴,因此本书所述地方志仅指地方志书。按编纂时间,通常将1949年新中国成立以前所编纂的地方志称为旧志,此后编纂的地方志称为新志。

3.2.12 拓片

拓片是通过一系列的工艺,从碑文、器皿清晰地拓印下其上的文字、图案的纸片。拓片种类有甲骨文拓片、秦汉瓦当拓片、墓砖拓片、汉画像拓片、古币拓片、砚铭拓片、铜器拓片及碑志拓片等,是记录中华民族文化的重要载体之一。

3.2.13 口述资料与非物质文化遗产文献

非物质文化遗产文献是对非物质文化遗产进行记录和保护过程中形成的文字记载、声像资料等,如申报材料,认定和鉴别材料,传承人相关资料,非

---

① 彭斐章,等. 目录学[M]. 武汉:武汉大学出版社,2003:1.

② 徐建华. 中国的家谱[M]. 天津:百花文艺出版社,2010:3.

③ 中国政府网. 地方志工作条例[EB/OL]. [2013-12-19]. http://www.gov.cn/ziliao/flfg/2006-05/29/content_294229.htm.

物质文化遗产文献化后形成的文字、录音、录像、照片等文献资料以及记录有非物质文化遗产内容的其他文献资料。在记录非物质文化遗产时,口述史的方法成为其重要的记录方式,口述资料也就成为记录非物质文化遗产的重要文献。

3.3　按载体区分

可分为纸质灰色文献、声像灰色文献、缩微灰色文献、数字灰色文献和网络灰色文献。

3.3.1　纸质灰色文献

这是指以纸张为存储介质,以印刷、打印、复印和书写以及其他技术为记录手段的灰色文献。纸质灰色文献不经正式出版,因此印刷不是其唯一的记录手段。

3.3.2　声像灰色文献

这是指运用录音、录像和摄影技术,以声音和图像形式记录在感光材料、磁性材料等特殊载体上的灰色文献,包括未经正式出版发行的录音制品、录像制品、胶片、胶卷、图片(图画和照片)、幻灯片、电影片、激光唱盘(CD)、激光视盘(LD、VCD、DVD)等。

3.3.3　缩微灰色文献

这是指通过缩微技术,即采用专门的设备、材料和工艺把文献信息以缩小影像的形式拍摄记录在胶片上的灰色文献。缩微文献具有存储密度大、记录性能好、寿命长等特点,可对文献实现长期保存,同时又能达到节省占地空间的目的,目前仍被各国图书馆和档案馆所使用。

3.3.4　数字灰色文献

这是指以二进制数字代码形式记录于磁带、磁盘、光盘或其他形式的电子载体上,通过计算机技术记录、存储、传递、检索和浏览,并可在通信网络上传输的、未经正式出版的文本、图像、音频和视频等文献。

3.3.5　网络灰色文献

这是指利用计算机(或其他设备)和网络创造、生成,只通过网络存储和传播的未经正式出版的数字资源,也就是说网络灰色文献从其产生开始即以数字形式出现在网络上,网络是其赖以存在和传播的第一载体。

4 灰色文献资源发展趋势

纵观整个文献的发展历史，我们可以发现文献内容随着人类社会的不断发展、科技的不断进步和文化的日益繁荣而越来越丰富多彩；其载体从古代的甲骨、金石、简牍、缣帛到造纸术发明后出现的纸张，从现代的缩微胶片到如今的数字存储介质和网络存储介质，文献的保存和传播变得更加容易。文献内容的不断丰富、传播和存储的便捷，又促使文献的种类和数量加速增长，也就是说，文献的内容、载体和数量互相影响、互相促进，才形成了今天浩如烟海、取之不尽、用之不竭、持续发展的文献海洋。根据 IDC/EMC 调查，全球信息量每两年翻一番，2011 年全球生产的数据量达 1. 8ZB①。而灰色文献作为一种新型文献，宏观上与整个文献的发展趋势是一致的，但由于它不同于其他文献的特性，在发展趋势上也呈现出其独有的特点。

4.1 来源丰富

20 世纪 70 年代，灰色文献刚刚引起人们的关注时，其来源主要涉及政府机构、学术（教育）机构和企业。这一时期也正是世界各地非营利组织开始兴起的时期，这些组织涉及领域包括艺术、慈善、教育、政治、宗教、学术、环保等，在很长的一段时期内，虽然他们在积极处理和解决各种社会问题，开展学术或社会活动，但除在其专注的领域内受到重视之外，并未引起全社会的广泛关注，因此这一过程中产生的文献同样没有受到重视，是不折不扣的灰色文献。随着非营利组织在社会发展中扮演着愈来愈重要的角色，其数量和类型也在快速增加，如社会团体、基金会、慈善组织、非政府组织、宗教组织等，这些组织产生的文献大多没有正式出版，是灰色文献的丰富来源。

同样，也是在 20 世纪 70 年代，互联网开始迅速发展起来，信息的发布方式除了印刷、电波之外，又增加了数字发布方式和网络发布方式；发布也不再是出版机构、广电机构和其他机构的特权，BBS（论坛）、博客、QQ 空间、微博、微信在短时期内相继出现，成为个人发布信息的重要阵地，个人灰色文献也不再只是纸张时代的名人手稿和书信，任何一位网民都有可能是灰色文献的

---

① 吴建中. 转型与超越：无所不在的图书馆[M]. 上海：上海大学出版社，2012：39.

来源。

在数字时代,互联网和通信技术的发展,使任何合法的社会组织、群体、个人都可以通过互联网随时发布自己的相关信息、活动和研究成果。信息发布和交流的便捷,加上社会经济发展的推动,使越来越多的机构和个人成为信息发布者,而这些信息大多数没有经过正式出版,其中不乏有价值的灰色文献。可见,灰色文献的来源呈现越来越广泛的发展趋势。

4.2 数量激增

由于灰色文献不需经过正式出版,不受《出版管理条例》的限制,文献发布具有很大的自由度,很多灰色文献的发布时间和数量完全由文献所属机构或个人决定。一些机构出于自身利益或竞争的考虑,在信息发布的时间和数量上都会力争优于竞争对手。因此,灰色文献发布周期短,新的文献能够很快与读者见面,文献数量相应增加更快。以企业灰色文献为例,据统计,2002年我国企业内部报刊数量已达 12 000 余种①,这还仅是在新闻出版相关部门进行登记的内刊数量,而更多的企业并未在新闻出版相关部门进行备案登记,因此实际的内刊数量要远远超过上述的统计数字。随着社会经济的发展,企业间的竞争也愈加激烈,越来越多的企业更加重视品牌宣传、企业文化建设和技术创新,内刊作为企业内部、企业与社会、企业与用户之间的沟通载体,受到越来越多企业的重视。但由于内刊具有特定的流通范围,其创办和发行完全由企业自主决定,很多企业内刊未在新闻出版部门登记,真实的内刊数量难以统计。正式出版的期刊和报纸数量虽然也在大幅增加,但由于出版周期长等因素的制约,远远不及企业内部报刊的增长速度快。全国新闻出版统计网发布的报告显示,2012 年全国共出版期刊 9867 种,报纸 1918 种②,这两种出版物加起来,还不及 10 年前的企业内部报刊数量多。除了内部报刊,企业产品和服务资料更是无法统计。根据国家统计局发布的统计数据,

① 周涧. 企业沟通——企业公关刊物传播动作研究[M]. 武汉:武汉出版社,2006:10.

② 全国新闻出版统计网. 2012 年新闻出版产业分析报告[EB/OL]. [2013 - 12 - 09]. http://www.ppsc.gov.cn/cydc/201309/t20130902_145160.html.

2011 年我国企业单位法人共计 7 331 200 个，比上年度增加 80 多万家①。虽然不是所有的企业都创办自己的内部刊物，但从这些数字中我们可以对企业灰色文献的数量增长略窥一斑。

4.3 网文比例大

网络灰色文献由于其发布不受时间和地点限制，文献的更新周期可能是每天、每小时甚至是随时，同时网络灰色文献涉及领域广泛，其数量更是呈无限增长趋势。据中国互联网络信息中心《第 31 次中国互联网络发展状况统计报告》显示，截至 2012 年 12 月底，我国的网站总数达 268 万个，网页数量为 1227 亿个，博客和个人空间用户数量为 3.72 亿，微博用户规模为 3.09 亿，网络文学用户数为 2.33 亿，较上一年度均呈上涨趋势②。根据 2008 年 7 月 5 日统计，美国的互联网档案馆（Internet Archive，简称 IA）收录的网页数量为 850 亿个③，而据 2013 年 12 月 21 日统计，其数量已达 3730 亿个④。可见，网络已成为信息发布的主要渠道，网络灰色文献数量所占比例也越来越大。

4.4 载体多样化

科学技术的发展带动了人类社会的进步，而记录人类文明与知识的文献载体也相应发生着不断的变化，从古代的甲骨、金石、简牍、缣帛到造纸术发明后出现的纸张，从现代的缩微胶片到如今的数字存储和网络存储，文献载体记录的信息量越来越大，存取也越来越方便，并呈现多种载体并存的局面。同样，灰色文献也先后出现了纸张、缩微品、声像资料、数字载体和网络载体等不同类型的载体形式，并逐渐从单一媒体向数字多媒体的方向发展。1938 年，美国 UMI 公司（University Microfilms International）开始制作学位论文的缩

---

① 国家统计局. 2011 年企业法人单位数[EB/OL]. [2013 - 12 - 09]. http://data.stats.gov.cn/workspace/index? m = hgnd.

② 中国互联网络信息中心. 第 31 次中国互联网络发展状况统计报告[EB/OL]. [2013 - 12 - 09]. http://www.cnnic.net.cn/hlwfzyj/hlwxzbg/hlwtjbg/201301/P020131106386345200699.pdf.

③ 刘锦山. 国外进展：学科导航与互联网资源存档管理[EB/OL]. [2013 - 12 - 21]. http://www.chinalibs.net/ArticleInfo.aspx? id = 346127.

④ Internet Archive[EB/OL]. [2013 - 12 - 21]. https://archive.org.

微制品;1973 年,日本国家档案馆将内阁和首相府的文件进行缩微复制①。缩微制品由于其存储密度大、记录性能好、寿命长等特点,20 世纪 70 年代以后在图书馆和档案馆得到了广泛应用,并且目前仍被各国图书馆界所使用。声像资料具有准确、逼真、生动的特性,从 20 世纪 60 年代起,欧美一些国家开始出现声像记录形式的出版物,各国图书馆也开始广泛收藏声像资料,其载体先后出现了照片、录像(音)带、CD、VCD 和 DVD 等。在灰色文献的收藏方面,有口述史、口述资料、民间音乐、教学影像、老照片等的声像资料收藏。20 世纪 80 年代以后,信息处理技术和计算机技术迅速发展,数字文献开始大量出现,图书馆开始着手对传统的纸质文献、缩微制品和声像资料进行数字化。而这一时期,互联网也迅速发展,网上灰色文献大量涌现,由于其发布不受出版条例等的限制,发布形式灵活自由,其信息模式亦从单一的文字和图片向着既有传统的文字、图片内容,又包含声音、动画、影视、互动等的数字多媒体方向发展。目前,灰色文献载体呈现出以数字和网络载体为主,纸质、缩微制品和声像资料等传统载体并存的局面。

4.5　开发难度大

由于灰色文献不受书目控制,加上其来源的广泛性、数量的无限增长性以及载体的多样化,至使灰色文献庞杂、无序,导致开发利用难度随着其数量的增加也在增加。这里所谓的难度,是指对于如此庞大而繁杂的文献,单一的知识服务机构要想全部保存,需要建立可靠稳定的技术平台、创建严密的资源组织和评估体系,需要大量的人力和物力进行生产,另外还要考虑版权和可持续发展问题。目前世界上还没有一个机构能够做到对所有类型的灰色文献全部进行开发利用,因此,单一的知识服务机构只能依据自身和所服务区域或行业的特点有针对性地开发,最后形成所谓“各取所需,共建共享”的局面。也就是说,未来灰色文献的发展趋势,需要所有的知识服务机构联动起来,根据各自的服务对象进行开发,最后联合使用,才能使尽可能多的灰色文献得到有效利用。信息技术和互联网的发展,虽然使文献的发布和传递更加便捷,但是这种便捷是相对于单篇文献而言,对于庞大、浩如烟海的灰色文献来讲,系统、全面的利用的难度愈来愈大。

总之,灰色文献在未来的发展趋势可以概括为来源愈加广泛,数量无限

① 徐玉清. 日本国家档案馆的缩微照相[J]. 档案学通讯,1981(1).

增长，载体丰富多样，开发利用更加不易。这里需要强调的是，网络灰色文献所占比例将呈现快速上涨趋势。

5 灰色文献资源开发与利用的意义

随着信息技术的飞速发展和互联网的广泛使用，信息无处不在、信手拈来的泛在信息社会已经到来，图书馆的生存地位面临着巨大挑战。网络环境下信息浪潮的冲击，一方面减弱了图书馆作为社会信息中心的地位，另一方面也为图书馆的信息资源建设提供了更多的机遇和选择，面对数量巨大、形式多样的信息资源如何调整馆藏建设策略，优化馆藏结构、突出特色资源建设，为读者在信息的海洋中领航指路，是图书馆当前的重要任务。灰色文献具有的信息量大、时效性强、涉及领域广泛等特点，对其开发和利用应该成为现代图书馆文献信息服务中不可或缺的部分，具有非常重要的意义，主要表现在以下几个方面。

5.1 丰富馆藏

在我国，信息技术的发展，使图书馆的馆藏资源从传统的纸质文献发展到现在的电子资源，文献资源类型日渐丰富，数量迅猛增长，但宏观上看，整体的馆藏资源重复现象严重，即不同的图书馆收藏的文献相同的多，有特色的少。这其中很重要的一个原因是由于大多数图书馆还是主要以收录白色文献为主，对灰色文献的收藏缺乏应有的重视，而白色文献由于是正式出版发行的文献，易获得，流通范围广，成为图书馆收藏的重点。馆藏资源建设是图书馆为读者提供优质服务的基础保障，将信息量大、时效性强、反映最新科研信息的灰色文献建设纳入到馆藏建设体系，将会极大地丰富馆藏资源。图书馆可以利用灰色文献，结合已有的白色文献，建设具有本馆特色的文献资源，进而提升服务质量，拓展服务内涵。如浙江纺织服装职业技术学院建设的“宁波纺织服装特色文献资源中心”数据库，包括企业名录资源库、服装款式资源库、文献数据库、红帮文化馆、面料数据库、样板库、成衣样品库和创意作品资料，浏览该库内容可发现，除“文献数据库”是正式出版或发表的白色文献外，其他子库均为不同来源的灰色文献。浙江传媒学院的“近现代报人特色库”，设置文献收录栏目有生平传记、作品著述、近现代报刊、会议中心、研究文献、学术机构、视听资料、课件,也是采用灰色文献和白色文献相结合的方式进行建设,使该特色库的内容丰富而全面。福建省图书馆则自己组建队伍,自己采拍、制作视频资源,“搜集、制作了一些市面上没有但读者又急需的、独特的东西”①,建立了闽南文化等专题特色库。在互联网环境下,当我们重新思考文献资源建设体系,进行跨地区、跨行业的文献资源共建共享时,应将灰色文献纳入到整个共享体系中来,通过开发和利用灰色文献来丰富单一知识服务机构的馆藏资源,减少资源重复化,加强建设有各自特色的文献资源。

5.2　促进科研

对于科学研究来讲,有效地利用灰色文献,可以使研究者获得相关专业领域的最新知识,了解所研究对象的最新发展动态和目前正在进行的类似研究,进而避免不必要的重复或相似研究,同时还可以借鉴别人的研究方法,了解某些成果的整个研究过程,启迪研究思路和方法,把握研究过程中可能出现的问题或困难;有效地利用灰色文献,不仅能了解到科研机构的研究动态,还能了解到相关企业和个人的最新研究成果,了解社会需求,确定未来的研究方向,进而有助于提高科研成果的创新性、实用性和可行性,使其更具社会价值;有效地利用灰色文献,及时了解政府部门的相关科技政策和规定,可以从宏观上把握科学研究的方向和趋势。如专利文献具有时效性强的突出特点,不仅能够反映最新的科学技术信息,而且内容可靠准确,对发明创造的揭示完整而详细,发明、实用新型专利的说明书、权利要求书、检索报告、附图和摘要将其所含技术信息进行了详尽而准确的揭示。科技报告中的初期报告、进展报告、中间报告和终结报告就是对整个研究过程的详尽描述,可从中获得可靠和充分的研究数据和图表。学位论文是本科生、硕士和博士在导师的指导下用2—3年的时间才能完成的科研成果,同时在选题时需全面考虑先进性、创新性、实用性和可行性,是了解当前最新学术动态的重要文献之一。部分科技型企业内部报刊,全面反映了企业的新技术、新工艺、新设备、新材料等情况,刊载有关产品设计、生产、管理以及售后服务文章,研究者通过企业内部报刊获得的信息,可使研究成果不仅符合科学规律,而且更具有实用性,

① 刘锦山,郑智明.郑智明:理念引领,创新服务[EB/OL].[2013-12-17].http://www.chinalibs.net/ArticleInfo.aspx?id=346350.

更能满足社会要求,进而具有更大的社会价值。因此,对于科学研究来讲,参考已有的研究成果固然重要,从灰色文献中获得的这些“灰色信息”,则是对已有信息的重要补充,只有相对完整的信息收集,才能保证科学研究的准确和缜密。

5.3 促进教学

对教学工作来讲,有效地开发和利用灰色文献,可以加强图书馆对高校教学工作的文献信息保障作用,提高教学质量和水平。例如高校教学资源是高校教师在教学过程中产生的灰色文献,包括教学大纲、教案、课程建设方案、自编教材、演示课件、音视频文件、习题以及试题等资料,这些资料一般都没有正式出版发行。对教学资源的收藏、整理和有效利用,不仅能够保证本校教学资源的完整性和延续性,而且可以使教学资源重复使用,方便本校教师间进行交流和教学参考;另一方面,如果能够形成各高校和其他教学单位乃至国外高校的教学资源共享,则可实现各高校间的教学方法和成果交流,对于更新教学理念,创新教学方法,全面提高教学质量有着极其重要的意义。此外,由于教材的更新周期长,各专业的最新成果和发展方向难以及时囊括其中,因此,除关注高校系统的灰色文献外,还要有效地利用其他机构产生的灰色文献,适时地选择和利用与教学相关的信息,一方面可以丰富教学内容,有助于学生理解教学难点和重点,另一方面能够及时跟进本专业最前沿的发展动态,防止教学和社会需求脱节,和专业发展方向脱节,从而有效提供教学质量和水平。

5.4 促进发展

随着世界经济全球化时代的到来,各国间的经济竞争和科技竞争日益激烈,企业作为经济生活的重要组成部分,也主动或被动地卷入了这场全球范围的大竞争,在机会增加的同时,风险也在加大,如何提高企业的核心竞争力,成为世界各国普遍关注的重要问题。20 世纪 80 年代兴起的竞争情报分析,在提高企业乃至整个国家的竞争力上发挥着越来越重要的作用,日益受到各国的重视。而要做好竞争情报分析,情报的收集尤为重要,成功的信息收集的关键因素是选择合适的信息源。竞争情报的信息源一般分为一手信息和二手信息。作为竞争情报重要信息源之一的白色文献由于其容易获得、受众面广的特点,已不再具有绝对优势;灰色文献作为一手信息,因其信息量大、时效性强、不易获得的特点,反而成为竞争情报最重要的信息源之一。可以作为竞争情报信息源的灰色文献主要有：科技报告、专利、会议文献、学位论文、国家机构灰色文献（统计资料、政府报告、白皮书）、行业协会文献、企业文献（内部报刊、产品资料、企业信用调查报告、业务管理资料）、会议文献（会议论文、演讲文稿、会议音视频文件）、互联网灰色文献（专业站点、博客、微博）、标准、产业研究报告等。在当前的经济形式下，图书馆等知识服务机构应发挥自己的优势，利用信息资源为经济建设服务，有效地开发和利用灰色文献，为企业乃至国家提供可靠和丰富的竞争情报信息源或竞争情报的加工和分析服务，是知识服务机构拓展服务领域，参与社会经济建设，保障可持续发展的有效途径。

5.5 传承文化

众所周知，传承文化是图书馆的重要历史责任。1975 年国际图书馆协会联合会在法国里昂召开的图书馆职能学术研讨会上，与会者一致认为图书馆的主要社会职能有 4 种，即保存人类文化遗产、开展社会教育、传递科学情报和开发智力资源，保存人类文化遗产成为其首要职能。灰色文献中的家谱、地方志、稿本和抄本、拓片、口述资料、非物质文化遗产文献（包括民间音乐的乐谱、传统戏剧的剧本、民间文学、民间美术）等，就是公认的人类文化遗产，一些图书馆对这一类资源的收集和保护也非常重视，为方便利用，有些资源还进行了数字化，建立了相应的数据库。但互联网灰色文献的开发和利用还未受到应有的重视。互联网的普及影响和改变了人们的生活，互联网上的信息直接反映了社会文化生活的变迁，一定历史时期的互联网信息，是研究这一时期社会历史文化的重要资料，具备史料价值，随着时间的推移，必将成为又一批需要收藏和保护的人类文化遗产。选择某个主题（如奥运会），对其相关网页进行互联网灰色文献存档，就可以实现对这一类资源的保存和利用。因此，对灰色文献进行有选择地开发和利用，对于图书馆实现保存人类文化遗产的职能，承担传承文化的历史重任，有着非常重要的作用和意义。

6 国内外灰色文献开发与利用现状

6.1 我国灰色文献的开发与利用现状

在我国，北京图书馆（今国家图书馆）早在 1956 年就在报纸上公开征求科学研究资料，并与高教部联系征求学位论文；1964 年在全国科协学会办公室协助下，致全国学会系统征集全国性学术会议资料①。1995 年与上海图书馆合并的上海科技情报所自 1958 年起就征集入藏各种科技会议文献。1962 年，中国科学技术信息研究所编辑出版了《科技文献索引·特种文献》，1971 年更名为《国外科技资料馆藏目录》，按学科和专业分成若干分册，主要收录各国政府报告、会议资料、学位论文、研究机构与学术团体著作等国外科技情报资料。

20 世纪 80 年代，国际上对灰色文献的研究、开发和利用取得很大进展，我国学者也开始重视对灰色文献的理论和实践研究，同时灰色文献的开发和利用也逐步展开。1981 年，《中华人民共和国学位条例暂行实施办法》以下简称《办法》发布实施，《办法》第二十三条规定："已经通过的硕士学位和博士学位的论文，应当交存学位授予单位图书馆一份，已经通过的博士学位论文，还应当交存北京图书馆和有关的专业图书馆各一份"。这项规定将学位论文纳入了呈缴范围。北京图书馆也于 1985 年成立"中文资料组"，开始全面征集灰色文献②。

此外，一些灰色文献的检索工具书相继出版，如中国科技情报研究所先后出版了《科学技术研究成果通报》《国内学术会议文献通报》和《中国学位论文通报》；上海交通大学出版社 1985 年出版了由林国威主编的《1600 种中文内部期刊内容简介》，收录了 1980 至 1984 年间非正式出版单位内部编辑、出版、发行的期刊共 1630 种；中国新闻出版社于 1985 年出版了《中国企业报名录》，收录我国工矿企业创办的内部报纸；黑龙江人民出版社出版的《中国当代期刊总览》（上、下册）等，收录在我国政府出版管理机关正式注册的 1986 年出版的期刊 5000 多种，其中自办发行期刊约 2700 多种；1987 年上海交通大学出版社出版的胡兆明、胡德荣主编《中国高等院校校报名录》，收录了截至 1986 年 12 月底全国 711 家高等院校的校报名录等。

20 世纪 90 年代后期开始，互联网和信息技术在我国迅速发展，对灰色文献的开发和利用也不再只停留在征集纸质资料和编辑、出版书目或工具书，转而以网站或数据库的方式进行灰色文献的开发和利用，涉及的灰色文献类

①② 赵志刚. 国家图书馆灰色文献征集的历史、现状与未来[C]//国家图书馆外文采编部. 新信息环境下图书馆资源建设的趋势与对策——第三届全国图书馆文献采访工作研讨会论文集. 北京：国家图书馆出版社，2009：64.

型主要有:学位论文、会议文献、预印本、报告、专利、地方志、互联网灰色文献等。

6.1.1　学位论文

学位论文应该说是我国开发和利用较早的灰色文献,其收藏和建设主体有国家法定收藏机构、社会公益服务机构和商业机构。

(1)国家法定收藏机构

按照1981年颁布的《中华人民共和国学位条例暂行实施办法》的规定,学位授予单位的图书馆、北京图书馆和相关专业图书馆是法定的收藏机构。北京图书馆从1956年开始征集学位论文,其学位论文收藏中心是国务院学位委员会指定的全国唯一负责全面收藏和整理我国学位论文的专门机构,也是人事部专家司确定的唯一负责全面入藏博士后研究报告的专门机构。目前国家图书馆收藏博士论文20多万种,还收藏部分院校的硕士学位论文、台湾博士学位论文和部分海外华人华侨学位论文①。1984年,国务院学位委员会办公室〔84〕011号文件规定,中国社会科学院文献信息中心负责收藏全国社会科学博、硕士学位论文,中国科技情报研究所负责收藏自然科学领域的硕士、博士和博士后的学位论文。中国社会科学院文献信息中心从1984年起开始收集全国各学位授予单位通过的社会科学博士、硕士学位论文,目前收藏纸本学位论文约20万册②。中国科学技术信息研究所从1963年开始收藏我国自然科学领域硕士以上学位论文,其建立的学位论文导航数据库截至2013年12月31日累计收录授予单位117个,共有记录1 639 766条③。另外,大部分高校图书馆也都建立了本校的学位论文库。

(2)社会公益服务机构

CALIS学位论文全文数据库是在CALIS“九五”期间建设的博硕士学位论文文摘数据库基础上,建成的一个提供集中检索、分布式全文获取服务的高校博、硕士学位论文文摘与全文数据库,面向全国高校师生提供中外文学位

---

① 国家图书馆. 国家图书馆学位论文收藏中心[EB/OL]. [2013-12-11]. http://www.nlc.gov.cn/newlw.

② 中国社会科学院图书馆(文献信息中心)[EB/OL]. [2013-12-11]. http://www.lib.cass.org.cn/paper/index.htm.

③ 中国科学技术信息研究所[EB/OL]. [2013-12-11]. http://www.istic.ac.cn/dh/XueWei.aspx.

论文检索和获取服务。目前博、硕士学位论文数据逾384万条，其中中文数据约172万条，外文数据约212万条，数据还在持续增长①。国家科技图书文献中心中文学位论文收录从1984开始，收藏我国高等院校、研究生院及研究院所的博、硕士论文和博士后报告，涉及自然科学各专业领域，并兼顾人文社科，每年新增6万余条记录②。

(3)商业机构

由同方知网(北京)技术有限公司建立的中国优秀博硕士学位论文全文数据库，收录全国404家培养单位的博士学位论文和621家硕士培养单位的优秀硕士学位论文，收录年限为从1984年至今。截至2012年10月，累积收录博、硕士学位论文全文文献170万多篇③。万方数据股份有限公司受中国科学信息技术研究所委托建设的万方博硕士论文库，收录自1980年以来我国自然科学领域各高等院校、研究生院以及研究所的硕士、博士以及博士后论文，截至2013年12月6日的数据条数为2 796 296条④。

6.1.2 会议文献

目前会议文献主要以收录会议论文为主。如中国科学信息技术研究所的学术会议数据库，中文会议文献从1982年开始收集，外文会议文献从1968年开始收集，截至2013年12月31日，共收录中文会议27 801个，外文会议37 517个⑤。国家科技图书文献中心的中文会议文献主要收录1980年以来全国召开的学术会议论文文摘，年增论文4万余篇⑥。教育部批准、由教育部科技发展中心主办的"中国学术会议在线"不仅收录会议论文集，还收录包括会议通知、报告视频、会议评述等会议资料。此外，中国国防科技信息中心建立的国防科技会议数据库，收录我国国防会议相关资料。商业机构创办的会

① CALIS管理中心.读者指南[EB/OL].[2013-12-11].http://project.calis.edu.cn/calisnew/calis_index.asp? fid=3&class=4.

②⑥ 国家科技图书文献中心[EB/OL].[2013-12-11].http://www.nstl.gov.cn/NSTL/nstl/facade/help/help1.jsp.

③ 中国知网[EB/OL].[2013-12-11].http://epub.cnki.net/kns/brief/result.aspx?dbPrefix=CDMD.

④ 万方数据知识服务平台.资源更新[EB/OL].[2013-12-11].http://g.wanfangdata.com.cn/ResourceDescription/ResourceUpdateDetail.

⑤ 中国科学技术信息研究所[EB/OL].[2013-12-11].http://www.istic.ac.cn/dh/HuiYi.aspx.

议文献数据库有同方知网(北京)技术有限公司建立的中国重要会议论文全文数据库,重点收录1999年以来中国科协、社科联系统及省级以上的学会、协会,高校、科研机构,政府机关等举办的重要会议上发表的文献。截至2012年10月,已收录出版1.2万多次国内重要会议投稿的论文,累积文献总量140多万篇①。万方数据股份有限公司建立的中国学术会议论文全文数据库,收录文献由中国科技信息研究所提供。

6.1.3 预印本

由中国科学技术信息研究所与国家科技图书文献中心联合建设的中国预印本服务系统于2004年3月15日正式开通,由国内预印本服务子系统和国外预印本门户(SINDAP)子系统构成,国内预印本服务子系统主要收藏的是国内科技工作者自由提交的预印本文章,国外预印本门户(SINDAP)子系统目前暂停服务。

经教育部2003年批准,由教育部科技发展中心主办的"中国科技论文在线",是针对科研人员普遍反映的论文发表困难,学术交流渠道窄,不利于科研成果快速、高效地转化为现实生产力而创建的科技论文网站。内容主要是自然科学领域的预印本,社会科学领域仅涉及教育学、管理学和经济学,根据文责自付的原则,作者所投论文无需经过同行评审,只要遵守国家相关法律,为学术范围内的讨论,有一定学术水平,基本理论正确,且符合"中国科技论文在线"的基本投稿要求,一般可在7个工作日内发布。截至2013年12月31日,显示首发论文共70 908篇②。

2003年创办的非营利性的预印本文库"奇迹文库"是专门为中国研究者开发订制的电子文库,目的是促进在线交流、宣传并提倡开放获取的理念。收录文献类型主要包括科研文章、综述、学位论文、讲义及专著(或其章节)的预印本,但早在2008年就无法打开,至今未见其正式公告。

6.1.4 科技报告

我国在1964年《中国科学技术十年发展规划》中提出了建立科技报告制度的设想,1984年,开始探索建立国防科技报告体系,先后颁布《中国国防科

---

① 中国知网[DB/OL].[2013-12-11]. http://epub.cnki.net/KNS/brief/result.aspx?dbPrefix=CPFD.

② 中国科技论文在线[EB/OL].[2013-12-11]. http://www.paper.edu.cn/about/aboutme.html.

学技术报告管理规定》《中国国防科学技术报告编写规则》等①，目前国防科技报告体系已进入了制度化、规范化发展阶段。但民口科技报告体系还处在初步建设阶段。

1998 年 3 月，由国务院发展研究中心信息中心主办、北京国研网信息有限公司承办创建了经济类专业信息网络服务平台国研网(国务院发展研究中心信息网)，其系列研究报告收集了国研网自身研究团队撰写的定期报告以及对国际知名机构和研究团队研究报告的编译成果。

从 2013 年 4 月开始，科技部在国家科技计划中启动了科技报告试点，开展“十一五”以来科技计划立项项目(课题)的科技报告回溯与呈交工作。国家科技投入形成的科技报告将通过“国家科技报告服务系统”对广大科研人员和社会公众实行开放共享。该系统征求意见版(第一阶段)于 2013 年 11 月 1 日正式上线，展示了 1000 份最终报告，向社会公众提供公开科技报告摘要浏览服务，向经实名注册的科研人员提供在线全文浏览服务，并广泛征求意见。2014 年 1 月 1 日上线的征求意见版(第二阶段)展示了 3000 份科技报告，也是依据“十一五”期间已验收(项目)课题的验收报告加工而成②。此外，北京航空航天大学图书馆建立的北京航空航天大学科技报告数据库收录该校教师从 1978 年到 1993 年期间针对北京航空航天大学的科研项目所写的科研报告。

6.1.5　专利

2009 年 4 月，国家知识产权局与教育部合作实施的“专利信息进高校”工程，通过中国教育和科研计算机网，在全国高校开通了高等院校专利信息服务平台系统，收录了 1985 年以来全部领域的中国专利数据以及国外主要国家、地区及组织的专利著录项目(含摘要、摘要附图)和专利数据库检索服务系统③。国家知识产权局的专利检索与服务系统(公众部分)于 2011 年 4 月 26 日上线，收录了包括中国在内的 103 个国家、地区和组织的专利数据。国

---

① 石蕾，袁伟，刘瑞，等. 中美科技报告制度建设对比分析与对策研究[J]. 管理现代化，2012(4).

② 中国科学技术信息研究所. 国家科技报告服务系统[EB/OL]. [2013－12－11]. http://www.nstrs.org.cn.

③ 教育部科技发展中心[EB/OL]. [2013－12－11]. http://www.cutech.edu.cn/cn/tupianxinwen/webinfo/2009/06/1238460703648601.htm.

内其他提供专利检索的机构还有国家科技图书文献中心的中文专利数据库、中国知识产权出版社提供的中国专利检索以及同方知网(北京)技术有限公司的中国专利全文数据库和万方数据股份有限公司的专利技术类数据库等。

6.1.6　网络灰色文献

2000年4月,中国高等教育文献保障系统(CALIS)启动了“九五”CALIS重点建设项目之一“重点学科网络资源导航库”项目,目的是将“因特网中相关重点学科的最优秀的网站信息提供给读者,帮助高校科研人员快速、准确地获取所需的相关权威机构、出版物、专家、学术动态等信息”①。该系统目前共建有国家教育部1997年颁布的《授予博士、硕士学位和培养研究生的学科、专业目录》中的除军事学学科门类外的77个一级学科的网络资源导航。

国家图书馆于2003年启动了网络信息资源采集与保存试验项目(Web Information Collection and Preservation)和网络数据库导航项目(Online Database Navigation)项目,对中文网站资源进行抓取、保存并提供服务②,2009年成立了国家图书馆互联网信息资源保存保护中心,其目标是全面保存中文互联网资源,建立中文互联网资源保存保护合作体系。北京大学网络实验室开发建设的中国网页历史信息存储与展示系统“中国Web信息博物馆”,目前已经维护有8 132 242 549个网页③。

此外,有部分高校图书馆自建了网络学科导航,但大多只列举了相关学科的若干网站链接,而且由于更新不及时,断链现象严重。商业数据库有北京雷速科技有限公司2005年开发的方略知识管理系统(http://www.firstlight.cn),是一个包括哲学、经济学、法学、教育学、文学、历史学、理学、工学、农学、医学、军事学、管理学和特色库等15大门类、108个一级学科、600多个二级学科和3000多个三级学科在内的新型、综合性的学科网站集群,每个学科网站以收录各个学科灰色文献为主。这是目前互联网高品质灰色学术文献数据库中比较成功的案例,全国已经发展有300多家用户。此外,该公司

---

①　重点学科网络资源导航门户.关于CALIS“重点学科网络资源导航库”[EB/OL].[2013-12-11].http://navigation.calis.edu.cn/cm/subnews.jsp? recid=6.

②　陈力,郝守真,王志庚.网络信息资源的采集与保存——国家图书馆的WICP和ODBN项目介绍[J].国家图书馆学刊,2004(1).

③　北京大学网络所.中国Web信息博物馆[EB/OL].[2013-12-21].http://www.infomall.cn.

2002 年创办的我国图情行业第一家全方位、综合性的互联网专业学术交流平台 e 线图情(http://www.chinalibs.net),收录文献也主要以网络灰色文献为主。

6.1.7 政府信息的开发和利用

2007 年发布的《中华人民共和国政府信息公开条例》第三章第十六条规定:“各级人民政府应当在国家档案馆、公共图书馆设置政府信息查阅场所,并配备相应的设施、设备,为公民、法人或者其他组织获取政府信息提供便利。”国家图书馆早在 2003 年就开始对政府信息进行采集与保存。2009 年 11 月,在中国图书馆学会第 10 届年会上,国家图书馆倡议组建“全国公共图书馆政府信息整合服务联盟”,得到与会者的积极响应;2011 年 10 月 27 日,国家图书馆联合公共图书馆共同建设的中国政府公开信息整合服务平台正式开通,通过全面采集并整合我国各级政府公开信息,为社会提供政府信息服务。目前我国公共图书馆的政府信息公开服务已经全面展开,很多图书馆都设有政府公开信息的检索点和阅览室,并在主页上提供所在地政府信息公开专栏网站链接或中国政府公开信息整合服务平台链接。上海图书馆还开通了“上海市政府信息公开检索平台”,通过该平台,为社会公众提供上海市政府及各行政机关公开信息查阅服务。

6.1.8 地方志

由于我国建立有各级地方志办公室,文献收集渠道相对固定,目前地方志已在各级公共图书馆和部分高校馆广泛收藏。据统计,国内收藏地方志 2000 种、2 万册以上的图书馆有 21 家,其中国家图书馆收藏数量最多,上海图书馆次之,所藏方志均在 10 万册以上;收藏种数在 4000 种以上的图书馆有北京大学图书馆、南京图书馆、中国科学院图书馆、辽宁省图书馆、南京大学图书馆、南开大学图书馆、中山大学图书馆和无锡市图书馆①。国家图书馆于 2002 年开始建设 1949 年以前的“数字化中国地方志资源库”②,目前其主页上显示该库含有 1949 年前纂修的时间跨越明、清、民国的 6868 种古旧地方志类图书;上海图书馆也对馆藏方志进行了数字化,但并未对外开放。此外,重庆图书馆建设了古籍地方志目录库,北京师范大学图书馆建有馆藏线装方志

① 冯东,贺莲. 中国地方志的收藏整理现状及展望[J]. 图书馆理论与实践,2012(11).

② 刘刚. 建设数字方志 传承华夏文明[J]. 中国图书馆学报,2003(3).

书目数据库，陕西省图书馆在其省情文献栏目下设置了陕西地方志数据库，提供577种旧志的题录和摘要等信息。

6.1.9　企业出版物

企业出版物详细记录了各行业的企业发展历程，是研究经济发展、企业管理与市场推广的重要档案和文献资料。由于企业数量众多，分布又不集中，搜集起来难度很大。因此，对企业出版物的搜集、整理和利用还比较薄弱。北京碧虚文化有限公司最近几年一直致力于企业出版物的搜集、整理、挖掘和利用，该公司推出的碧虚网（http://www.bixu.me）是以企业内刊为主的企业优秀出版物展示、交流和传播平台。碧虚网遴选收录全国农、林、牧、渔业，采矿业、制造业，电力、燃气及水的生产和供应产业，建筑业、交通运输、仓储和邮政业、公共管理与社会组织和国际组织等20个大类、107个一级行业、219个二级行业、853个三级行业中3000家大中型企业的高品质内刊3600余种21 000多期，并进行连续更新。

6.1.10　家谱

家谱虽为私修，而且多数为非正式出版物，散落民间，采访收集较为困难，但我国很多图书馆、档案馆、博物馆以及高校图书馆均有收藏。据笔者调查，除国家图书馆外，我国省一级公共图书馆几乎都有家谱收藏，其中尤以上海图书馆收藏种类最多。其他收藏家谱较多的图书馆有湖南省图书馆、南京图书馆、中国社会科学院历史研究所图书馆、安徽省图书馆等。目前对家谱数字化并建成相应数据库的有上海图书馆、辽宁省图书馆、陕西省图书馆、浙江省图书馆等。高校图书馆中如北京大学图书馆、中国人民大学图书馆、中央民族大学图书馆、南开大学图书馆、吉林大学图书馆、河北大学图书馆、福建师范大学图书馆等也有家谱收藏，其中南开大学图书馆还自建了家谱研究文献数据库。值得一提的是，上海图书馆主持编撰的《中国家谱总目》是目前收录家谱数量最多的联合目录，较完整地揭示了海内外各地区公藏机构收藏中国家谱的基本情况，全书收录608个姓氏，家谱条目达52 401种，该书于2009年7月由上海古籍出版社正式出版。

从以上情况可以看出，我国灰色文献的开发和利用主要集中在学位论文、会议文献和专利文献，对于方志、家谱等传统历史文献的开发和利用较为重视，预印本文献和政府公开信息的开发和利用还处在建设阶段，科技报告的建设也刚刚起步。网络灰色文献、企业出版物的开发和利用已经起步，且取得了一定的成绩。

6.2 国外灰色文献的开发和利用现状

国外,特别是美、英等发达国家都把灰色文献作为一种重要的情报源,因而开发和利用起步较早。1952 年由北大西洋公约组织成立的航天研究与发展咨询中心(AGARD),是最早的国际性灰色文献研究机构①。一些发达国家如美、英等国,已经率先建成或指定比较系统的机构或网站对灰色文献进行开发和利用。如大英图书馆的文献供应中心(British Library Document Supply Centre,简称 BLDSC)、法国国家科学技术信息中心(Institut de l'information Scientifique et Technique,简称 INIST)、美国国家技术信息服务中心(NIST)、日本科学技术振兴事业团(Japan Science and Technology Agency,简称 JST)、由欧共体成员国共建的欧洲灰色文献信息系统(SIGLE)等。英国的法定呈缴制度还规定非正式出版物需向大英图书馆呈缴;而日本 1948 年颁布的《国立国会图书馆法》(昭和 23 年法律第 5 号)第十章、第十一章就规定了国内全部的政府机关、团体和个人必须缴送的出版物包括:图书、地图、小册子、期刊、乐谱、电影文件、以印刷或其他方式复制的文件及图像、留声机用的唱片以及以电、磁等介质记录的文字、图片、声音及程序等②。一些国家由于技术领先,理念先行,再加上政策的支持,因此灰色文献的开发和利用体系已相当成熟并具一定的规模。

6.2.1 学位论文

美国的 UMI 公司(University Microfilms International)从 1938 年就开始以缩微技术收集学位论文。1987 年,UMI 公司组织、弗吉尼亚理工大学和密歇根大学代表参加的一次研讨会上,提出了电子学位论文(Electronic Theses and Dissertations,简称 ETDs)的概念。其后,在弗吉尼亚理工大学的组织协调下,建设了有众多大学参与的 ETDs 项目,在此基础上,1996 年,美国国家自然科学基金资助建立了国际博硕论文数字图书馆(Networked Digital Library of Theses and Dissertations,简称 NDLTD),吸纳全球大学图书馆和图书馆联盟机构加入,成为全球学位论文共建共享的开放联盟。用户使用 NDLTD 可免费检索题录、元数据和摘要,部分会员的 ETDs 库可下载全文。美国 ProQuest 公司

---

① 张永红. 国外灰色文献整理现状及其启示[J]. 大学图书情报学刊,2006(2).

② 日本国立国会图书馆. 国立国会図書館法(抄)(昭和二十三年二月九日法律第五号)[EB/OL]. [2013-03-17]. http://www.ndl.go.jp/jp/aboutus/pdf/a1102_deposit.pdf.

（原 University Microfilms International，简称 UMI）开发的博硕士学位论文数据库 PQDD（ProQuest Digital Dissertations）收录美国、加拿大 1000 余所大学院校文、理、工、农、医等领域的 300 多万篇博硕士论文，每年新增约 8 万篇，是美国国会图书馆指定的官方资料，每年的检索次数达 200 多万次。PQDD 同时保存论文的各种形式的支撑材料，如音频、视频、演讲文稿、数据、脚本代码、图片，电子表格等，用以记录研究过程①。

大英图书馆文献供应中心通过 EThOS（Electronic Thesis Online Servic）提供在线论文服务，目前拥有来自 127 所大学的约 300 000 篇论文，其中有 100 000可免费获取全文。每月新增记录约 3000 条，新增可获取全文的数据 2000 条②。

日本的《学位规则》［昭和二十八年（1954 年）4 月 1 日文部省第 9 号］第九条中规定：获得博士学位人员必须在获得学位授予一年之内，将论文印刷发表。大部分博士学位授予人都选择了将自己论文由学校统一送到日本国立国会图书馆的方式来发表③。国立国会图书馆关西分馆早在 1923 年（大正十二年）就已经开始收藏日本国内的学位论文，到 2007 年 10 月，已收藏博士论文约 480 000 种④。目前已将 1991 年至 2000 年的 140 000 篇学位论文数字化，其中 14 000 篇可免费阅读全文⑤。

加拿大国家图书馆档案馆的学位论文门户（Theses Canada Portal）收录 1965 年至今的学位论文，包括电子版和微缩胶片两种格式，1998 年后的学位论文大多免费提供全文，用户无需注册即可浏览和下载，其元数据由 NDLTD 收割后加入到 NDLTD 的联合目录。英国的学位论文文摘 Index to Theses 可检索 1716 年以来英国和爱尔兰各大学的学位论文，截至 2013 年 7 月 19 日，

① ProQuest［EB/OL］.［2013 - 12 - 13］. http://www.proquest.com/assets/literature/products/databases/pqdt.pdf.

② 大英图书馆. About EThOS［EB/OL］.［2014 - 03 - 06］. http://ethos.bl.uk/About.do.

③ 龙利方. 日本国立国会图书馆博士学位论文的收藏与利用［J］. 现代情报. 2012（3）.

④ 日本国立国会图书馆. Japanese doctoral dissertations［EB/OL］.［2013 - 03 - 17］. http://www.ndl.go.jp/en/service/kansai/collection/outline.html#hakuron.

⑤ 日本国立国会图书馆. Doctoral Dissertations［EB/OL］.［2013 - 03 - 17］. http://dl.ndl.go.jp/?__lang=en#etd.

收录论文题录 589 028 条,其中 355 862 篇可查看摘要①。

1997 年由澳大利亚大学图书馆委员会和澳大利亚新南威尔士大学等 7 所大学图书馆建设的"澳大利亚数字论文"数据库(Australasian Digital Theses,简称 ADT),2011 年 3 月已加入到澳大利亚国家图书馆的搜索引擎 Trove,由澳大利亚国家图书馆负责建设与维护,各高校学位论文的元数据由 ADT 收割,电子版全文则保存在各高校馆,所有用户无需注册均可免费检索摘要,部分论文免费提供全文。

其他还有如荷兰的博士学位论文 Promise of Science、俄罗斯国立图书馆的学位论文数据库等。此外,国外大学大都自建了本校的学位论文库,有些学校的学位论文库全部开放全文,如诺丁汉大学图书馆等。

6.2.2 科技报告

美国的科技报告制度建立早,体系完善,并制定有相应的法规制度来确保科技报告的产生、提交、安全管理和利用。主要有能源部的 DE 报告、国家航空航天局的 NASA 报告、国防部和三军系统的 AD 报告以及其他政府部门形成的 PB 报告,被称为美国四大科技报告。美国商务部国家技术信息局(National Technical Information Service,简称 NTIS)是美国最大的收集政府资助的科技、工程、商业项目相关资料的资源中心,即负责 PB 报告及公开发行的 DE、NASA 和 AD 报告的集中收藏和服务。NTIS 书目数据库目前有 300 多万条记录,大部分记录包括文摘,可下载 pdf 格式全文 60 多万篇,除收录美国政府资助的项目外,同时也收录其他国家政府资助的项目,数据可回溯至 1964 年,平均每年新增数据约 30 000 条,服务对象包括企业、高校、个人以及政府机构等②。美国能源部的科技信息办公室(Office of Scientific & Technical Information,简称 OSTI)负责该部门科技情报的收集、存储、传播和利用工作。其管理的 DOE Collections 收录文献包括能源部的科技和工程研究信息、专利、预印本、科技会议资料、科学研究数据、软件,并开发了检索 DOE 文献和全球科学门户网站的搜索引擎 Federated Search③。美国国防部国防技术情报中心

① Index to Theses[EB/OL].[2013 - 12 - 23]. http://www. theses. com.

② National Technical Information Service[EB/OL].[2013 - 12 - 13]. http://www. ntis. gov/products/ntisdb. aspx.

③ 美国能源部科技信息办公室[EB/OL].[2013 - 12 - 13]. http://www. osti. gov/home/collections. html.

(Defense Technical Information Center,简称 DTIC)的科技报告包括国防部资助的研究、开发、测试和评估项目报告,20 世纪 90 年代中期到现在的文献均提供下载。

大英图书馆目前收录有各类报告约 490 万篇,包括英国的研究和发展报告、美国的科技报告以及国际组织如联合国国际核情报社(INIS)、欧洲航天局(ESA)、联合国粮农组织(FAO)及其他国家的报告等。其中,英国所有的报告文献都通过大英图书馆加入到国家报告收藏目录中,范围包括私人和公共部门组织、慈善机构、各类团体和研究机构的报告、论文以及技术说明等。目前报告文献来源已达 4000 多个,每年的文献增量约为 17 000 篇①。

日本国立国会图书馆收藏日本文部科学省(Ministry of Education, Culture, Sports, Science and Technology,英文简称 MEXT)资助的人文社会科学、自然科学项目的研究报告,其中 1983 年之后的藏于关西馆,1983 年之前的收藏于东京主馆。日本科学技术振兴事业团(JST)的数据库 J-STORE(http://jstore.jst.go.jp/index.html?lang=en)收录 2001 年至 2012 年的研究报告 2679 种②。

6.2.3 预印本

目前,世界上很多国家都已建有预印本文库,如美国、英国、法国、意大利、德国、瑞士、日本等。美国洛斯阿拉莫斯(Los Alamos)国家实验室于 1991 年 8 月建立了电子预印本文库 ArXiv。该库目前已收录物理学、数学、计算机科学、定量生物学、定量金融学和统计学等学科的共计 898 646 篇预印本文献③。ArXiv 目前由康奈尔大学负责运行,经费主要来自康奈尔大学图书馆、西蒙基金会(Simons Foundation)以及 ArXiv 的成员机构。其他预印本文库还有:由英国南安普敦大学电子与计算机系开发的心理学、神经系统科学、语言学和计算机科学开放存储库 CogPrints,提供按年代和学科浏览功能,支持简单检索和高级检索两种方式;由美国区兹堡大学图书馆系统负责维护的科学哲学预印本库 PhilSci Archive,主要收录科学哲学相关主题的预印本文献;欧洲

---

① 大英图书馆. British Reports-the National Reports Collection[EB/OL]. [2013-12-23]. http://www.bl.uk/reshelp/atyourdesk/docsupply/collection/reports/british/index.html.

② J-STORE. 研究报告检索[DB/OL]. [2013-03-17]. http://jstore.jst.go.jp/researchSearch.html?displayPulldown=100&pageNo=1.

③ Cornell University Library. arXiv[EB/OL]. [2013-12-13]. http://arxiv.org.

原子核研究理事会的 CERN Document Server 物理学预印文献库、2003 年创办的意大利图书情报学预印本文库 E-LIS 等，但多数预印本文库由科研机构或院系建设，而非图书馆。

6.2.4　会议文献。

大英图书馆收藏有全球范围内的会议文献，提供除视听资料外的各种形式的会议资料，其会议索引目前包含 400 000 条库存记录，每年新增记录约 16 000条①。美国科学情报研究所（ISI）将 ISTP（科学技术会议录索引）和 ISSHP（社会科学及人文科学会议录索引）两大会议录索引集成为 ISI Proceedings。ISI Proceedings 汇集了世界上最新出版的会议录资料，包括专著、丛书、预印本以及来源于期刊的会议论文，提供了综合全面、多学科的会议论文资料。日本科学技术振兴事业团的数据库 J-STAGE 截止到 2013 年 3 月 17 日共收录会议论文集 128 种②，部分可免费下载 pdf 全文。

6.2.5　网络灰色文献。

20 世纪 90 年代，包括美国在内的世界上大多数发达国家的图书馆和档案馆陆续开展了互联网信息保存的研究项目，并建立了相应的研究机构。美国的互联网档案馆（Internet Archive，简称 IA）成立于 1996 年，是一家位于旧金山的非盈利组织。IA 定期抓取并永久保存互联网上公开的网站信息，目前收集和存储的信息格式包括文本、音频、视频（包括电影）、软件和网页，已存档的全球互联网网页数量达 3730 亿个，软件 49 359 个，视频 1 496 228 个，音频 1 810 346 个，文本 5 661 808 个③。美国国会图书馆于 2000 年 3 月启动了网络电子资源虚拟档案映射项目（Mappingthe Internet Electronic Resources Virtual Archive，简称 Minerva），研究网络信息的收集和保存，之后建立了美国国会图书馆互联网档案（The Library of Congress Web Archives，简称 LCWA），按照专题收集和保存互联网资源。2000 年 12 月，美国国会还斥资 1 亿美元，由美国国会图书馆负责启动了国家数字信息基础架构及保存项目（National Digital Information Infrastructure and Preservation Program，简称 NDIIPP），号召各联邦机构和其他利益相关者与国会图书馆一起致力保存美国濒临消失的

---

① 大英图书馆. The conference collections[EB/OL]. [2013 - 12 - 23]. http://www.bl.uk/reshelp/atyourdesk/docsupply/collection/confs/index.html.

② J-STAGE[EB/OL]. [2013 - 03 - 17]. https://www.jstage.jst.go.jp/browse.

③ Internet Archive[EB/OL]. [2013 - 12 - 21]. https://archive.org.

数字资源,包括地理空间信息、网站信息、视听产品、图像、文本以及有关公共政策的信息。

大英图书馆的英国互联网档案(The UK Web Archive)从2004年开始,有选择地保存英国的网站信息,内容包括简报、报告、政策说明以及其他有重要意义的信息。2013年4月,与苏格兰国家图书馆、威尔士国家图书馆、剑桥大学图书馆、牛津大学图书馆以及都柏林大学圣三一学院图书馆(The Library of Trinity College Dublin)合作,开始保存英国所有网站的信息。截至2013年12月21日,已保存网站13 543个①。

其他还有如澳大利亚国家图书馆的网络文档资源保存与利用项目(Preserving and Accessing Networked Documentary Resources of Australia,简称PANDORA)、法国国家图书馆网络存档试验项目(The BnF's project for Web archiving)、由瑞典皇家图书馆图书馆发起的北欧网络档案存取项目(The Nordic Web Archive Access Project,简称NWA)以及丹麦的netarchive. dk项目、德国的DACHS和deposit. ddb. de项目、欧洲的Nedlib项目、日本国立国会图书馆的网络档案项目(Web Archiving Project,简称WARP)等,可见网络灰色文献的开发和利用已引起世界各国的广泛重视。

6.2.6 政府信息的开发和利用

美国是政府信息公开比较发达的国家之一。19世纪初期,美国国会通过联合决议,要求将众议院和参议院的刊物和其他文件的额外副本印刷并分发给联邦政府以外的机构,这便是美国联邦储藏图书馆计划(Federal Depository Library Program,简称FDLP)的源起。FDLP的宗旨是保障美国公民对政府信息的存取。1962年《储藏图书馆法案》正式通过。到2008年7月,分布在全美的储藏图书馆成员已经有1252家②,这些图书馆包括公共图书馆、高校图书馆、法律图书馆以及其他类型的图书馆,为公众提供电子版和印刷版的政府信息存取服务。

大英图书馆收藏英国、美国、政府间组织(如欧盟)以及世界范围内的政

① British Library. UK Web Archive statistics[EB/OL]. (2013-12-21)[2013-12-21]. http://www. webarchive. org. uk/ukwa/statistics.

② Federal Depository Library Program. Designation Handbook for Federal Depository Libraries[EB/OL]. [2013-12-24]. http://permanent. access. gpo. gov/lps100554/designation-handbook. pdf.

府出版物，尤其是议会和政府部门资料。全球3000多个政府间组织有近200个经常发布大量资料，大部分都收藏在大英图书馆，尤以收藏欧盟资料最多①。

日本国立国会图书馆设有“议会官厅资料室”，其官方网站显示，该资料室主要收集“国内外的法令资料、议会资料、官厅资料、国际机构的基本资料、参考资料等”，实质则是专门从事日本和世界各国政府出版物的收集和整理。日本国立国会图书馆主页还提供了“国会会议录检索系统”(http://kokkai.ndl.go.jp/)，该系统是对国会会议资料进行整合后形成的数据库，可进行简单检索和高级检索；此外还有帝国议会会议录检索系统(http://teikokugikaii.ndl.go.jp/)，收录明治二十三年(1890年)11月至昭和二十二年(1947年)3月的议会会议资料；以及官方公报检索系统，收录数字化后的明治十六年(1883年)7月到昭和二十七年(1952年)4月的官方公报(Official Gazettes)②。

加拿大从1927年开始实施政府信息存储服务项目(Depository Services Program，简称DSP)③，为高校、立法机构和公共图书馆、联邦议会议员和联邦政府各部门图书馆提供政府信息服务，同时也可以为国外大学有关加拿大的研究项目提供信息。

6.2.7 国际间的合作

1978年12月在英国约克郡，由欧洲共同体和大英图书馆外借部共同发起、召开了一次有关欧洲非常规文献(non-conventional)和灰色文献的研讨会，来自欧洲共同体各成员国的出版商、用户和合作机构(包括图书馆和档案馆)的30位代表参加了会议。会上，欧洲共同体成员提议建立欧洲灰色文献信息系统(System for Information on Grey Literature in Europe，简称SIGLE)以有效开发和利用欧共体成员国的灰色文献，这一提议得到广泛响应，并于1980年在欧共体的支持下开始建设，1985年又成立欧洲灰色文献利用协会(European

---

① 大英图书馆. Official publications[EB/OL]. [2014-03-06]. http://www.bl.uk/reshelp/atyourdesk/docsupply/collection/official/index.html.

② National Diet Library. Official Gazettes[EB/OL]. [2014-03-17]. http://dl.ndl.go.jp/?__lang=en#kanpo.

③ Government of Canada Publications. About the Depository Services Program[EB/OL]. [2013-12-24]. http://publications.gc.ca/site/eng/programs/aboutDsp.html.

Association for Grey Literature Exploitation,简称 EAGLE)开始接管 SIGLE 的运行。SIGLE 是收集和利用欧共体各国灰色文献的在线书目数据库,数据由欧共体各国文献中心或图书馆提供。目前 SIGLE 由法国国家科技信息研究所/法国国家科研中心(INIST-CNRS)负责运行,现有成员 15 个,除 GreyNet International外,其他均为欧盟各国重要的文献中心或图书馆。

1992 年,生于美国而长期居住在荷兰的学者 Dominic Farace 创办了 GreyNet International,即灰色文献服务网(Grey Literature Network Service),旨在进行有关灰色文献的研究、出版、开放存取和教育等。GreyNet International 在 Dominic Farace 领导下于 1993 年在荷兰阿姆斯特丹策划组织了第 1 届国际灰色文献大会(International Conference on Grey Literature,简称 GL 大会),此后,国际灰色文献大会每年召开,至今已举办了 15 届。2014 年 12 月 8—9 日,主题为"灰色文献游说团体:引擎与需求者的变化"(Grey Literature Lobby: Engines and Requesters for Change)的第 16 届国际灰色文献大会将在美国国会图书馆举行。无疑,国际灰色文献大会已成为世界各国交流灰色文献开发与利用的国际盛会,而 GreyNet International 也发展成为灰色文献领域的学者们对话、研究和交流的网络平台。

综上所述,国外图书馆和相关机构对灰色文献的开发和利用起步早、发展快,已形成一定规模,开发和利用的灰色文献的种类远不止以上介绍的几种,其他如专利文献、标准文献、手稿、非物质文化遗产文献、企业灰色文献等的开发和利用也受到各国图书馆的重视,如大英图书馆收藏的 20 世纪 60 年代后期以后的英国和其他国家的公司年度报告,国外一些图书馆对我国地方志和家谱文献的收藏,大英图书馆对个人电子邮件的收藏等。这些都说明,在世界范围内灰色文献的开发和利用已成为图书馆馆藏建设和文献服务的重要组成部分,并正在向着多元化方向发展。同时,各国在灰色文献研究、开发和利用领域的合作也在日益深化。

7　灰色文献开发利用模式分析

如前所述,由于灰色文献不受书目控制,加上其来源的日渐广泛性、数量的无限增长性以及载体的多样性,致使灰色文献庞杂、无序,导致开发利用难度随着其数量的增加也在增加。对于如此庞大而繁杂的文献,单一的知识服务机构应该依据自身性质和所服务区域或行业的特点有针对性地开发,最后形成所谓“各取所需,共建共享”的局面。也就是说,灰色文献的开发和利用,需要区域内各知识服务机构联动起来,根据各自的服务对象进行开发,最后联合使用,才能使尽可能多的灰色文献得到有效开发和利用。这里所谓的“区域”,理论上如按地理位置划分可以是全球、一个国家、一个地区或一个省的范围,或按系统、行业、按服务对象的性质划分,如是服务教学科研还是服务企业生产,是服务建筑业还是服务纺织业等。区域性文献资源的共建共享应该说是整个文献资源建设的发展方向,不管采取什么样的模式开发和利用灰色文献,在技术的层面都要尽可能地考虑其互用性、互操作性和开放性,才能不断向共享的目标推进。在共享的大前提下,灰色文献的开发和利用才能更加全面、有效。

7.1 总分馆模式

由中心馆牵头,负责制定标准,建立统一的系统平台,各成员馆负责文献收集,并按照统一的标准进行加工后存储在本地平台;中心馆则定时将各分馆的元数据收割或导入中心平台,为读者提供一站式的检索服务。中心平台的管理、维护和更新由中心馆负责;全文文献的服务由各分馆提供:对于已数字化的文献,直接链接到分馆本地平台的全文页面上,未数字化的文献,由分馆提供借阅和文献传递服务。当然,对于各分馆已经数字化的文献,也可以将全文导入中心平台,直接通过中心平台提供全文服务,分馆只承担未数字化文献的借阅和文献传递服务。例如,欧洲灰色文献信息系统(SIGLE)就是由法国国家科技信息研究所/法国国家科研中心(INIST-CNRS)负责运行管理,目前有成员馆 15 个,各成员馆负责收集和加工所在国产生的灰色文献,并由 SIGLE 进行元数据收割,文献全文服务由各成员馆提供。我国于 2011 年 8 月正式启动由北京大学图书馆牵头建设的 CALIS 机构知识库也采取的是这种模式,其建设目标是建立“分散部署、集中揭示”的全国高校机构知识库①。由 5 个示范馆分工开发完成 CALIS 机构知识库中心系统和本地系统,并将本地系统免费提供给各成员馆使用,成员馆在按照相关标准完成一定数量的初始数据规模并能提供服务的前提下,加入到中心系统,中心系统负责元数据

① CALIS 机构知识库. 关于我们[EB/OL]. [2014 - 03 - 12]. http://ir. calis. edu. cn/about. jsp.

收割并提供检索与浏览服务。到 2012 年 4 月项目验收，各参建馆总计完成多种类型资源 76 178 条，其中包括图书、期刊论文、会议论文、研究报告、学位论文、照片、画作、音视频习作、纪实类独立电影、计算机软件等资源类型①。总分馆开发利用模式的优点是文献的收集、加工和存储是分散进行的，中心系统没有过重的负担，易于维护；各成员可发挥自己的优势，集中收集某一学科或某一类文献，易于形成各自的特色，避免重复收集；通过中心平台提供一站式检索服务，对各成员馆文献进行集中揭示，方便读者查找；各分馆将收集到的灰色文献作为特色馆藏自行存储，易于调动各成员馆积极性。缺点是需要有影响力较大的机构牵头组织或倡导，有些情况下还需政府部门的干预和政策的支持。

7.2　单馆集中模式

是指由单一的文献服务机构全面承担一定区域内灰色文献的收集、加工、存储和服务工作。这一模式由于涉及区域大、采集范围广，需要投入大量人力和物力，因而需要充足的经费或政策的支持。英国灰色文献的收集采用的就是集中模式。英国法定呈缴制度规定，英国的出版发行单位需缴送非正式出版物给大英图书馆入藏，该馆还制定了有选择性地征集国外重要非正式出版物的馆藏政策，积极建设国外非正式出版物馆藏②，并提供文献传递和查询服务。大英图书馆收藏的灰色文献种类有各类报告、会议文献、政府出版物等，其文献提供中心是全球著名的灰色文献收藏和服务机构。2013 年 4 月 6 日，英国政府又颁布实施了《2013 年非印刷型出版物法定呈缴图书馆规定》，将非印刷型出版物法定呈缴本类型划分为电子期刊、电子书、网站及网页、缩微文献、光盘等便携式媒介出版物以及可以通过网络下载的方式获取的资料③。这无疑又保证了数字灰色文献和网络灰色文献的法定呈缴。我国国家图书馆于 1985 年成立了国内资料组作为采集灰色文献的专门机构，开始

---

① 聂华，韦成府，崔海媛. CALIS 机构知识库：建设与推广、反思与展望[J]. 中国图书馆学报，2013(3).

② 赵志刚. 国家图书馆非正式出版物收藏的国内外比较[J]. 图书情报知识，2011(4).

③ 史海建，钟永恒. 英国法定呈缴制度最新立法及其对我国的启示[J]. 图书馆学研究，2013(24).

大规模、全面地采集中文灰色文献。1987 年曾联合国家科学技术委员会正式发文,向全国软科学机构采集研究报告、调研分析、对策建议和决策方案等软科学灰色文献,当时取得了良好效果①。但是,除了我国于 1981 年颁布实施的《中华人民共和国学位条例暂行实施办法》是国家图书馆接受学位论文呈缴的法律依据之外,其他类型的灰色文献并无相应呈缴法支持,只能以公告或公函的形式公开征集。因此,国家图书馆后来对灰色文献采集部门数次调整和易名。由于缺乏政策的支持、预想的采集范围太广以及人力投入的先天不足,国家图书馆灰色文献的收集与其国内资料组成立之初的构想相差甚远。单馆集中的开发和利用模式的优点是资源集中加工、集中存储、集中服务,易于管理,但是在没有相应的政策和环境支持下,不适宜大规模采集,求全求大。

7.3 分散模式

分散模式指以机构为单位,分别采集,各自提供服务。这种模式的特点是各机构根据自己的性质或需要独立进行灰色文献的采集、加工、存储和服务,独立进行标准的制定和系统的开发,没有统一的管理,服务质量和水平也各不相同。在提倡和实践资源共享的今天,机构间的合作与共享已成常态,纯粹的分散模式已不复存在,但由于建设单位多是从自身的性质出发,没有更多地考虑互用性、互操作性和开放性,势必影响未来区域内的资源共享,而且容易造成资源重复建设。优点则是由于建设规模和文献种类等都是依据本机构情况制定,可行性较高,易形成自己的特色,开发和利用有针对性,具有较大的灵活性。分散模式可以说是目前灰色文献开发和利用中使用最多的模式。例如,国内图书馆进行的特色库和馆内自建资源,就是分散模式。各馆重点考虑的是突出本馆特色,而忽略了共享的发展方向,因此各有各的标准,各有各的平台;但其收录的文献针对性强,或反映当地文化,或服务当地产业,抑或重点服务某些特定人群等的优点是不容忽视的。另外还有如中国学术会议在线以收集会议文献为主,中国科技论文在线以收录自然科学领域的预印本为主等。在国外,美国和日本的灰色文献的开发和利用整体来讲也是分散模式,如美国国家技术信息中心(NTIS)负责收集研究报告,UMI 公

① 赵志刚. 国家图书馆政府出版物中灰色文献采集的历史回顾与现状分析[J]. 图书馆建设,2013(10).

司负责收集学位论文；日本的科学技术振兴事团负责收集和利用科技领域的灰色文献，而学术情报中心则负责学位论文和政府资助的科研成果的开发和利用等。另外，还有特殊的例子，如各国的专利信息大多由其专利局收集并提供专利文献服务，我国不仅有国家知识产权局提供专利服务，国家科技图书文献中心、清华同方等也在开发专利文献服务，各机构文献出现部分重复的现象也就在所难免了。

以上只是列举了几种常见的灰色文献开发和利用模式，在实际的操作中，各国、各地区的政治、经济和社会环境各不相同，建设单位的实际情况和读者的需求也是千差万别，灰色文献的开发和利用难度、模式也就不尽相同。因此，只有因地制宜，本着以读者为本，发挥各自特长，坚持文献资源共享的理念，庞杂、无序的灰色文献才能真正得到全面开发和有效利用。

8　灰色文献系统的服务方式

从20世纪初灰色文献引起人们的关注到现在，经济社会和科学技术已经发生了翻天覆地的变化，日新月异的信息技术给人类的信息交流方式带来前所未有的变革。灰色文献从最初的纸质文献发展到现在的网络文献和数字文献，文献服务机构的服务理念也从以“藏”为主转变为以“用”为主，信息共享、开放存取成为全球文献信息服务的主流，目前国内外的灰色文献系统的服务方式，无不在新技术的支撑下践行着这一理念。

8.1　在线全文下载和原文传递服务

一些灰色文献系统提供全部或部分文献的全文下载服务，分两种情况：一种是直接在系统网页下载，如 ArXiv，DocuTicker-Grey Literature Abstracts（http://www.docuticker.com）、犀牛资源中心（Rhino Resource Center http://www.rhinoresourcecenter.com）等，用户可直接下载全文或进行全文阅读；另一种是不能直接在系统网页下载，但系统会给出原文链接，用户可以通过点击原文链接转到来源网站进行下载，如捷克国家灰色文献库（National Repository of Grey Literature，简称 NRGL）中就有部分文献是通过系统提供的合作机构原文地址进行下载；对于没有在线全文的文献，大部分的灰色文献系统或提供原文传递服务，即通过邮寄、传真、电子邮件或文献传递软件提供免费或收费的原文传递服务；或提供纸本文献收藏机构网址、联系方式等，由用户自行提交原文传递请求。例如大英图书馆文献提供中心通过邮寄、电子邮件、安全电子传递、传真传递和 Ariel 传递等方式进行支付版费和无需支持版费两种形式的文献传递服务。欧洲灰色文献信息系统(SIGLE)则通过提供成员机构的网址、联系电话、文献传递服务链接等，由用户自行申请传递服务。一些信息量较少的服务系统，一般会提供网站服务邮箱，由用户自行申请文献传递。

8.2 信息检索服务

绝大多数的灰色文献系统都提供信息检索服务，一般提供按标题、作者、来源、关键词等常见的检索方式，还有些提供按报告号、文献类型、发表日期、地区等的检索。如 SIGLE 提供按组织(organization)、作者(author)、关键词(keyword)、发表年代(year)、语种(language)、文献类型(doctype)、国家(coutry)、报告号等的检索；有的直接采用 Google 的自定义搜索，如 DocuTicker 等。总体来看，收录的文献越多，提供的检索方式也就越丰富，反之，收录的文献少，就只能提供简单的检索方式。

8.3 邮件订阅服务

许多灰色文献系统提供邮件订阅服务，用户可订阅更新的数据或自己感兴趣的内容。如 Fish Passage Community at UMass Amherst(http://scholarworks.umass.edu/fishpassage)是马萨诸塞大学开发的有关渔业和野生动物的灰色资源系统，同时提供对这两类信息的邮件订阅服务，用户通过其订制电子邮件通知服务功能 bealerts，输入检索词，可以是作者、单位、关键词等，保存搜索结果后即设置好了订阅条件，每周就会收到基于订阅条件的最新信息更新邮件①；ArXiv 预印本文库也提供更新数据和定制邮件订阅服务，如用户按学科浏览打开物理学子库，将其网址“http://arxiv.org/archive/physics”改为“http://arxiv.org/RSS/physics”即打开物理学的订阅页面，直接点击订阅即可。

8.4 分享服务

近几年互联网上出现的信息分享功能，主要用于商业网站的推广，用户可

---

① Mass Amherst Libraries. Receive personalized email notifications(bealerts)[EB/OL].[2013-03-14]. http://scholarworks.umass.edu/announcements.html.

将自己感兴趣的内容或商品链接分享到社交网站或朋友圈,从而增加网站的浏览量。一些灰色文献系统也嵌入分享代码,提供分享服务,如 DocuTicker,用户可将感兴趣的内容轻松分享到 Facebook、Twitter、Gmail 等,而 DocuTicker 提供的是全文直接下载,这意味着会有更多读者下载和分享其提供的全文灰色文献。马萨诸塞大学的 Fish Passage Community 更是允许用户将文献信息分享到 Facebook、Google + 、Twitter、微博、LinkedIn 等。分享服务的实现在技术上相当简单,只需嵌入一组共享代码即可,而观念的转变似乎更为重要。

8.5　目录索引服务

目前,灰色文献系统主要提供两种类型的目录索引服务,一种是灰色文献文章目录,如欧洲灰色文献信息系统(SIGLE)就是典型的书目数据库,提供文章标题、作者、出版年份、语种、摘要、文献页数等书目信息。由美国有关野生动物保护的报纸 *WildEarth Guardians* 与非盈利组织 Wildlands CPR 共同开发的关于环境污染对野生动物影响的灰色文献数据库 Wildlands CPR(http://www.wildlandscpr.org/bibliographic-database-search)也是书目数据库,提供作者、标题、摘要、关键词等书目信息;另一种是灰色文献来源机构目录,如 GreyNet既提供文章目录索引服务,也提供按学科主题组织的灰色文献来源机构目录,包括机构名称和网址等信息。加拿大不列颠哥伦比亚省环境与职业健康研究网(BC Environmental and Occupational Health Research Network, http://www.bceohrn.ca/search/greylit/org)的灰色文献数据库提供的机构目录,则是按英文字母顺序进行组织,标示出每个机构的灰色文献数量,点击机构名称便可对其灰色文献进行浏览,部分还可下载全文,实际上也可以看作是把文章按照机构进行了组织。

8.6　统计服务

大多数灰色文献系统都提供统计服务,常见的数据有收录的文献总量、各学科或种类的文献数量、网站的访问次数、来源机构数量、注册用户数等。如欧洲灰色文献信息系统(SIGLE)在首页提供了系统收录文献总数和被引次数,按学科浏览,还可看到按学科、作者、机构等实时统计的文献数量。捷克国家灰色文献库(NRGL)在其首页提供了历年灰色文献数量的柱状图,用户可通过拖动该图横向按钮,查看各年度的灰色文献数量或某一种类、某一机构的各年度灰色文献数量,柱状图随用户浏览或检索的文献不同而显示不同的结果。ArXiv 预印本文库提供的统计功能包括:①文献提交数量的统计,包括 1991 年 8 月以来每月收到的投稿数量统计、历年各主要学科领域投稿文献量及占总投稿量的比例;②访问和下载统计(不包括镜像),包括当天的登录次数、每月的下载次数、200 家大型学术机构历年下载情况①。

9 目前我国灰色文献开发利用存在的问题

灰色文献资源的开发利用在国外早已引起图书馆等知识服务机构重视,工作开展较早,成效也比较明显。国内对于灰色文献的开发利用与国外相比还存在着一些问题,需要在实践过程中逐步加以解决,这样才能满足我国社会经济发展、科学研究对于灰色文献资源的需求,图书馆等知识服务机构才能在这个领域做出自己应有的贡献。具体而言,有如下 6 个方面需要我们在以后的工作中逐步改进。

9.1 灰色文献资源开发利用战略意识有待进一步强化

作为人类社会的重要精神财富,灰色文献对于经济、政治、社会、文化与科学发展有着不可替代的重要作用,这一点是毋庸置疑的。但是长期以来形成的惯性思维,尤其是现有学术评价机制的影响,使得人们只片面重视白色文献的作用和价值,甚至不恰当地对所有白色文献的价值做出片面的高估,轻视、忽视灰色文献的作用和价值,认为白色文献的价值绝对高于灰色文献的价值。这种片面的认识严重影响了人们对于灰色文献的开发和利用。实际上,白色文献中既有高水平、高质量和高价值的文献,同样也有低水平、低质量和低价值的文献,我们不能因为白色文献是通过正式出版机构出版的有版号的文献就认为白色文献的质量一定就高;灰色文献中既有低水平、低质量和低价值的文献,同样也有高水平、高质量和高价值的文献,我们不能因为灰色文献是没有通过正式出版机构出版的没有版号的文献就认为灰色文献的质量一定低。只有思想认识正确了,才能有力地推进我们对灰色文献资源的开发利用。

---

① arXiv. arXiv usage statistics [EB/OL]. [2013 - 03 - 14]. http://arxiv.org/help/stats.

同时，要特别加强灰色文献资源开发利用的战略意识，要站在增强国家文化软实力，站在为人类保存中华民族优秀文化遗产的高度制定灰色文献资源开发利用战略规划，不仅民间重视，国家层面和政府层面也要重视，要有相应的政策支持，扭转现在灰色文献开发利用的薄弱局面，重视灰色文献的开发利用工作，使灰色文献在经济、政治、文化与社会发展中起到应有的作用。

9.2　灰色文献资源开发利用范围有待进一步拓宽

白色文献、灰色文献与黑色文献是人类文献资源的三大类型，从种类和数量上来说，灰色文献当属种类最多、数量最大者，绝对是一个丰富的知识文献宝藏。而目前我们对灰色文献资源的开发利用可谓九牛一毛、冰山一角。从国内外目前对灰色文献资源的开发利用状况来看，人们对于学位论文、会议论文、专利的开发利用比较关注，推出的产品也比较多，但对于其他类型的灰色文献资源诸如企业文献、互联网文献等关注不够。之所以如此，原因在于前者的搜集整理相对容易，因为学位论文、会议论文和专利的生产机构、搜集渠道相对固定，而图书馆天然地和这些文献的生产机构有着紧密的联系，对这些资源的开发利用投入成本相对低，工作也容易做；而企业文献、互联网文献由于生产机构、搜集渠道相对不固定，图书馆和这些文献的生产机构又缺乏紧密联系，对这些资源的开发利用花费成本较大，工作很难做。这就造成了对于灰色文献资源的开发利用范围比较局限的状况。

9.3　灰色文献资源开发利用深度有待进一步挖掘

灰色文献资源中蕴含着大量具有学术价值、技术价值、经济价值、社会价值、文献价值与历史价值的内容，是一座含金量很高的文献宝藏。目前，我们对于灰色文献资源的开发利用仍然处于一个比较初级的阶段，大部分的注意力集中于灰色文献的搜集阶段，后期的整理、挖掘、深度利用方面做的工作仍然比较有限，整体的水平有待提高。这种情况实际上也是与我们对于灰色文献的整理、开发、利用的发展阶段相适应的。长期以来，人们对灰色文献重视不够，导致灰色文献资源的开发利用发展滞后，从而使得对灰色文献资源的深度开发利用还有待进一步加强。在灰色文献的搜集工作有了一定的基础之后，我们应该有意识地加强对于灰色文献资源的深度开发利用，利用先进的知识管理思想和信息技术对灰色文献资源进行整理和挖掘，从中提炼和浓缩出价值更大的知识产品，为我国经济建设、社会发展、技术进步与文化繁荣做出积极的、更大的贡献。

9.4 灰色文献资源开发利用的系统性有待进一步完善

灰色文献涉及的领域众多，涵盖范围广泛。如前所述，目前人们对于灰色文献的开发利用主要集中在学位论文、会议论文和专利文献等少数类型，而对其他大多数灰色文献资源则少有问津。灰色文献资源开发利用呈现出零星、不成系统的局面。同时，对于灰色文献资源开发利用，还缺乏整体的系统布局，没有从更加宏观的领域来对灰色文献资源开发利用进行顶层设计，相关机构缺乏整体的灰色文献资源开发利用的战略规划。再者，从产业链的角度来看，灰色文献资源开发利用没有形成一条完整的“生产—开发—利用—再生产—再开发—再利用”的良性链条，99%以上的灰色文献并没有从生产环节运动到开发和利用环节，而是沉淀起来变成了没有活性的资源，这是对社会知识财富极大的浪费。我们应该强化全社会对于灰色文献系统开发利用的意识，使生产者、开发者与利用者之间形成一个良性的互动机制，促进灰色文献开发利用的深入发展。图书馆作为社会重要的知识保存、文化传承机构之一，应该在推动灰色文献资源的开发利用方面做出自己积极的贡献。

9.5 灰色文献资源开发利用效用有待进一步提升

灰色文献具有很大的、多方面的价值，但是，目前我们对于灰色文献资源开发利用效用还存在着很大的提升空间。一方面，绝大多数灰色文献资源生产出来之后，就被束之高阁，无人问津，其效用根本没有被发挥出来。这种情况在政府机构尤其严重，受制于传统观念的影响，大多数人将政府机构灰色文献资源看成是具有保密性质的文献，不肯也不愿意将之面向社会公开。现在虽然有政府信息公开条例等规定，但是由于惯性思维的影响，情况并没有很大的改观。另一方面，不少单位已经开发的灰色文献资源，由于运营不善，其经营效益乏善可陈，造成了较大的浪费。因此，如何进一步提升灰色文献资源开发利用的效用是未来很重要的一个问题。为解决这个问题，有几个方面的工作需要做好：

其一，政府机构应该将不涉及国家机密的信息尽量向社会公开；

其二，充分发挥企业在灰色文献资源开发利用方面的积极作用，形成有活力的良性发展模式。

其三，灰色资源使用平台的功能应更加完善，知识挖掘深度和聚类关联、统计分析等增值服务应强化，总体使用附加值应大力提高。

其四，灰色资源数据库的目录信息应尽可能纳入各类统一检索和知识发现系统中集中揭示，这样，用户即使没有使用灰色文献数据库平台，也可在使用统一检索或发现系统时查到相关目录信息，需要时可很方便地链接获取全文，从而可大大提高灰色文献利用率和使用效果。

9.6　灰色文献资源开发利用持续发展有待进一步加强

持续发展对于灰色文献资源开发利用工作有着十分重要的意义。灰色文献资源开发利用有不同的主体，我们应根据不同主体的具体情况，采取合适的运营模式，保证持续发展。其中尤其重要的是，要与市场紧密集合，认识到开发利用是开发与利用二者的有机结合，没有开发，何谈利用？没有利用，开发也没用。现在要特别注意灰色文献资源的利用，加强市场营销工作，贴近用户，努力开发出用户真正需要的高品质、高价值灰色文献产品，使灰色文献资源开发利用得到持续发展。

10　开放存取运动对灰色文献资源开发和利用的影响

10.1　开放存取运动

开放存取（Open Access，简称 OA）是指读者无需付费，无需获得授权，通过互联网即可对科学文献进行阅读、下载、复制、传播、打印、检索等的过程。

科学界开放存取的思想应该说由来已久。早在 1974 年，斯坦福直线加速器中心（Stanford Linear Accelerator Center，简称 SLAC）图书馆和德国电子同步加速器研究所（Deutsches Elektronen Synchrotron，简称 DESY）就开始进行物理学预印本文献的电子编目，并很快加入到斯坦福物理信息检索系统高能物理在线数据库①。

20 世纪 80 年代以后，为争夺市场份额和利润，出版商间兼并重组频繁，零散的小型出版商被专业化的集团出版商并购，出版业开始步入集团化，期

① Suber P. Timeline of the Open Access Movement[EB/OL].[2014－03－30]. http://legacy.earlham.edu/～peters/fos/timeline.htm.

刊市场的大部分份额逐渐被少数大型专业出版集团占有,同时也由于通货膨胀等其他经济因素的影响,期刊价格开始大幅度上涨。以美国为例,在 1989 到 1993 年的 4 年里,有 21 类期刊的价格上涨了 50% 以上,其中综合科学类期刊涨幅高达 90% 以上①。同时,图书馆等文献服务机构的文献购置经费却没有同步增长,有的甚至还出现削减,因此出现购书经费紧张以及期刊订阅量逐年下降的趋势。出版商为弥补销售量下降导致的利润减少,持续调高文献价格。例如,加利福尼亚大学洛杉矶分校图书馆 1978 年至 2001 年的订阅费用就增加了 1300%②;据美国研究图书馆协会统计:"2000 年图书馆用于购买期刊的单位费用相对于 1986 年,涨幅高达 226%,平均年增长率为 8.8%,而同期图书馆经费年平均增长率仅为 6.7%。研究型图书馆 2000 年用于购买期刊的费用是 1986 年的近 3 倍,但购买的期刊品种却下降了 7%。"③

出版商的垄断行为导致的期刊价格暴涨,直接影响了科研人员对学术信息的正常获取,阻碍了知识信息的广泛交流,引发了全球学术界对这一问题的广泛关注,很多组织和个人为促进学术信息的无障碍交流做了大量努力。20 世纪 90 年代正值互联网在全球范围内飞速发展的时期,开放获取可谓是恰逢其时,互联网为其提供了技术和实践的保障,一些组织和个人开始率先加入到开放获取的实践中。早期的提供免费在线阅读的期刊有 1990 年创办的 *Electronic Journal of Communication* 和 *Bryn Mawr Classical Review*,1991 年 4 月创办的 *EJournal* 等。而 1991 年 8 月由 Project Runeberg 创建的物理学、数学、计算机科学等学科的电子预印本文库 arXiv 则被认为是开放存取运动的里程碑。

2001 年 12 月,开放社会协会(OSI,即现在的开放社会基金会 Open Society Foundations)在布达佩斯召开会议,协商并制定了《布达佩斯开放存取倡议》(*Budapest Open Access Initiative*,简称 BOAI),于 2002 年 2 月 14 日正式发布。《布达佩斯开放存取倡议》对开放存取的定义是:"某文献在 Internet 公共领域里可以被免费获取,允许任何用户阅读、下载、拷贝、传递、打印、检索、

① 贾晓斌. 1993 年美国期刊价格指数分析[J]. 图书馆论坛,1994(2).

② Bauerlein M, Gad-el-Hak M, Grody W, et al. We Must Stop the Avalanche of Low-Quality Research[EB/OL]. [2014-03-10]. http://chronicle.com/article/We-Must-Stop-the-Avalanche-of/65890.

③ 李武,刘兹恒. 一种全新的学术出版模式——开放存取出版模式探析[J]. 中国图书馆学报,2004(6).

超级链接该文献,并为之建立索引,用作软件的输入数据或其他任何合法用途。用户在使用该文献时不受财力、法律或技术的限制,而只需在存取时保持文献的完整性,对其复制和传递的唯一限制,或者说版权的唯一作用应是使作者有权控制其作品的完整性及作品被准确接受和引用。"①此后,国际社会纷纷发表声明,倡导和宣传对开放存取运动的支持;各国图书馆、大学、学术团体、社会组织等大规模加入到开放存取运动中来,各国国家机构也开始制定各自的开放存取政策,开放存取运动开始在全球学术界、图书情报界、出版界以及其他信息传播业迅速兴起。

10.2 开放存取的服务方式与资源

BOAI 提出了实现开放存取服务的两种途径:一是自存档(Self-Archiving),即建立开放存取仓储;二是创办开放存取期刊(Open Access Journals)或将收费期刊转换为开放存取期刊。其中,开放存取仓储包括基于学科的开放仓储和基于机构的开放仓储,即学科知识库和机构知识库。实践证明,这两种途径是实现开放存取的有效方法,并在世界各国得到了快速发展,其中尤以机构知识库发展最为迅速。

10.2.1 开放存取期刊

开放存取期刊是经同行评审的、可免费通过互联网访问的期刊,分为完全开放存取期刊、部分开放存取期刊和延时开放存取期刊 3 种类型。所谓完全开放存取期刊,是指作者付费或免费出版,读者免费访问的期刊,如 PLoS 期刊、D-Lib 期刊等;部分开放存取期刊是读者只能免费访问作者付费出版论文的期刊,如 Springer Open Choice,或者可免费访问部分论文全文的期刊,如 BMC 期刊,或者只能免费访问文摘的期刊;延时开放存取期刊是指在出版一段时间以后可以免费访问全文的期刊,如部分 HWP 期刊等。可见,开放存取期刊收录的文献是经同行评审的、正式出版的白色文献。由瑞典隆德大学图书馆(Libraries at Lund University)创建和维护的 DOAJ(开放期刊存取列表)的宗旨是收录全球所有语种的、经过同行评审的高质量开放存取期刊目录,目前已收录 149 个国家的开放获取期刊 9744 种、论文 1 573 847 篇②。

---

① Budapest Open Access Initiative. Read the Budapest Open Access Initiative[EB/OL]. [2014-03-10]. http://www.budapestopenaccessinitiative.org/read.

② DOAJ[EB/OL]. [2014-03-10]. http://www.doaj.org/contact.

10. 2. 2　开放存取仓储

开放存取仓储包括基于学科的开放仓储和基于机构的开放仓储,即学科知识库和机构知识库。开放存取仓储本身无需经过同行评审,其收录内容也丰富多样。2003 年 10 月,德国马普学会发起召开的柏林会议上通过的《关于自然科学与人文科学知识的开放获取的柏林宣言》中关于开放存取出版物的定义是“开放存取的出版物包括原创科研成果、原始数据和元数据、原始资料、图片和图像材料的数字表达以及多媒体学术材料”。在实践中,开放存取仓储收录的文献种类有期刊论文、预印本、学位论文、课程讲义、会议资料、视频和音频文件、网络文献、科技报告、研究数据、图片资料等。其收录的论文既有经过同行评审的期刊论文,也有未经同行评审的论文;既有已正式发表的白色文献,也有各类灰色文献。

(1)学科知识库

学科知识库是基于学科的开放存取仓储,是对某一学科的各类资源进行收集、保存,并通过互联网实现开放存取的知识库。arXiv 应该说是最具代表性的学科知识库,主要收录物理学、数学、计算机科学、定量生物学、定量金融学和统计学等学科的预印本文献,目前共计 898 646 万篇①。在我国,各馆自建的特色数据库就是基于学科的知识库。如浙江纺织服装职业技术学院建设的“宁波纺织服装特色文献资源中心”数据库,包括企业名录资源库、服装款式资源库、文献数据库、红帮文化馆、面料数据库、样板库、成衣样品库和创意作品资料;浙江传媒学院的“近现代报人特色库”,收录文献种类有生平传记、作品著述、近现代报刊、会议中心、研究文献、学术机构、视听资料、课件。再如福建省图书馆闽南文化专题特色库,收录文献有自己采拍和制作的视频资源、非物质文化遗产文献、研究论文等。以上这几个特色库收录文献不仅有已正式发表的白色文献,也有内容和载体丰富的灰色文献。

(2)机构知识库

机构知识库是基于机构的开放存取仓储,也就是某个机构建立的,用以收集和保存本机构成员产生的数字化科研成果的知识库,允许机构内外的用户通过互联网免费获取和使用。机构知识库可以说是开放获取运动的主角,目前全球的机构知识库数量在不断增加。OpenDOAR(Directory of Open Access Repositories)是由英国诺丁汉大学和瑞典隆德大学共同创办的收集全球

① arXiv[EB/OL].[2013 - 12 - 13].http://arxiv.org.

机构知识库名录的数据库。截止到 2014 年 3 月 10 日，OpenDOAR 收录的全球机构仓储数量已达 2600 个，这些机构收藏的文献种类包括期刊论文、学位论文、图书、未出版的报告和工作论文、会议论文、视听资料、参考书目、数据集、专利、软件等，如下图所示。可见，全球机构知识库所收录文献除正式发表的白色文献外，还收录有大量的灰色文献。

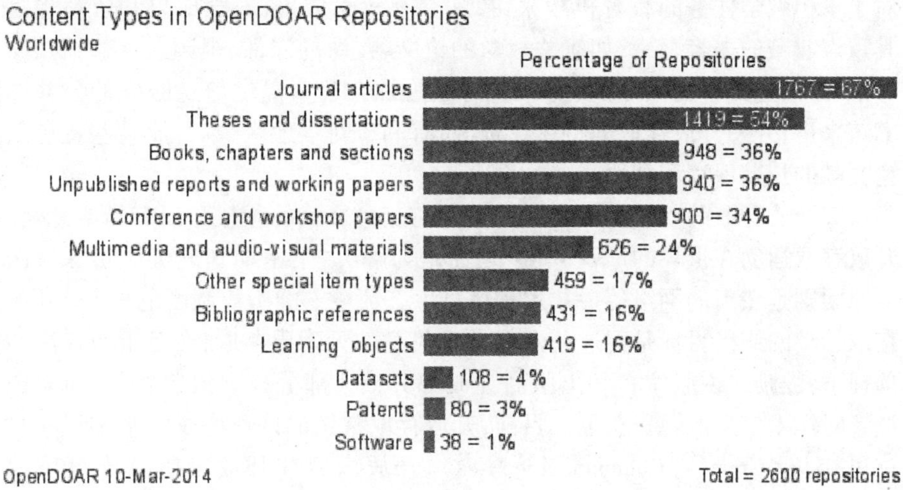

OpenDOAR 按收录的文献类型统计的全球机构仓储所占比例①

10.3　开放存取对灰色文献开发和利用的影响

综上所述，开放存取运动由学术期刊涨价引发，目的是为了解决“学术期刊危机”，促进学术信息的无障碍交流，是全球范围内推动学术信息获取的行动。而灰色文献在其中又占有很大的比例，因此开放存取运动有助于让用户和信息服务机构更加重视和了解灰色文献及其价值，在促进对学术期刊开放获取的同时，也促进了对灰色文献的开发和利用；反过来，灰色文献在开放存取的自存储服务模式中也起到了丰富资源、提升服务的重要作用。开放存取对灰色文献开发和利用的影响主要表现在以下两个方面：

①开放存取运动推动了学科知识库和机构知识库的建设和发展，促进了

① OpenDOAR. Most Frequent Content Types[EB/OL]. [2014 - 03 - 10]. http://www.opendoar.org/find.php? format = charts.

对机构内部灰色文献以及其他灰色文献的长期保存和利用。对于科研机构来讲,机构知识库的任务是要长期保存和利用本机构成员的学术成果,关注成果意味着必然要同时关注其研究过程,因此,成员在科研活动中产生的研究资料、实验数据、重要图片资料、技术报告、会议交流资料等自然成为机构知识库收录的内容之一,这些文献基本上是没有经过正式出版的灰色文献;对于承担教学任务的教育机构来讲,除保存科学成果,教学成果和资料也是其重点收藏的内容之一,如有关教学的论文、授课的课件、视频、自编教材、参考书目等,这其中也不乏灰色文献;对于为社会公众提供信息服务的公共图书馆来讲,开发开放存取的特色库资源,有利于对本地区、本行业某些特色灰色文献的长期保存和利用。

②开放存取的版权问题研究及实践对灰色文献的版权建设有借鉴意义。开放存取运动在世界的广泛兴起,表面是为解决“学术期刊危机”,更深层次的原因则是在新的网络传播技术和信息生态环境下的版权制度危机①。开放存取运动的终极目标是促进公众对学术信息的无障碍存取,在尊重版权法的前提下,鼓励或说服作者和出版商让渡部分或大部分权利给读者,从而实现读者对学术信息的免费获取。目前,开放存取常用的许可协议包括知识共享许可协议(Creative Commons Licenses)、开放内容和开放出版物许可协议(Open Content and Open Publication Licenses)、免费文献许可协议(GNU Free Documentation License)、设计科学许可协议(Design Science Licenses)、共享文件许可协议(Common Documentation License)等。由于开放存取资源中有大量的灰色文献,因此其版权建设无疑对灰色文献的版权建设具有重要的参考、借鉴意义。

开放存取运动自 2002 年《布达佩斯开放存取倡议》发布以来,在世界范围内得以迅速发展。究其原因,一方面开放存取取消了价格壁垒(订阅费、许可费、阅读费等)以及许可权壁垒,正如 PLoS 所述“免费获取,无限制使用”,在用户中深得人心;另一方面,开放存取也在一定程度上满足了科研人员扩大个人学术影响力、促进其职业发展的写作目标。图书馆作为公益机构,为学习、研究和保存文化之目的而开发和利用灰色文献,开放存取运动的理念和实践也应该纳入到灰色文献资源建设和服务的战略意识中来。

---

① 王太平,姚鹤徽,韩冰. 开放存取运动与版权制度的未来模式[J]. 图书馆,2009(5).

第一部分　灰色文献资源的分类

1　以来源区分

灰色文献资源以来源来区分，可分为政党和国家机构灰色文献、非营利组织灰色文献、企业灰色文献和个人灰色文献。

1.1　政党和国家机构灰色文献资源

1.1.1　政党灰色文献

政党灰色文献是指各政党及其组织为实现其政纲和政治主张而展开的一切政治研究、政治活动和政治斗争中以各种形式或载体公开发布的、未经正式出版的文献，包括文字材料、音视频资料等。

《辞海》对政党的定义是“代表某个阶级、阶层或政治集团，为维护其利益、实现其政治主张而共同行动的政治组织”。政党是现代各国政治制度和政治体制的重要组成部分，是最具影响力的政治组织，而政党制度则是现代民主政治的重要组成部分，世界上绝大多数国家都实行政党制度。各政党在其发展过程中，出于争取成为执政党，或为维护自己所代表的阶级或阶层、集团的利益，使本阶级意志变为国家意志的需要，往往在实践中积极探索和调整自身发展模式，加强自身建设，以各种方式积极参与或组织政治活动，宣传自己的政治主张和经济政策，对国家政治生活施加影响，协调和处理与国家、社会团体和民众的关系，同时与其他政党进行政治斗争。在这一过程中，产生了大量的记录政党发展历程的文献，主要包括“政党的章程、纲领、纲要或行动方针；由党的代表大会、代表会议或党的领导机关通过的报告、文件、决议、决定和各种意见书、建议书；就党的自身建设颁布的监督、检查工作条例、组织机构运作规则和各种程序性规定；就国际、国内及党的内部事务发表的宣言、声明、文告；与国家机构或其他政党、组织、运动、团体签订的条约、协议、联合声明等各类文件；党的主要领导人的报告、讲话、著作、文稿及对一些特定问题的论述”①等。大部分的政党文献没有经过正式出版，已经出版的文献多是针对某一特定范围的文献选编、摘编或汇编，而且多集中于执政党文献，因此政党文献中多数为灰色文献。

我国实行的政党制度是中国共产党领导的多党合作和政治协商制度，包括中国共产党和8个民主党派，即中国国民党革命委员会、中国民主同盟、中国民主建国会、中国民主促进会、中国农工民主党、中国致公党、九三学社、台湾民主自治同盟。中国人民政治协商会议（以下简称人民政协）是中国共产党领导的多党合作和政治协商的重要机构。各民主党派在进行自身建设、参政议政、社会服务活动中产生的文献，如各党全国代表大会、工作会议、基层组织建设研讨会、工作交流等的会议资料，政协会议的议案等都是重要的灰色文献。人民政协曾将重要文献进行选编出版，如2009年出版的《人民政协重要文献选编》。但还有诸多文献没有正式出版，如提案、工作条例、办法、意见等；地方政协机构文献资料出版并不多见，可见政协机构亦是灰色文献的重要来源。

1.1.2　国家机构灰色文献

国家机构灰色文献是指由各级国家机关及其组成部门以各种形式或载体公开发布的、未经正式出版的文献。

国家机构是行使国家权力，执行国家内部职能和外部职能，进行立法、行政和司法管理等各种活动的国家机关的总和，包括全国中央机关和地方机关。例如，依据我国宪法第三章对国家机构的性质的区分，我国国家机构分为：国家最高权力机关（全国人民代表大会）、中华人民共和国主席、最高国家行政机关（国务院）、中央军事委员会、地方权力机关（地方各级人民代表大会）、地方行政机关（地方各级人民政府）、民族自治地方的自治机关、国家审判机关（最高人民法院、地方各级人民法院和军事法院）、国家法律监督机关（最高人民检察院、地方各级人民检察院和军事检察院）。再如，美国的国家机构包括国会（由参、众两院组成）、总统、联邦最高法院、联邦上诉法院、联邦地区法院、3个有特别裁判权的法院、联邦司法中心、地方政府（高度自治，拥有自己的法律、政府、参议院和众议院及立法机构）。

早在1766年，瑞典颁布《出版自由法》，对政府文件的公共属性进行了规定，要求政府公开所有非涉密的公共文件。20世纪60年代以后，许多国家开

① 于洪君. 当代世界政党文献（2012）[M]. 北京：党建读物出版社，2013：1.

始建立政府信息公开制度，如1966年美国颁布了《信息自由法》，规定除涉及国家安全和涉密的文件外，联邦行政部门的所有档案信息均向公民开放；此后，法国、加拿大、澳大利亚、新西兰、荷兰、日本、韩国、德国、英国等国家相继建立了自己的政府信息公开制度。2007年4月24日，我国国务院制定并颁布了《中华人民共和国政府信息公开条例》(以下简称"《条例》")，并于2008年5月1日正式实施。伴随着信息技术的发展，全球信息化的进程也在加快，世界各国都在利用网络和IT技术积极推进政府信息公开建设，其中网络成为政府信息公开越来越重要的平台，各国国家机关及其所属机构一般都有电子政务网，及时更新和发布有关政策、法规、报告、计划、规划、会议、经济、财务等政府公共信息。

《条例》规定的县级以上各级人民政府及其部门重点公开的政府信息如下：行政法规、规章和规范性文件；国民经济和社会发展规划、专项规划、区域规划及相关政策；国民经济和社会发展统计信息；财政预算、决算报告；行政事业性收费的项目、依据、标准；政府集中采购项目的目录、标准及实施情况；行政许可的事项、依据、条件、数量、程序、期限以及申请行政许可需要提交的全部材料目录及办理情况；重大建设项目的批准和实施情况；突发公共事件的应急预案、预警信息及应对情况；环境保护、公共卫生、安全生产、食品药品、产品质量的监督检查情况①。《条例》还规定"涉及公民、法人或者其他组织切身利益的；需要社会公众广泛知晓或者参与的；反映本行政机关机构设置、职能、办事程序等情况"的政府信息也应当主动公开。对于公开方式也有明确规定："行政机关应当将主动公开的政府信息，通过政府公报、政府网站、新闻发布会以及报刊、广播、电视等便于公众知晓的方式公开。"而实践中，正式出版、公开发行的政府出版物只有很少的一部分，大部分政府信息是通过网站或部门内部系统自办发行、机关文件交换、内部限量赠阅以及向社会免费赠阅等方式公开，这部分都属于灰色文献的范畴。如《条例》实施后，国务院办公厅以及地方政府都相继在官网上开辟了政府信息公开专栏，提供政府信息公开指南和目录，用户可检索和查阅全文，除《中华人民共和国国务院公报》以及少数地方政府公报如《四川省人民政府公报》《黑龙江省人民政府公报》等公开发行外，政府信息大都通过政府信息公开网站发布电子版。再如

① 中国政府网. 中华人民共和国政府信息公开条例[EB/OL]. [2013－11－21]. http://www.gov.cn/xxgk/pub/govpublic/tiaoli.html.

人大常委会公报,除《中华人民共和国全国人民代表大会常务委员会公报》正式出版发行外,地方人大常委会公报均未见正式出版,通常都是作为内部资料免费赠阅或在网站上发布电子版。

由于国家机构承担着实现国家权力、执行国家职能、进行日常国家管理的任务,因此,其发布的信息和文件具有权威性,涉及政治、经济、文化、科技、立法、民生等方方面面,数量巨大,内容丰富,而且大都没有正式出版印行,是灰色文献的重要来源之一。

1.2 非营利组织灰色文献资源

非营利组织灰色文献资源是指非营利组织在自身发展、处理和解决各种社会问题、进行公益活动和社会服务活动中形成的没有正式出版和发行的文献。

从 20 世纪 70 年代开始,在全世界范围内涌现出大量的社会组织,这些组织既不是政府部门,也不同于企业,涉及领域广泛,包括艺术、慈善、教育、政治、宗教、学术、环保等,组织的活动往往具有公益性质,组织的目的不是为了营利,而是处理和解决各种社会问题。美国霍普金斯大学的著名学者萨拉蒙(Lester M. Salamon)教授称其为"全球性的结社革命",这些组织通常被称为非营利组织。随着非营利组织的蓬勃发展,其在经济和社会发展中也发挥着越来越重要的作用,对非营利组织的研究也越来越受到关注,但不同国家、不同学者由于强调的侧重点不同,对非营利组织的称谓和划分也不尽相同,诸如"第三部门""非政府组织""志愿者组织""公民社会""公益组织"等。萨拉蒙概括的非营利组织的 5 个特征是:组织性、私有性(在制度上与国家相分离)、非营利性、自治性和志愿性①。我国学者清华大学 NGO 研究中心王名教授将非营利组织定义为"不以营利为目的、主要开展各种志愿性的公益或互益活动的非政府的社会组织②",并确定非营利组织的 3 个基本属性为非营利性、非政府性、志愿公益性或互益性,将其主要活动领域划分为慈善救助、环境保护、公益服务、扶贫发展、权益保护、社区发展、行业协会共 7 个领域,并认为严格意义上的非营利组织不包含政党组织和宗教组织。政党组织前文已

① 萨拉蒙,等. 全球公民社会——非营利部门视界[M]. 贾西津,等,译. 北京:社会科学文献出版社,2002:3.

② 王名. 非营利组织管理概论[M]. 2 版. 北京:中国人民大学出版社,2010:2.

提及，这里不再赘述。关于宗教组织，我国已故宗教学奠基人之一吕大吉教授认为宗教组织“是宗教信仰者在其中过宗教生活、进行宗教活动的机构、团体、社会或其他形式的群体”①。宗教组织在国外亦称为宗教团体、宗教法人或教派等，包括各教派组织机构、寺庙和教堂等活动场所以及宗教协会和宗教团体。研究宗教学离不开对宗教组织的研究，而宗教组织文献则是研究宗教组织的重要资料。因此，本书所述非营利组织皆指不以营利为目的，具有非政府性、志愿公益性或互益性的合法社会组织，包含宗教组织，但不包括政党组织。

以我国为例，根据民政部的相关条例，我国的非营利组织包括社会团体、民办非企业单位和基金会。但鉴于我国国情，本书将事业单位（包括有行政职能的事业单位）、参与政治协商的人民团体以及《社会团体登记管理条例》规定的免于登记的团体也纳入到非营利组织范畴中。

1.2.1　社会团体灰色文献

《民政部关于〈社会团体登记管理条例〉有关问题的通知》（1989）将我国的社会团体分为学术性社团、行业性社团、专业性社团和联合性社团。

学术性社团一般以学会、研究会命名。其中又可以分为自然科学类、社会科学类及自然科学与社会科学的交叉科学类。如中国经济体制改革研究会、中国能源研究会、中国电子学会、中国数学会等。学术性社团的主要任务和活动是推动相关学科建设，开展国内外学术和技术交流；开展继续教育和技术培训，普及相关学科知识；编辑出版科技书刊，开展决策、技术咨询，举办科技展览；研究和推荐技术标准；接受委托评审技术人员技术资格，鉴定和评估科技成果等。学术性社团在开展各类活动中产生的灰色文献主要有：学术会议文献（会议论文、演讲稿、会议议程、会议音视频资料等）、培训资料、课题或项目研究资料、未出版的研究报告和调查数据、技术咨询资料、评估资料、展会资料以及会员名录、会刊、简报、章程等社团自身建设资料等。

行业性社团一般以协会（包括工业协会、行业协会、商会、同业公会等）命名，主要由同业企业和其他经济组织自愿组成，其中可分为农业类、工业类和商业类等。如中国毛纺织行业协会、中国信息产业商会、中国粮食行业协会、中国炼焦行业协会等。行业性社团的主要任务是促进企业和政府、企业和企业之间的沟通与联系，协助政府主管部门进行行业管理和行业指导；督促和

① 吕大吉. 宗教学通论新编：下[M]. 2 版. 北京：中国社会科学出版社，1998：347.

组织会员企业建立自律性运行机制，制定行规行约，维护公平竞争，保护会员的合法权益；组织交流、信息发布、调查研究、产品促销等多种活动，促进行业经济发展和科技进步。这一类社团的灰色文献主要有：行业统计数据、行业经济运行报告，优秀产品和企业资料，行业会议文献、企业名录、行业自律文件（如公约、指南、规划等）以及会刊、会员名录等社团自身建设资料。

专业性社团一般为非经济类的，主要是由专业人员组成或以专业技术、专门资金为从事某项事业而成立的团体（2004 年颁布的《基金会管理条例》将基金会从社会团体中分离出来，因此，专业性社团不包括基金会）。如中国标准协会、中国教育技术协会、中国工程建设标准化协会等。专业性社团的主要任务是通过专业人士向社会提供专业服务。主要活动有协调和组织相关专业研究，举办各种学术活动，推广、交流相关专业理论研究成果和经验；为政府部门决策提供咨询服务，培训相关专业理论研究人员和技术人员；为单位会员提供专业化服务，提高个人会员相关专业方面的能力和技巧等。专业性社团的灰色文献主要有：学术会议文献、专家资料、培训资料以及会刊、会员名录等社团自身建设资料等。

联合性社团一般以联合会、联谊会、促进会命名。这类社团主要是人群的联合体或学术性、行业性、专业性团体的联合体。如联合会、商会、俱乐部、校友会、企业家协会以及宗教协会、宗教院校等宗教组织①。联合性社团的会员特点决定了其产生的灰色文献兼具上述 3 种社团灰色文献的特点，在此不再赘述。

综上所述，社会团体灰色文献是指各社会团体为实现会员共同意愿，按照其章程开展活动和进行自身建设产生的未经正式出版的文献。以上 4 类社会团体文献内容虽各有不同，根据文献所服务的活动不同，都可分为自身建设文献和社会服务活动文献。

1.2.2 基金会灰色文献

依据《基金会管理条例》，我国的基金会分为公募基金会和非公募基金会，涉及救灾、扶贫、助残、教育、科学、文化、体育、环保、社会公共设施等领域。2006 年 1 月 12 日民政部颁布的《基金会信息公布办法》规定，基金会、境外基金会代表机构需将其内部信息和业务活动信息通过媒体向社会公布。

① 中国政府网. 宗教事务条例[EB/OL]. [2013－12－04]. http://www.gov.cn/test/2006-02/24/content_210351.htm.

这些信息包括：基金会、境外基金会代表机构的年度工作报告，公募基金会组织募捐活动的信息，基金会开展公益资助项目的信息（包括项目评估结果报告）。2011 年，财政部、民政部联合下发的《关于加强和完善基金会注册会计师审计制度的通知》要求基金会应当向社会公布审计后的年度财务会计报告和审计报告。以上这些信息都属于基金会灰色文献的范畴。另外还包括基金会组织的公益宣传活动资料（如公益比赛、会议、表演等）、基金会章程、成员名录以及基金会制定的各类管理制度和办法。

1.2.3　民办非企业单位灰色文献

民办非企业单位是指“企业事业单位、社会团体和其他社会力量以及公民个人利用非国有资产举办的，从事非营利性社会服务活动的社会组织”①，一般分为教育事业（如民办院校、民办培训中心等）、卫生事业（如民办医院、民办疗养院等）、文化事业（如民办图书馆、民办艺术研究或表演机构、民办美术馆等）、科技事业（如民办科研院所、科技服务和评估中心等）、体育事业（如民办体育场馆、院校等）、劳动事业（如民办职业培训学校、民办职业介绍机构等）、民政事业（如民办福利院、敬老院等）、社会中介服务业［如民办评估咨询服务中心（所）、民办信息咨询调查中心（所）、民办人才交流中心］、法律服务业等②。由于部分民办非企业单位规模小，人员少，日常文献产生较少，下表只列出部分类别民办非企业单位的灰色文献。

表 1－1　部分民办非企业单位灰色文献

类别	单位	产生的灰色文献
教育事业	如民办幼儿园，民办小学、中学、学校、学院、大学，民办专修（进修）学院或学校，民办培训（补习）学校或中心等	教学文献：教学（培训）大纲、课程建设（培训）方案、教案与课件、教学（培训）音视频文件、习题以及试题 科研文献：科研工作规划，立项结题资料、讲座与调查资料、学位论文、科研成果、会议资料、科研人员与教师信息等

① 民政部. 民办非企业单位登记管理暂行条例［EB/OL］.（2007－09－05）［2013－12－04］. http://www.mca.gov.cn/article/zwgk/fvfg/mjzzgl/200709/20070900001726.shtml.

② 民政部. 民办非企业单位登记暂行办法［EB/OL］.（2013－04－02）［2013－12－04］. http://www.mca.gov.cn/article/zwgk/fvfg/mjzzgl/201304/20130400450750.shtml.

续表

类别	单位	产生的灰色文献
		行政管理文献:通知、招生信息、规章制度、各种政策性文件 其他文献:如内部刊物、考试考证资料、校内社团资料、校园网内资源等
卫生事业	如民办门诊部(所)、医院,民办康复、保健、卫生、疗养院(所)等	单位职能、工作规则、办事程序,提供的医疗服务项目、内容、流程,医师或专家资料,药品目录,病案,学术会议资料,教学科研资料,内部报刊
文化事业	如民办艺术表演团体、文化馆(活动中心)、图书馆(室)、博物馆(院)、美术馆、画院、名人纪念馆、收藏馆、艺术研究院(所)等	影视策划资料、表演音视频资料、民间艺术品、数字化艺术品、研究成果、书目、会议资料、图书馆、博物馆和美术馆馆藏灰色文献
科技事业	如民办科学研究院(所、中心),民办科技传播或普及中心、科技服务中心、技术评估所(中心)等	学术会议资料、学术讲座资料、科研课题或项目资料、研究成果、内部刊物、科技报告、评估报告、评估标准和办法、咨询服务报告、技术培训和服务资料、规划设计资料、咨询评审资料等
体育事业	如民办体育俱乐部,民办体育场、馆、院、社、学校等	体育技术培训、咨询和交流资料、竞赛活动组织、策划资料、宣传推广资料

1.2.4 事业单位灰色文献

事业单位是指“国家为了社会公益目的,由国家机关举办或者其他组织利用国有资产举办的,从事教育、科技、文化、卫生等活动的社会服务组织”①。按照行业分类,我国的事业单位分为:教育事业单位,科学研究事业单位,勘查设计事业单位,勘探事业单位,文化事业单位,新闻出版事业单位,广播影视事业单位,卫生事业单位,体育事业单位,农林牧水事业单位,交通事业单位,气象事业单位,地震事业单位,环境保护事业单位,测绘事业单位,信息

① 中国政府网.国务院关于修改《事业单位登记管理暂行条例》的决定[EB/OL].[2013-12-04].http://www.gov.cn/zwgk/2005-05/23/content_227.htm.

咨询事业单位，标准计量、技术监督、质量检测事业单位，知识产权事业单位，物资仓储、供销事业单位，房地产服务、城市公用事业单位，社会福利事业单位，经济监督事务事业单位，机关后勤服务事业单位，其他事业单位共24类。下表为部分行业的事业单位灰色文献，这些行业的事业单位数量相对较多。

表1－2　事业单位的灰色文献

行业	单位	产生的灰色文献
教育事业单位	包括本科院校、高等专科学校、中等专业学校、职业技术学校、普通高中、普通初中和小学、幼儿园、特殊教育学校、工读学校、成人高等教育学校、成人中等教育学校、成人初等教育学校、其他教育单位等	教学文献：教学（培训）大纲、课程建设资料、教案与课件、教学（培训）声像资料、习题以及试题、教学研究、教学案例、教师信息 科研文献：科研工作规划，立项结题资料、讲座与调查资料、学位论文、科研成果、会议资料、科研人员信息、科技学术交流、外事活动资料等 行政管理文献：通知、招生就业信息、规章制度、各种政策性文件、法人年度报告、党建资料 其他文献：如内部刊物、考试考证资料、校内社团资料、校园网内资源、图书馆收藏的灰色文献等
科学研究事业单位	包括自然科学研究单位（基础型科研院所、公益型科研院所、开发型科研院所）、社会科学研究单位、综合科学研究单位、其他科学研究单位等	学术会议资料、学术讲座资料、科研课题或项目资料、研究成果、科技报告、科研人员信息、教学资料、学位论文、学术合作与交流信息、招生信息、内部刊物、规章制度、党建资料、法人年度报告、图书馆所收藏之灰色文献
勘查设计事业单位	包括工程勘察院（所、中心）、工程设计院（所、中心）、其他勘察设计单位等	科研成果、工程（项目）资料、会议资料、内部刊物、规章制度、党建资料、法人年度报告

续表

行业	单位	产生的灰色文献
勘探事业单位	包括地质调查队(所)、探矿队(所)、地质测绘队(所)、勘探技术服务所(中心)、其他勘探事业单位等	地质成果、项目报告、野外项目验收资料、工作总结、野外工作方法及细则、会议资料、内部刊物、规章制度、党建资料、法人年度报告
文化事业单位	包括艺术事业单位(如艺术表演院团、艺术表演场馆、艺术展览馆、艺术创作中心等)、群众文艺事业单位(如群众艺术馆、文化馆、青少年宫等)、图书文献事业单位(如图书馆、文献中心等)、文物博物事业单位(如文物保护站、博物馆、纪念馆等)、其他文化事业单位等	艺术事业单位:1. 剧目、曲目、节目创作材料:剧本(脚本、曲本)、乐谱(琴谱、歌谱、总谱、分谱)、舞谱、歌词等。2. 导演、音乐指挥、演员工作材料:导演阐述、导演剧本手注本、音乐指挥阐述、音乐指挥乐谱手注本、演员剧本手注本等。3. 舞台美术设计材料:人物造型设计材料、灯光设计材料、音响效果设计材料等。4. 排练、演出材料:排练日志、剧照、演出照、服装照、演出效果照、演出实况录音或录像、彩排的讨论和审查意见、演出本、演出(工作)总结、宣传材料等。5. 其他内部资料:馆刊、工作计划、节目单、展览资料、组织演出会的相关资料、艺术工作者资料、党建资料、法人年度报告 图书文献事业单位:馆刊、馆藏灰色文献、学术会议资料、学术交流资料、馆藏书目、自身发展及管理文献、党建资料、法人年度报告 文物博物事业单位:组织与管理文献、馆刊、艺术品复制文献、学术会议资料、学术交流资料、党建资料、法人年度报告等
新闻出版事业单位	包括新闻传播单位、报社、出版社、音像出版社、杂志社、编辑单位、其他新闻出版事业单位等	选题策划方案(报告)、年度选题计划、作者资源、市场调查报告、读者调查报告、发行渠道资料、书目、图书摘要、会议资料、宣传推广资料、内部刊物、党建资料、法人年度报告、规章制度以及其他内部资料

续表

行业	单位	产生的灰色文献
广播影视事业单位	包括电台广播单位、电视台(站)、影视制作单位、放映单位、其他广播影视事业单位等	影视制作单位的影片类资料:如画原底、各类字幕原底、光号卡,声底等素材 影视制作单位的文字、图片类资料:1. 文学剧本、分镜头剧本、译制片台本;2. 完成台本(含字幕表);3. 对国外发行的国产影片各语种和国内民族语言的翻译本;4. 导演阐述;5. 影片审查决定书;6. 有关部门对影片的审查意见和决定;7. 影片海报、宣传画、工作照、剧照、说明书、特刊;8. 国产影片在国内外获奖的证件复印件及有关照片;9. 剧本内容的有关依据和历史考证材料,以及取材或者改编前的原作;10. 主创人员的创作设想和音乐总谱、歌词;11. 场景气氛图,服装、化妆、道具设计图,演员定妆照;12. 有关摄制决定;13. 分场分景表;14. 摄制工作日志;15. 摄制工作总结;16. 主创人员艺术创作总结;17. 其他在电影创作、生产、发行、放映过程中形成的具有保存价值的资料① 广播、电视台(站)节目的音像资料和文字材料、文艺工作者信息、内部刊物、党建资料、法人年度报告、规章制度等
卫生事业单位	包括医院、疗养院、休养所、卫生保健防治单位、卫生检验单位、血液事业单位、其他卫生事业单位等	科研项目(课题)资料、对外学术交流材料、学位论文、专利材料、审计报告、招(投)标文件、重大活动的文字和声像资料、教案与课件、教学和实习声像资料、学术会议资料、特殊或重大医疗抢救活动的声像资料、医学科研规划(计划)、病案;卫生统计数据、突发公共卫生事件统计、法定传染病报

① 中国政府网．电影艺术档案管理规定[EB/OL].[2013－12－30].http://www.gov.cn/gongbao/content/2010/content_1730708.htm.

续表

行业	单位	产生的灰色文献
		告、卫生服务调查、公共卫生服务项目资料、重大疫情应急处理资料、培训资料、疫情等的监测资料等；法定传染病、地方病、慢性病及常见病等疾病防治方案及总结；党建资料、内部规章制度、内部刊物等
体育事业单位	包括竞技单位、体育设施单位、运动项目管理中心、其他体育事业单位等	训练类：训练计划、组队方案、训练方案、训练管理制度、教练员和裁判员培训资料； 竞赛类：组委会工作计划、重要活动方案、会议资料、工作总结等，竞赛规程总则、总秩序册、竞赛日程表、运动员资格审查办法、运动员名册、技术官员名册、竞赛纪律规定、破世界纪录成绩、成绩公告、简报、宣传资料，开、闭幕式方案及其他重要资料、团体操编排方案、赛事照片、比赛录音和录像资料、比赛其他工作方案等
农林牧水事业单位	包括农业服务单位（如种子站、植物保护所、土肥站、农机推广站、农业技术推广站、农业试验站、动植物检疫所、水产养殖试验场等）、农业自然保护单位（如农垦区、农场等）、其他农业事业单位，林业服务单位（如林场苗圃、林业机械推广站、林业技术推广站、森林防灾保护站、森林检疫所等）、林业自然保护单位（如国家林业自然保护区、省级林业自然保护区、其他林业自然保护区等）、其他林业事业单位，畜牧业服务单位（如良种配种站、畜牧试验场等）、	种子行业管理文献、种子项目资料、种子质量监督和检验资料、品种区试资料、种子生产经营管理资料、种子企业和检验机构名录、种子产品资料；新型肥料试验、示范、推广资料，作物施肥、耕地质量提升技术试验研究与示范推广资料，肥料质量监督检验以及土壤、植株、农产品检测检验资料、农作物病虫情报；秸秆综合利用资料，农业实验站的验收报告、实验数据等，动物疫情疫病通报报告；森林更新、造林调查设计资料，林业区划、规划、森林经营方案、总体设计等资料，林业专业调查材料，森林资源调查研究资料；农田水利工程设计、建设和管理资料，水资源公报，水情分析与预报、防汛工程资料、防汛预案；技术培训资料、新技术（产品）推广与应用资料、学术会议资

续表

行业	单位	产生的灰色文献
	其他畜牧业事业单位，水文事业单位（如水文勘测站、水文站、水流域管理站等）、水利事业单位（如水利站、水利工程队、防汛调度中心、水库管理局等）、其他水文水利事业单位等	料、学位论文、教学资料、科技成果、科研项目资料、可行性研究报告，调查报告、专家学者资料、通知与公告、工作总结、简报、技术规程与标准、国有农场经营管理资料、党群资料等
交通事业单位	包括公路事业单位、航务单位、其他交通事业单位等	公路工程建设项目竣工材料、工程监理资料、交通工程主要材料价格信息、公路养护技术资料、科研成果、汽车检测技术或项目资料、航道通告、港口企业名录、水运经济运行情况分析报告、党群资料、规章制度、内部刊物等
气象事业单位	包括气象管理单位、气象预报事业单位、其他气象单位等	气象记录资料（原始观测记录、天气图、气候图、观探测照片、气象服务产品记录等）、学术会议资料、科研项目资料、业务规范、发展规划、年度工作计划、气象服务计划、规范性文件、党群资料、规章制度、内部刊物等
地震事业单位	包括地震管理单位、地震预报单位、其他地震事业单位等	科研课题及重点项目资料、考察报告、市场预测应用前景调研报告、地震监测的各种原始记录与分析材料、地震台站观测资料、科技成果资料、技术开发项目资料、规范性文件、党群资料、规章制度、内部刊物等
环境保护事业单位	包括环境监测站、环境标准站、自然保护单位、其他环保事业单位等	环境管理资料：环境保护相关政策、法规、标准、规划和计划，建设项目环境管理、排污收费和排污许可制度、有毒化学品管理、环境纠纷与污染事故处理、环境统计年报等；环境监测资料：环境状况公报、环境质量年报、城市环境空气质量状况公报、海

续表

行业	单位	产生的灰色文献
		洋公报、水质月报、环境噪音季报、生物和生态环境报告、污染源监督监测报告等；自然保护区资料：动物资源、植物资源、自然保护区规划建设资料及旅游管理资料；环境科学研究：科研项目或课题资料、学术会议和学术交流资料；其他资料：如环境保护宣传教育资料、培训资料、党建资料、内部刊物或简报等
测绘事业单位	包括测量队（站）、综合测绘队、测绘产品质量监督检验站、其他测绘事业单位等	非涉密的基础测绘成果和非基础测绘成果、公众版测绘成果或产品、测绘成果质量检查结果目录，测绘成果质量检验技术规程、测绘标准、科研项目资料、会议资料、培训资料、公开的内部刊物、简报、规章制度、党群资料等
信息咨询事业单位	包括信息事业单位、统计事业单位、城市社会经济调查队、农村社会经济调查队、企业调查队、咨询服务中心（站）、信息中心、其他信息咨询事业单位等	普查资料数据、普查方案与计划、农村经济调查资料、城市经济调查资料、企业调查资料、统计教育培训资料、统计调查制度、统计科学研究成果；科技咨询成果，科技成果推广应用、技术开发、技术转让、技术培训、技术服务资料，科技翻译资料；政务信息和公共信息产品、服务资料；业务培训资料、简报、通知公告、内部刊物、规章制度、党群资料等
标准计量、技术监督、质量检测事业单位	包括计量所（站、中心）、技术监督所（站、中心）、质量检测站（中心）、其他标准计量、技术监督、质量检测单位等	标准文献、法定计量检定机构计量授权项目资料、审查认可授权项目资料、认可项目资料、标准物质项目资料、测量审核项目资料、工业生科许可证验证项目资料、强制性产品认证项目资料、国际认证项目资料；业务培训资料、简报、通知公告、内部刊物、规章制度、党群资料等

续表

行业	单位	产生的灰色文献
知识产权事业单位	包括专利单位、其他知识产权单位等	专利信息、专利翻译资料、专利实施与推广信息、专利统计、知识产权专业技能和执业资格的培训资料、专利产品与服务资料、会议资料、专利研究成果、知识产权发展战略研究成果等

1.2.5　人民团体灰色文献

根据《民政部关于对部分团体免予社团登记有关问题的通知》的规定，参加中国人民政治协商会议的人民团体有：中华全国总工会、中国共产主义青年团、中华全国妇女联合会、中国科学技术协会、中华全国归国华侨联合会、中华全国台湾同胞联谊会、中华全国青年联合会、中华全国工商业联合会。经国务院批准可以免予登记的社会团体有：中国文学艺术界联合会、中国作家协会、中华全国新闻工作者协会、中国人民对外友好协会、中国人民外交学会、中国国际贸易促进会、中国残疾人联合会、宋庆龄基金会、中国法学会、中国红十字总会、中国职工思想政治工作研究会、欧美同学会、黄埔军校同学会、中华职业教育社。以上团体其灰色文献一般都包括各团体领导人信息、机构设置、领导讲话、要闻、通知通告、党组织建设、工作交流、会议资料、重要文件等，其中中国共产主义青年团主页建有共青团全文检索系统，可以对“综合新闻、团中央工作动态、团中央文件、简报、各地团讯、海报”等文献进行检索；中国科学技术协会由于其组织系统横向跨越绝大部分自然科学学科和大部分产业部门，由中央书记处直接领导，开展学术交流、科学普及、继续教育等活动和项目众多，相关灰色文献更加丰富。经国务院批准可以免予登记的社会团体，其主要任务、机构编制和领导职数由中央机构编制管理部门直接确定，在很大程度上行使着部分政府职能，在我国政治生活中占有重要的地位，参政议政的同时，也在积极促进自身所在领域的建设和发展，这一部分的灰色文献亦非常丰富。

1.3　企业灰色文献资源

辞海中对“企业”的解释为：“从事生产、流通或服务性经营活动，实行独立核算的经济组织。国民经济的基本单位。”企业是社会经济发展的重要支柱,是推动社会经济、技术进步的主要力量。现代企业在创造利润的同时,也承担着对员工、消费者、社会、资源和环境的责任,实现盈利和承担社会责任相互促进是企业发展的最终目标。因此,企业在发展过程中,不仅注重作为其核心竞争力的技术创新,也同样重视企业管理、理念和企业文化的建设,在发展过程中产生了大量丰富的文献资料,这些资料不仅记载着企业发展的点点滴滴,也详实地反映了科学技术和社会经济的发展。企业文献是指企业在一切科技、生产经营和管理等活动中形成的记载于各种载体上的原始记录和资料,这些资料大都没有正式出版,只在企业内部或一定范围内流通使用。企业灰色文献则是指未经正式出版的公开或内部流通的非涉密企业文件。根据文献所记录的内容,主要分为以下几类:

企业设立或变更文献:股份有限公司创立大会议事录、招(募)股说明书、股票上市公告、企业兼并(合并)公告、破产原因分析报告等。

经营类文献:包括股份有限公司年度报告、市场调查报告、质量分析报告、产销分析报告、市场预测报告、市场调查问卷分析报告、市场前景分析报告、产品成本分析报告、经济活动分析报告、产品定价分析报告、财务分析报告、企业审计报告、企业预(决)算报告、可行性研究报告、项目投(融)资建议书、项目投资决策说明书等。

商务企划类文献:广告策划书、公共关系策划书、新产品开发策划书、市场开拓计划书、新产品推广宣传策划书、企业名牌战略策划书、销售服务策划书、企业形象策划书、CI 企划发展战略报告、CI 理念系统报告、CIS 手册、招商策划书、内部报刊、产品宣传手册等。

管理类文献:包括人力资源管理、财务管理、资产管理、生产管理、质量管理等的规章制度、报告、方案、技术等。如员工培训管理方案、员工激励计划书、资产评估报告书、产品成本核算办法、财务报告、生产管理制度、通知、决议等。

技术类文献:技术标准、设计文件、工艺文件、研究实验文件、计量文件、产品鉴定文件、生产设备操作规程、验收和质量检验文件、产品技术说明书等。

商业事务性文献:意向书、招标书、投标书、商务合同、商务信函、商品说明书、企业大事记、备忘录、会议资料、商务谈判方案和纪要、用户和供应商名录等。

法律事务文献:指经济纠纷或其他法律事务文书,如起诉状、答辩状、反诉状、仲裁申请书、索赔申请书、公证申请书、破产申请书等。

不同行业的企业,其生产经营活动不同,企业文献也各有特点,因此还可以参照《国民经济行业分类》将企业灰色文献分为农、林、牧、渔业,采矿业,制造业,电力、燃气及水的生产和供应业,建筑业,交通运输、仓储和邮政业,信息传输、计算机服务和软件业,批发和零售业,住宿和餐饮业,金融业,房地产业,租赁和商务服务业,科学研究、技术服务和地质勘查业,水利、环境和公共设施管理业,居民服务和其他服务业,教育行业。

1.4　个人灰色文献资源

个人灰色文献是指由个人在生活和社会活动中自行创作生产的未经正式发表的文献总称。主要有书信(包括电子邮件)、日记、笔记、个人文集、自传、回忆录、写作手稿、翻译手稿、照片,以及个人在博客、微博、QQ 空间、个人网站上发布的信息等。

1.4.1　书信

书信又称为书札、信札、尺牍,是人类文化史上古老的相互交流情感与思想的工具,与社会生活的变化紧密相连,是社会生活的真实反映。书信是个人思想、感情的自然流露,是人们互致问候、抒发情感、交流学术问题的有效方式,能够反映一个人的思想变化和成长历程,并可从中窥见一个时代的缩影。随着通讯技术的发展,电报、电话、电子邮件、手机短信、飞信的出现,纸质书信的使用越来越少,有些私人信件就成了极为珍贵的史料。另外,电子邮件从内容和形式上都与传统书信相似,是网络时代书信的又一种形式,已成为人们工作和生活的主要交流工具,并可保存于互联网或计算机及各种网络终端上。因此,书信收藏应同时考虑纸质书信和电子邮件的收藏。个人书信通常分为个人与个人之间的一般书信以及个人与组织或机构之间的专用书信。一般书信包括家庭书信、情场书信、社交书信等,个人专用书信包括证明信、表扬信、感谢信、祝贺信、慰问信、申请书、决心书等。

1.4.2　日记

日记就是把自己一天中的所作所为、所见所闻、所思所想如实地记录下来。由于日记从其创作之始,就不是为了发表和传阅,因而具有私密性;日记的内容真实、确切,题材广泛,形式灵活自由,具有很高的史料价值。从日记记录的内容来看,可分为备忘日记、思想日记、见闻日记、科学日记。备忘日记记录重要事件或日常琐事,以备日后查询;思想日记记录获得的新思想、新感悟以及思想过程,包括读书日记和笔记;见闻日记记录所见到和听闻的事件;科学日记记录科学研究过程中观察、实验获得的信息或研究心得。互联网时代,出现了“网络日记”,如“年轮网络日记本”,用户注册后即可在自己的虚拟日记本上直接撰写日记,并可将日记设置为保密或公开。日记除了记录在纸质日记本上,还可以记录在电脑、手机上,甚至可以通过录音、录像来记录。这里需要强调的是,真实性是日记的生命,私密性是日记的基本属性,因其私密性,不以发表为目的,才能保证日记的真实性,离开这两个特性,就不能称其为真正的日记。因此,本书所述日记,系指如实记录自己一天中的所作所为、所见所闻、所思所想的具有私密性的各种载体。

1.4.3 个人文集

灰色文献中的个人文集是指未正式出版的个人诗文作品的汇编,如诗歌、散文、小说、杂文、自传、回忆录等,包括发表于网络的原创个人文集、记录于纸张或其他载体的未正式出版的个人文学作品汇编。其中个人文集作者的一类典型代表是“对我国重大历史事件有所经历的普通人,这些文集产生的初衷也通常是基于对个人生活的回顾和反思,个人作为社会群体的组成部分,其回忆必然与社会的建构密不可分,关注个人文集可以作为研究社会结构与变迁的一个重要视角”①。而这一类作者的典型作品就是自传和回忆录。

1.4.4 自传

自传是传记的一种,是作者以故事的形式回顾性地叙述自己的生平的文献②,按叙述方式可分为亲笔自传和口述自传,其中口述自传是指传主口述,他人代为整理的自传。自传中记录的内容是传主一生中亲身经历的事件,写作中还需要收集、查阅、整理大量的历史资料,因此传记具有史实性;传记内容是以故事的形式加以叙述,很多传记人物形象鲜明、情节生动,因此传记兼具有文学性。自传的内容较为客观地反映了传主所处时代的社会生活背景,是对历史的微观反映。除了社会名人公开出版和个人自费出版的自传外,民间还有很多没有正式出版的自传文献,反映着不同时代、不同阶层、不同职业的传主丰富的人生经历和成长过程,是兼具史料价值和文学价值的重要灰色文献。

---

① 王磊.现实采访环境下对灰色文献馆藏角色的主动选择[J].图书情报知识,2013(1).

② 杨正润.现代传记学[M].南京:南京大学出版社,2009:293.

1.4.5　回忆录

回忆录是作者将自己记忆中有意义的人或事记录下来的文献，这些人或事，可以是作者本人或本人经历的事，也可以是作者亲闻或亲见的他人或他人经历的事。实际的写作和收藏中，回忆录和自传经常有混淆的情况出现。简单地说，自传是对传主个人历史的叙述，虽不能全部完整记录，但更注重连续性和完整性；回忆录则是作者对某一阶段或亲历的某些记忆深刻的事情的叙述。回忆录按叙述的方式也可分为亲笔回忆录和口述回忆录。回忆录作为当事人的回忆记录，同自传一样，也兼具史料价值和文学价值。民间也有大量未正式出版的回忆录，是重要的个人灰色文献之一。

1.4.6　照片

照片是指通过摄影器材拍摄、处理后形成的人或物的图片，包括纸质照片和数字照片。由于照片直观、形象、全息地记录了某个时代的人物、事件、场景，反映了社会发展不同时期的风俗民情，见证了时代变革和重大历史事件的发生，其历史价值和艺术价值早已受到图书馆、博物馆等收藏机构和个人收藏爱好者的重视。随着数码技术的发展，除专业摄影器材外，电脑、手机等摄影功能的增加使人们几乎随时随地可以进行拍摄，照片对社会生活的记录也更加丰富多彩。个人保存和收藏的不同时代的各类照片不计其数，对这些照片（包括纸质老照片和新式数码照片）有针对性地征集和保存，必定会成为研究某一时期社会文化历史的重要文献。

1.4.7　手稿

手稿是作者在创作和研究过程中亲笔书写的稿件，包括各种文体的初稿、修改稿、誊清稿、复写稿、校改稿、翻译稿、笔记以及艺术作品的草稿等。手稿虽然不是创作和研究成果的最终呈现，但却真实地记录了创作和研究的过程，是作者创作和研究的思想、精神、灵感的真实再现，成为相关研究领域的重要文献。由于名人手稿存世数量有限，不可再生，近几年成为个人收藏爱好者的热门藏品。然而，写作方式的改变，使得用笔在稿纸上进行创作的作家已经寥寥无几，因此，文字类的手稿必将越来越少。手稿兼具文献价值、学术价值和文物价值，是个人灰色文献收集中不可或缺的文献类型。

1.4.8　个人网站

个人网站包括博客、微博、QQ 空间以及其他形式的个人主页等，它们的共同特点就是将个人的思想、观点、经历的事件、知识等以文字、图片、音频和视频等形式发布在互联网上与他人进行交流、探讨和共享，具有便利性、交互性和共享性的特征，是信息时代被人们广泛使用的自由展示自我的方式。这些个人网站的内容或发布学术成果、交流学术思想，或记录生活琐事、抒发个人情感，或提供知识经验、进行信息分享，抑或休闲时尚、促进社会交往，可以说是对文化、经济、科技、政治等社会生活诸多方面的细致入微的反映。对这些个人信息进行去伪存真、去粗存精，深入挖掘和利用，必将获得丰富的第一手资料。

2 以体裁区分

灰色文献资源以体裁区分，可分为科技报告、论文、会议文献、标准、专利、翻译文献、技术与商业文件、党政机关公文、书目、家谱、地方志、拓片、口述资料与非物质文化遗产文献。

2.1 科技报告

科技报告是“科学技术报告的简称，是用于描述科学或技术研究的过程、进展和结果，或描述一个科学或技术问题状态的文献”①。科技报告最早出现于20世纪20年代，特别是第二次世界大战爆发后，由于参战的国家多，战斗空间广，各国角逐的领域涉及各个方面，战争的需求直接推动了世界科学技术和军事技术的进步，各主要交战国开始投入大量资金和科学技术人员，从事与战争密切相关的尖端技术的秘密开发和研究工作。为了使科研成果能够迅速在政府各部门间交流使用，各国开始对政府部门产生的科技报告、技术文件等进行系统搜集整理，使得大量的研究成果以内部报告的形式发表；战后，各国政府对发展科学技术更加重视，进一步增加科研投资，致使科技报告数量激增，进而发展成为各国政府、科研机构、企业以及科技人员之间进行科技信息交流的重要而独具特色的科技文献。同时，类似的研究拓展到其他领域，如社会调查等，形成大量人文社科类的研究报告。

科技报告来源于科技创新活动，是科技工作者在科研工作过程中的研究、考察、实验结果以及经验和教训的真实记录，其主要特点如下：①专业性

① 中国标准出版社. 中国国家标准汇编 2009 年：修订 11[S]. 北京：中国标准出版社，2010：219.

强、内容翔实可靠。科技报告中对相关工作的理论、方法、假设、工艺、程序、参数选择等进行了详尽描述,专业读者依据这些描述就能重复调查研究过程。②时效性强,能够反映最新的科研成果信息。科技报告大部分不公开出版发行,一般不经过同行专家评审和专业编辑人员审查,在科研项目的实施过程中随时形成和提交,因此发表相对较快。③编制规范,易于利用。科技报告都有严格的编写规范,具有较完整的著录项目,易于实现管理、保存、检索和利用。科技报告按照项目进行的时间可分为年度报告、进展报告、阶段报告、最终报告、技术(总结)报告、结题(验收)报告等;按报告的专业名称可分为调查报告、研究报告、论证报告、考察报告、观测报告、测试(检测)报告、设计报告、分析报告、实验(试验)报告、研制报告、施工报告、演示验证报告、鉴定报告等。

2.2　学术论文

学术论文指用来进行科学研究和描述科研成果、创新见解,总结最新科研进展的按照一定规范撰写的文章。可划分到灰色文献的论文包括学位论文、预印本以及作者发布在其他非正式出版物或网站上的学术文章。

2.2.1　学位论文

学位论文是学位制度的产物,是高等院校和科研院所的学生为了获得所修级别的学位,按一定规范撰写的学术论文。学位制度肇始于19世纪初的德国,进入20世纪,世界上大多数国家都建立了自己的学位制度。全国人民代表大会常务委员会于1980年2月12日审议通过了《中华人民共和国学位条例》(以下简称《条例》),并于1981年1月1日起施行。按《条例》规定,我国实行的是三级学位制度,即学士、硕士和博士学位,学生毕业时均需通过课程考试和论文答辩才能获得相应的学位授予。因此我国的学位论文包括学士学位论文、硕士学位论文和博士学位论文。GB/T 7713.1—2006《学位论文编写规则》中对学位论文的定义是“作者提交的用于其获得学位的文献”,并注明:“博士论文表明作者在本门学科上掌握了坚实的基础理论和系统深入的专门知识,在科学和专门技术上做出了创造性的成果,并具有独立从事创新科学研究工作或独立承担专门技术开发工作的能力;硕士学位论文表明作者在本门学科上掌握了坚实的基础理论和系统的专业知识,对所研究课题有新的见解,并具有从事科学研究工作或独立承担专门技术工作的能力;学士论文表明作者较好地掌握了本门学科的基础理论、专门知识和基础技能,并且有从事科学研究工作或承担专门技术工作的初步能力。"由此可见,学位论文具有专业性和创新性,有很高的学术价值;同时学位论文有严格的撰写格式和要求,形式统一,因而便于收集、存储、加工、检索和利用。根据教育部发布的统计数字,1998 年至 2012 年,我国硕士研究生和博士研究生的毕业总人数达 330 多万,并呈逐年上升趋势,其中 2012 年硕士研究生毕业人数为 434 732,博士研究生的毕业人数为 51 713①。由此推断,每年新增的学位论文也呈逐年上升趋势,而且总的数量可观。

2.2.2 预印本

预印本(preprint)是在同行评审的学术期刊正式发表前通过邮寄或在会议上散发等方式在同行间交流的学术论文稿件。随着信息技术的发展和互联网的出现,信息交流的方式也发生了重大变革,纸质预印本逐渐被电子预印本代替,对预印本的描述也发生了相应变化,我国学者通常将其描述为"科研工作者的研究成果还未在正式出版物上发表,而出于和同行交流目的自愿先在学术会议上或通过互联网发布的科研论文、科技报告等"。1991 年 8 月,美国洛斯阿拉莫斯(Los Alamos)国家实验室建立了世界上第一个电子预印本文库 ArXiv,之后随着开放获取运动的兴起和互联网技术的发展,电子预印本文库在世界各国逐步建立。通过电子预印本文库,作者在自愿、文责自负的前提下,可将自己的预印本上传、修改,与同行进行相互交流。对同行或其他读者,电子预印本文库实行开放获取,提供免费检索和全文下载。电子预印本文库的出现,可以使作者科研成果的优先权在第一时间得到确认,从而防止同行评审过程中有可能发生的剽窃行为,同行或其他读者也可以在第一时间了解相关领域最新的科研成果。因此,预印本具有传播速度快、利于学术争鸣的特点。另据调查,虽然电子预印本未经过同行评审,但是"它从用户注册、预印本提交、保存到发布等各环节都采取了相应的措施来保证内容质量"②,因此预印本有很高的学术价值。值得一提的是,除电子预印本文库外,还出现了电子印本(eprint)文库,此类文库不仅收录预印本,同时也收录后印

---

① 中华人民共和国教育部. 2012 年各级各类学历教育学生情况[EB/OL]. [2014 - 01 - 10]. http://www. moe. edu. cn/publicfiles/business/htmlfiles/moe/s7567/201309/156896. html.

② 徐刘靖,张剑. 电子预印本系统隐性质量控制机制研究[J]. 图书情报工作,2007(5).

本(postprint,即作者已提交给出版社正式出版的学术论文的最终定稿),习惯上也称其为电子预印本文库。目前,包括电子印本在内的电子预印本文库收录的学科范围主要是物理学、数学、天文学、计算机科学,其次是生命科学、医学、经济学、财经、法律和管理类学科①。

2.3　会议文献

会议是人类交流信息的重要方式之一。向国敏在《会议学与会议管理》一书中将会议的定义分为狭义和广义两种。狭义的会议是“指一种围绕特定目的和议题开展的、具有一定组织形态的、以口头交流为主要方式的群体性社会交往活动”;“凡是围绕特定目的开展的、具有一定组织形态的、以口头交流为主要方式的群体性社会交往活动都属于广义会议的范畴”②,如开(闭)幕式、颁奖仪式等。也就是说,从广义的角度来讲,会议分为有特定议题和无特定议题两种。无特定议题的会议,虽然没有就某一议题进行思想交流,得出结论或做出决定,但由于有特定目的,在会上传达的往往是相关活动的重要信息,发言者也多为相关领域的重要或活跃人物,因此,收集会议文献,也应该将这种有目的,但没有特定议题的广义的会议纳入进来。会议种类繁多,从不同的角度、按不同的标准可以有多种分类,如按其规模大小来分,可分为特大型会议、大型会议、中型会议和小型会议;按会议的特点及其作用来分,有政治性会议、经济性会议、文化教育会议、科技会议和军事会议;按主办单位来划分,可分为政府部门组织的会议、非营利机构组织的会议、企业组织的会议等。会议文献是指会前、会中、会后产生的与会议相关的文献。会议的种类虽然各不相同,但会议文献却有很多共同的属性,具体分类如下:

按会议的时间段分,可分为:①会前文献,包括召开会议的请求与批复文件,学术性会议的征文通知,会议通知(包括会议议程),根据会议程序需提交与会者讨论或审议的文件,预印的会议交流材料,如学术论文、报告等,会前参考说明性文件,如统计材料、调查报告、说明和其他背景性材料等。②会期文献,包括会议期间谈判、协商、审议、表决、签署形成的文件,如决议、议案、提按,以及会议记录、会议简报、大会发言或演讲材料等。③会后文献,包括会议纪要、学术性会议论文集、会议的新闻报道等。

---

① 徐佳宁.国际电子预印本发展现状实证研究[J].图书馆建设,2010(10).

② 向国敏.会议学与会议管理[M].北京:首都经济贸易大学出版社,2011:3-4.

按体裁分，可分为：①纸质会议文献，包括会前、会中和会后散发、张贴的宣传、交流和报道材料，上级下发的政策性和工作部署性文件，会议期间形成的成果性材料等纸质材料。②数字会议文献，包括会前、会中和会后通过会议网站发布的会议相关信息，如会议通知、会议实况、会议报道等；发言或报告人的电子演讲文稿、会议其他资料的电子版文件等。③音像会议文献。指会议召开时的录音、录像和会议照片以及对会议的采访、报道的音视频资料。

通过会议，人们可直接、实时地传递和获取有价值的信息，而把这些信息经过整理形成的会议文献就成为宝贵的第一手资料，大部分会议文献只在会议期间进行流通，会后正式出版的文献只占很少的部分；此外，由于现代会议种类繁多，涉及政治、经济、文化、教育和科技等多种领域，因而会议文献是极为丰富而尚待深入、全面开发的重要情报源之一。

2.4 标准文献

我国的国家标准《标准化和有关领域的通用术语　第 1 部分：基本术语》（GB/T 3935.1—1996）对标准化的定义是“为在一定的范围内获得最佳秩序，对实际的或潜在的问题制定共同的和重复使用的规则的活动，包括制定、发布及实施标准的过程”。标准文献是标准化活动的产物，是记录标准成果的重要载体，是“为在一定范围内获得最佳秩序，对活动或其结果规定共同的和重复使用的规则、导则或特性的文件。该文件经协商一致制定并经一个公认机构的批准”。也就是说，狭义的标准文献是指“由技术标准、管理标准、工作标准及其他类似文件所组成的一种特种文献体系”①，是以文件形式表现的标准化研究成果。广义的标准文献是指一切与标准化工作有关的文献，如包括标准形成过程中的各种档案、宣传推广标准的手册、规格、规范、规程、指南、公报、技术文件、标准目录、索引等。作为一种公开发布的具有法规性的文件，标准具有如下特点：

①标准具有统一性。标准的编写要求每项标准以及一项标准的不同部分的文体和术语要保持一致，类似的条款要使用类似的措辞来表述，相同的条款要使用相同的措辞来表述，同一个概念要使用同一个术语；标准的结构和章、条的编号也要尽可能相同，即格式统一。

②标准具有整体协调性。新制定的标准在标准化原理和方法、标准化术

① 李耀明，黄儒虎. 标准文献信息管理［M］. 北京：中国计量出版社，1998：10.

语、单位、符号、制图、技术文件编制等方面要遵守现行基础标准的相关条款，不能和现行基础标准相矛盾。

③标准具有适用性。标准在制定时就充分考虑了其内容在实际应用中的可实施性和可操作性，同时保证其条款易于被其他标准或文件引用。

④标准具有一致性。标准在制定时，如果有相应的国际文件，应以其为基础，尽可能与国际文件相一致。

⑤标准具有规范性。编制标准时，对于标准的结构、标准内容的具体划分以及标准的名称、适用范围、标准中涉及的技术内容的描述和确定，都制定有严格的编制规则。

⑥标准具有完整性和新颖性。我国的国家标准《标准化工作导则　第1部分：标准的结构和编写》（GB/T 1.1—2009）中规定："制定标准的目标是规定明确且无歧义的条款，以便促进贸易和交流。"为达到这一目标，标准应在其范围所规定的界限内按需要力求完整、清楚和准确，还需要充分考虑最新技术水平，为未来技术发展提供框架，并且能被未参加标准编制的专业人员所理解。随着科学技术的发展，标准的对象也不断发展和变化，必须对标准及时进行修订、补充、确认和作废，才能保证标准的新颖性，因此，标准都有一定的有效期。

⑦标准具有法规性。我国标准分为强制性标准和推荐性标准两种。我国标准法规定，"强制性标准，必须执行。不符合强制性标准的产品，禁止生产、销售和进口"，违反强制性标准，要依法追究法律责任。

标准的以上特点决定了标准文献具有规范性、法规性、实用性和信息完整性，是根据相关科学、技术和经验的综合成果以及力求与国际标准尽可能一致的要求而制定的能反映最新科技水平的文献，其高度统一的格式也使得标准文献便于存储、加工、检索和利用。

依据标准制定的主体不同，可将标准分为国际标准、区域标准、国家标准、行业标准、地方标准和企业标准；按标准化对象的基本属性可分为技术标准、管理标准和工作标准；按标准实施约束力划分，我国标准分为强制性标准和推荐性标准。

需要注意的是，通过正规出版机构正式出版的标准不属于灰色文献，这里所说的属于灰色文献的标准文献是指没有通过正式出版机构出版的标准。

2.5 专利文献

世界知识产权组织1988年编写的《知识产权法教程》对专利文献的定义是:“专利文献是包含已经申请并被确认为发现、发明、实用新型和工业品外观设计的研究、设计开发和试验成果的有关资料,以及保护发明人、专利所有人及工业品外观设计和实用新型注册证书持有人权利的有关资料的已出版和未出版的文件或摘要的总称。”专利文献有如下特点:

专利文献数量巨大,涵盖技术领域广泛。《2010年世界知识产权指标》(*World Intellectual Property Indicators*)报告显示,1995年以来,除2002年略有下降外,全球专利申请数量呈逐年递增趋势,截止到2011年,全球专利申请总数第一次突破200万大关,达到214万多件,增长幅度已连续两年高于7%,其中,中国2011年受理专利526 412件①,居世界首位。此外,专利信息汇集了极其丰富的科技信息,从尖端科技到人们日常生活用品的制造,几乎涉及人类生产、生活活动的全部科研和应用技术领域。

专利文献时效性强,能够反映最新的科学技术信息。《中华人民共和国专利法》以下简称“我国《专利法》”第二十二条明确规定,“授予专利权的发明和实用新型,应当具备新颖性、创造性和实用性”,该发明创造应“不属于现有技术”,而“现有技术”即“是指申请日以前在国内外为公众所知的技术”,也就是说该发明或创造从未在国内外公开发表或使用过。我国《专利法》第九条还规定“同样的发明创造只能授予一项专利权”,“两个以上的申请人分别就同样的发明创造申请专利的,专利权授予最先申请的人”,即“专利先申请原则”,也就是说,不管谁先完成该项发明创造,谁先申请专利权就授予谁,专利发明人为独占该项发明创造,必然抢先申请专利。另外,包括我国在内的许多国家对发明专利申请实行早期公开延迟审查制度。这些都使专利信息的传播速度进一步加快,及时反映最新的科技信息。

专利文献具有技术、法律、经济三重情报功能。发明、实用新型专利的说明书、权利要求书、检索报告、附图和摘要将其所含技术信息进行了详尽而准确的揭露。专利文献还详细记载了专利的法律状态信息,如专利要求书中说

---

① 世界知识产权组织. 2012年世界知识产权指标[EB/OL]. [2014-01-10]. http://www.wipo.int/export/sites/www/freepublications/en/intproperty/941/wipo_pub_941_2012.pdf.

明了要求保护的范围,具有直接的法律效力;此外,专利申请是否获得专利权,专利的权利人、权利范围、专利的审查、复审以及专利权的授予、转让、许可、继承、变更、放弃、终止和恢复等专利的法律信息为专利转让、相关技术的开发利用等提供了法律依据,避免了不必要的法律纠纷。另外,通过对专利文献的分析,可以获得重要的经济情报,如通过对同族专利的分析研究,可以了解某项技术或产品的市场竞争信息、经济势力范围等;对失效专利的技术含量和市场价值的研究分析还可以为企业带来直接的经济利益等。

专利文献内容可靠准确,对发明创造的揭示完整而详细。我国《专利法》第二十六条规定:"说明书应当对发明或者实用新型做出清楚、完整的说明,以所属技术领域的技术人员能够实现为准;必要的时候,应当有附图。"各国专利法也都有类似的规定。各国专利审查机构对专利都有着严格的审批程序,对申请文档的撰写有严格的要求,进而保证了专利信息的准确可靠。出于竞争的需求,不同的申请人对同一技术往往不断推陈出新,不断完善改进,申请新的专利,从而使得专利文献对该技术的揭示更加完整。

专利文献格式高度统一,数据规范,便于检索利用。为使专利文献格式统一,便于检索、阅读和进行国际间的交流合作,世界知识产权组织工业产权信息常设委员会制定了一系列专利文献信息推荐标准;世界各国都采用国际统一的专利文献著录项目识别代码(INID 码),专利说明书都采用国际统一的格式出版,各国出版的发明和实用新型文献采用或标注国际专利分类号,外观设计文献采用或标注国际外观设计分类号。有了统一的代码和分类号,使专利文献的获取不受语言和国别限制。

2.6　翻译文献

改革开放以后,随着经济全球化的发展,我国同世界各国的经济、文化、科技交流与合作日益广泛、深入,翻译也在其中发挥着越来越重要的沟通作用,成为不可或缺的信息交流手段。如国外技术项目的引进、产品出口、涉外企业在国外业务的拓展等,都需要成立专门的翻译部门,由此产生的翻译文献数量巨大。据统计,"仅上海宝钢一期工程的翻译资料重量就达 300 吨,译成文字有 4 亿汉字"①;随着翻译需求的急剧增加,新兴的第三产业——翻译产业应运而生,翻译服务机构纷纷成立,据不完全统计,截至 2010 年底,我国

① 黎难秋. 新中国科学翻译 60 年[J]. 中国翻译,2010(1).

提供语言转换服务的企业约有15 039家,正式从事翻译工作的各种技术人员约有3.5万人左右,以不同形式从事翻译工作的人员约有10万人①,这些机构和翻译工作者产生的翻译文献难以计数,而且大都不公开出版,仅供各机构相关人员或个人学习、参考、操作和使用,其数量远远超过了正式出版机构出版的翻译文献;翻译服务机构提供的服务领域广泛,涉及商贸、金融、保险、法律、财政、贸易、化工、能源、汽车、电子、机械、计算机、通讯、医药、生物等行业,目标语言为中文的资料占多数,也就是说,大部分译文是将外语资料翻译成中文资料,因此,这些翻译文献是收集国外科技情报不可忽视的来源。

简单地说,翻译就是把一种语言转换成另一种语言的特殊的信息传播过程,是不同文化间相互转换的语言活动,按翻译的手段一般分为口译和笔译两种。翻译文献则是记载由原文转换成目标语言的翻译成果的文本。翻译文献中的灰色文献是指未经正式出版的、不以盈利为目的,只用于研究、学习、交流和使用的翻译文献,主要有引进项目的资料翻译、专利翻译、商务翻译、标准翻译、科研资料翻译、文艺和文学翻译等。此处"不以盈利为目的"系指不以出版翻译文稿盈利为目的。

2.6.1 引进项目的翻译文献

引进项目的翻译资料,主要由以下几个阶段的翻译资料构成:①立项准备阶段。立项准备是引进项目的最初阶段,要对国外先进的技术进行实地考察和调查研究,进行项目的前期资料收集,这一阶段需要对收集的外文资料进行翻译,为撰写引进项目建议书、可行性研究报告、项目实施计划等主要文件提供材料。②与外商谈判和签约阶段。这一阶段的翻译主要是项目合同及附件,与谈判有关的协议书、委托书、谈判纪要、谈判涉及的关键技术资料等。③引进的成套技术资料交付。引进的成套技术资料可以说是引进项目中最关键,也是数量最多的资料,需要全部进行翻译。④引进设备的开箱、安装和调试阶段,这一阶段的资料主要有随机开箱资料,设备安装、调试、验收、索赔等有关重要文件材料。⑤引进项目的总体验收和交接资料。

2.6.2 专利翻译文献

专利翻译主要包括3个方面的内容,即中国机构或个人申请国外专利时的申请文件的翻译、国外机构或个人申请中国专利时的申请文件的翻译、参考或使用国外专利时对专利文献的翻译。这些文献,尤其是对国外专利文献

① 胡冰霞. 翻译产业对区域经济发展的影响研究[J]. 生产力研究,2013(7).

的翻译，使不具备外语水平的相关人员能读懂和看懂国外专利，在一定程度上促进了对国外专利的检索和利用。因此，收集和整理专利翻译文献，是对国外专利文献进行有效利用的重要补充。

2.6.3 商务翻译文献

商务翻译文献是指在国际商务活动中产生的翻译文献。国际商务活动主要有国际贸易、国际经济、国际金融、国际商法、国际会计、国际营销、国际物流、国际支付、国际投资、企业管理、人力资源管理、银行业、保险业、海关事务、商品检查和检疫、旅游、国际商业服务等。具体的翻译内容包括公司简介、商务合同、商务谈判资料、广告宣传资料、市场营销方案、产品资料、财务审计资料、备忘录、上市公司年报、商务报告、商务信函、投(招)标书、技术资料、法律文件等。

2.6.4 未正式出版的文艺和文学翻译文献

包括电视剧剧本、电影剧本、电视风光片、纪录片、小说、散文等的翻译。

2.7 技术与商务文件

技术与商务文件是指企业在生产经营活动中为促进技术创新、进行商务交流、处理经济事务而撰写或使用的各种商务和技术文件。换言之，技术文件是企业在产品生产、研发、技术创新、技术服务等活动中产生的文件。商务文件则是企业在市场经济活动中处理商贸关系、进行业务拓展而产生的文件。

商务文件可分为商务经营文件、商务事务文件、商务策划文件和商务法律文件等。其中商务经营文件主要有股份有限公司年度报告书、市场调查报告、质量分析报告、财务分析报告、企业审计报告、可行性研究报告以及企业预算、决算报告等；商务事务文件主要有意向书、招标文件、投标文件、商务合同、商务信函、企业大事记、备忘录等；商务策划文件主要有广告策划书、公共关系策划书、市场营销策划书、新产品开发策划书、销售服务策划书、企业名牌战略策划书、企业形象策划书、招商策划书等；商务法律文件主要有经济纠纷起诉状、答辩状、经济纠纷申请执行书、破产申请书、仲裁申请书、公证申请书、索赔申请书等。商务文件是企业在商务往来和经济活动过程中形成并使用的文件，真实地反映了企业商贸活动的实际情况和企业的商贸经营策略，是企业进行商务活动的服务工具，也是企业进行科学决策的依据。企业是市场活动的主要参加者，商务文件必然会为市场经济研究、企业文化研究、企业管理科学研究、经济史研究提供丰富的参考资料。

技术文件因企业所属行业的不同、提供的产品和服务的不同而不同，可分为通用技术文件和产品技术文件。通用技术文件有技术标准、工艺细则、技术规范等，产品技术文件有产品技术说明书、产品手册、产品设计方案、技术培训资料、图样、各类工艺规程等。企业为了达到利润最大化，在市场竞争中获胜，技术创新是其提高核心竞争力的重要手段，因此技术文件反映了一定时期某一领域产品和技术的发展状况，提供市场竞争环境下的技术热点，这些技术由于企业盈利的目的而更具社会价值和实用价值，因此技术文件无论是对于基础科研还是实用科研都具有不可忽视的参考和借鉴价值。

2.8 党政机关公文

公文，即公务文书，一般指机关、社会团体和企事业单位在处理各种公务时直接形成的具有规范体式的信息记录。我国 2012 年实施的《党政机关公文处理工作条例》（以下简称《条例》）规定党政机关公文是“党政机关实施领导、履行职能、处理公务的具有特定效力和规范体式的文书，是传达贯彻党和国家的方针政策，公布法规和规章，指导、布置和商洽工作，请示和答复问题，报告、通报和交流情况等的重要工具”。这里的党政机关是指中国共产党机关和国家行政机关。党政机关公文是党政机关依法处理党政事务的工具，表达制发者的意愿，维护着制发者的权力，体现制发者的法定权威。因此，党政机关公文具有政治性、政策性和法定权威性。《条例》中规定的公文种类有：决议、决定、命令（令）、公报、公告、通告、意见、通知、通报、报告、请示、批复、议案、函、纪要。党政机关公文有广义和狭义之分。狭义的党政机关公文即指《条例》中规定的公文种类；广义的党政机关公文既包括《条例》中所规定的 15 种公文，又包括党政机关常用的事务性文书，如总结、计划、调查报告、大事记、述职报告、简报、规章制度等。党政机关公文按载体又可分为电子公文和纸质公文。属于灰色文献的党政机关公文是指广义范围内的各政党机关和国家行政机关的非涉密公文。

2.8.1 《条例》规定的公文

决议是党政机关对某个重大的决策事项，经过一定的会议讨论、研究并表决通过，要求贯彻执行的指令性文件。决定是党政机关对重要事项做出决策和部署、奖惩有关单位和人员、变更或者撤销下级机关不适当的决定事项的文件，是最具强制特征的公文。命令（令）是党政机关用于公布行政法规和规章、宣布施行重大强制性措施、批准授予和晋升衔级、嘉奖有关单位和人员的文件。公报是党政机关用于公开发布重要决定或重大事件的文件，按内容可分为会议公报、事件公报、统计公报。公告是党政机关用于向国内外宣布重要事项或者法定事项的文件。重要事项是指国内外关注的、尤其是有必要让国外了解的大事；法定事项通常包括由国家立法、司法机关依法决定的事项。根据公告的适用范围可分为重要事项公告、法定事项公告、特定事项公告，如公开审理案件的公告等。通告是党政机关用于在一定范围内公布应当遵守或者周知的事项的公文，可分为法规性通告和周知性通告。意见是党政机关用于对重要问题提出见解和处理办法的文件。通知是党政机关用于发布、传达要求下级机关执行和有关单位周知或者执行的事项，批转、转发公文的文件。通报是党政机关用于表彰先进、批评错误、传达重要精神和告知重要情况的文件，包括表彰性通报、批评性通报和情况通报。报告是党政机关用于向上级机关汇报工作、反映情况，回复上级机关询问的文件。报告是一种陈述性公文，不同于科技报告、可行性研究报告和社会调查报告，按内容可分为工作报告、情况报告、调查报告和答复报告。请示是党政机关用于向上级机关请求指示、批准的文件。批复是党政机关用于答复下级机关请示事项的文件。议案是各级人民政府按照法律程序向同级人民代表大会或者人民代表大会常务委员会提请审议事项的文件。函是不相隶属机关之间商洽工作、询问和答复问题、请求批准和答复审批事项的文件。纪要是用于记载会议主要情况和议定事项的文件。

2.8.2　其他事务性公文：

总结是对前一个阶段或一定时期内的工作进行回顾、检查、分析、研究，得出经验和教训，用以指导今后工作的事务性公文。计划是党政机关为在一定时期内完成工作任务而事先做出筹划与安排的一种事务性公文，包括纲要、规划、工作要点、安排、方案、打算、设想等。述职报告主要是机关领导干部向上级、主管部门和下属群众陈述任职情况，进行自我回顾、评估、鉴定的书面报告。大事记是对本地区、本单位的重要活动或重大事件，按照时间顺序进行如实记载的一种记录性文书。简报是各级党政机关之间为互通情况、交流信息而编发的一种信息类公文，具有指导性、汇报性和交流性，包括工作情况简报、经验交流简报和会议简报。规章制度是党政机关为了维护正常的工作、劳动、学习、生活的秩序，保证国家各项政策的顺利执行和各项工作的正常开展，依照法律、法令、政策而制定的具有法规性或指导性与约束力的公文，包括各种行政法规、章程、制度、公约等。调查报告是针对某一情况、某一事件、某一问题，进行深入细致地调查研究的基础上，将调查中收集到的材料加以系统的整理归纳、科学的研究分析，进而揭示出问题或现象的本质，总结经验、教训，以书面形式向领导或上级机关汇报调查情况的事务性公文。调查报告收集了大量有价值的调查数据和资料，通过对这些资料和数据的科学分析，揭示出调查对象的本质，因而具有写实性和针对性。作为事务性公文的党政机关调查报告相较其他类型的调查报告更具有实用性、时效性和服务性，是进行决策和处理特定问题的依据，主要有情况调查报告、典型经验调查报告和问题调查报告等。

2.9 书目

书目是“一批相关文献的著录，是按照一定的次序编排组织而成的一种揭示和报道文献信息的工具”①。书目揭示和报道了文献的诸多特征，是人类文献信息交流的工具，反映了一定历史时期的科学文化发展概貌，解决了大量信息和读者个性化信息需求之间的矛盾，是科研活动必不可少的工具，也是图书馆等知识服务机构开展业务活动必不可少的工具，其重要性早已为人们所熟知。进入数字时代，文献信息量呈爆发式增长，人们获取信息的方式和途径也发生了重大变革，书目已不是传统意义上揭示和报道纸质文献的工具，而是引导人们在信息的海洋中找到方向的航标，除各类书目出版物相应增多外，还出现了题录数据库、目录数据库、索引与文摘数据库等书目数据库；网络书目即各类搜索引擎，成为人们检索和利用网络信息的重要工具。图书馆等知识服务机构除充分利用正式出版的书目和书目数据库外，还应该挖掘和利用各类非正式出版书目，如教育、科研机构为满足教学和科研需要而编制的各种内部参考书目、专题书目、推荐书目、新书快递以及一些没有正式出版的商业书目等。这些没有正式出版的书目，有的针对性强，如考试参考书目，专题书目；有的时效性强，如新书快递等预告性书目；有的信息量大，如商业书目。缺点是有些书目著录信息不够详细。由于文献的种类、数量、内容和形式的不断发展变化，书目的种类也呈现多样性。通常不经过正式出版的书目种类有：推荐书目、专题书目、教学与考试参考书目、馆藏书目、联合目录、回溯书目、预告书目、网络书目（包括搜索引擎）、地方文献书目、个人著述书目、重要文件或法规目录等。

---

① 彭斐章，等．目录学[M]．武汉：武汉大学出版社，2003：1.

此外，还有一些特殊的目录也应该注意收集和利用，如产品目录、机构名录、各类排行榜、获奖名录等。

2.10　家谱

家谱是一种以表、谱形式记载一个以血缘关系为主体的家族世系繁衍及重要人物事迹的特殊图书形态，又称谱、谱牒、族谱、族系录、族志、宗谱、家乘、家牒、家史、家志、世录、世家、房谱、祠谱、坟谱、会谱、全谱、合谱、统谱、通谱、统宗谱、宗世谱、总谱等。家谱载体多为纸本，也有少量的其他形式载体的家谱，如口述家谱、结绳家谱、布谱、碑谱和塔谱等。家谱作为一种特殊的历史文献，具有重要的学术研究价值和文献价值，欧阳宗书在《中国家谱》一书中将家谱的学术价值划分为宗法制度研究价值、宗族法研究价值、经济史料价值、历史人口学价值、历史人物研究价值、教育史料价值、民俗学价值、宗教学价值、民族史价值、华侨史研究价值和重大历史事件资料①，并称“在中华民族的历史上，恐怕没有一种书像家谱那样影响面之广大，影响时间之久远了”②。来新夏、徐建华认为家谱的价值主要体现在以下几个方面：对于古代人物研究具有相当权威的资料价值；对于人口史研究具有重要的史料价值；为封建时代宗族制度的研究提供了最基本的资料；为移民的研究提供了第一手资料；家谱还为地方史、家庭结构与功能、社会结构、妇女地位、优生学、民俗学、经济史、科技史、宗教史、中外关系史等领域的研究提供了大量的可信资料③。因此，收藏和利用家谱的重要性也就不言而喻了。家谱的收藏单位多为公共图书馆，散落于民间的家谱数量目前还难以统计。此外，由于历史原因，还有大量的家谱流失国外，如日本、美国等。

2.11　地方志

地方志简称方志，又名地记、记、图经、图志、图记、传、录、乘、书、志等。李泰棻在其《方志学》一书中对方志的论述是“方志者，即地方之志，盖以区别

① 欧阳宗书. 中国家谱[M]. 北京：新华出版社，1993：142－178.

② 欧阳宗书. 中国家谱[M]. 北京：新华出版社，1993：1.

③ 来新夏，徐建华. 中国的年谱与家谱[M]. 北京：中国国际广播出版社，2010：137－148.

国史也。依诸向例,在中央者谓之史,在地方者谓之志。故志即史”①。我国2006年颁布的《地方志工作条例》中对地方志的定义是“全面系统地记述本行政区域自然、政治、经济、文化和社会的历史与现状的资料性文献”②。按编纂时间,通常将1949年新中国成立以前所编纂的地方志称为旧志,此后编纂的地方志称为新志。旧志按记载的区域分为总志、通志、府志、州志、厅志、县志、军志、路志、道志、市志、乡镇志、卫所志、边关志、土司志、盐井志、设治局志、特别区志、盟志、旗志。新志根据《地方志工作条例》规定分为省(自治区、直辖市)编纂的地方志、设区的市(自治州)编纂的地方志以及县(自治县、不设区的市、市辖区)编纂的地方志。地方志内容广泛,包罗万象,包括一地的建置、沿革、疆域、物产、天气、气候、山川、名胜、天灾、人祸、文化、艺术、医药、政绩、教育、风俗、民族、人物、宗教、科学、技术、交通、商贸和经济等,具有很高的学术价值和社会价值。中国地方志协会在1986年组织的学术年会就地方志的功能进行讨论时,大多数与会者都认为地方志的功能为“资治、教育、存史”③,这可以说是对其学术价值和社会价值的高度概括。“资治”即通过地方志所反映的全面、详尽的地情资料为政府各部门提供决策依据;“教育”即地方志记载的真实而丰富的资料是进行社会主义精神文明建设和爱国主义教育的非常有说服力的教材;存史是指其重要的史料价值。地方志记载了本地区的政治、经济、文化、科技、地理等的历史和现状,而且记录年代基本连贯,其重要的史料价值就不言而喻了。据统计,“至今保存下来的宋代以来的旧志书有10 000余种,10多万卷,约占我国现存古籍的十分之一”④。新志的编修从新中国成立后就已经开始。1956年,国务院制定《十二年科学远景规划纲要》时,将编修地方志列为20个重点项目之一,至“文化大革命”地方志编修工作中断时,全国已有20多个省市的50多个县进行了地方志的编修工作;而全国性有计划地编写新地方志的工作则始于20世纪80年代初⑤,从这一时期到现在,进行了我国有史以来规模最大、范围最广的地方志编修工作,

① 李泰棻.方志学[M].北京:商务印书馆,1935:1.

② 中国政府网.地方志工作条例[EB/OL].[2013-12-19].http://www.gov.cn/ziliao/flfg/2006-05/29/content_294229.htm.

③ 中国地方志协会1986年学术年会纪要[J].新疆地方志通讯,1987(1).

④ 单天伦.中国地方志年鉴2002[M].北京:中国地方志年鉴编辑部,2002:373.

⑤ 单天伦.中国地方志年鉴2002[M].北京:中国地方志年鉴编辑部,2002:374.

取得了令人瞩目的成果。

2.12　拓片

拓片是通过一系列的工艺，从碑文、器皿等清晰地拓印下其上的文字、图案的纸片，单张称为拓片，成册的称为拓本。目前多认为拓片起源于南北朝时期或更早的汉代，是我国独有的传统文献类型之一。拓片种类繁多，包括甲骨文、碑、墓志、摩崖刻石、石经、佛经刻石、经幢、造像铭文、刻帖、游记刻石、画像石、画像砖、碣、塔铭、造桥铭、标柱、颂、图画刻石、钟鼎铭文、瓦当文字、砚铭拓片等，内容包罗万象，涉及历史、地理、政治、经济、军事、民族、民俗、文学、艺术、科技、建筑等，是记录中华民族文化的重要载体之一。由于拓片是从原物直接拓印，与原物按 1:1 的比例复制而得，所以能够真实地反映器物的原状，在一定程度上起到替代原物的作用，是保存文献、考证史传、增补遗闻的重要资料；文字类的拓片对书法史的研究也具有重要意义，是研究书法源流和风格演变的珍贵实物资料。还有些拓片因年代久远而成为孤本，因而具有文物价值。拓片在各类图书馆、博物馆中均有收藏，中国国家图书馆是世界上收藏拓片最多的单位。

2.13　口述资料与非物质文化遗产文献

非物质文化遗产文献是指对非物质文化遗产进行记录和保护过程中形成的文字记载、声像资料等，如申报材料、认定和鉴别材料、传承人相关资料、非物质文化遗产文献化后形成的文字、录音、录像、照片等文献资料以及记录有非物质文化遗产内容的其他文献资料。在记录非物质文化遗产时，口述史方法成为其重要的记录方式之一。

联合国教科文组织 2003 年 10 月通过的《保护非物质文化遗产公约》（以下简称《公约》）中，对非物质文化遗产的定义是“指被各社区、群体，有时是个人，视为其文化遗产组成部分的各种社会实践、观念表述、表现形式、知识、技能以及相关的工具、实物、手工艺品和文化场所。这种非物质文化遗产世代相传，在各社区和群体适应周围环境以及与自然和历史的互动中，被不断地再创造，为这些社区和群体提供认同感和持续感，从而增强对文化多样性和人类创造力的尊重”。按照该定义，《公约》确定非物质文化遗产的范围为“口头传统和表现形式，包括作为非物质文化遗产媒介的语言；表演艺术；社会实践、仪式、节庆活动；有关自然界和宇宙的知识和实践；传统手工艺”5 个方面。

2005年,国务院办公厅发布了《关于加强我国非物质文化遗产保护工作的意见》(以下简称《意见》),对非物质文化遗产的范围进行了补充,即在《公约》确定的5个范围外,又补充了第6条:"与上述表现形式相关的文化空间。"所谓的"文化空间"是指"定期举行传统文化活动或集中展现传统文化表现形式的场所,兼具空间性和时间性"。《意见》附件"国家级非物质文化遗产代表作申报评定暂行办法"中规定申报项目须提出切实可行的10年保护计划,并承诺采取相应的具体措施,进行切实保护。其中的"保存"措施规定:"用文字、录音、录像、数字化多媒体等手段,对保护对象进行真实、全面、系统的记录,并积极搜集有关实物资料,选定有关机构妥善保存并合理利用。"

非物质文化遗产被誉为文化历史的"活化石",包含着非常丰富的政治、经济、文化、人文、历史信息,是人类智慧与文明的结晶,具有民族性、地域性、多样性、社会性和传承性等特征,是不可再生的珍贵文化资源;而记录非物质文化遗产的资料则以多种载体的形式、丰富全面的内容,真实记录和再现了所记录对象的原貌,是人类无形文化历史的记忆宝库,具有历史、文化、艺术、科学等多重价值。按照《国家级非物质文化遗产名录》的分类,非物质文化遗产文献包括民间文学、传统音乐、传统舞蹈、传统戏剧、曲艺、传统体育与杂技、传统美术、传统技艺、传统医药和民俗等的文献。按记录形式则可分为文字资料、音像资料、数字多媒体等。

谈到非物质文化遗产的记录和传承,我们必须要提到口述资料。口述资料是指为研究、利用和保存而对事件当事人或事件亲闻者进行采访而形成的录音、录像以及对录音的逐字记录资料。包括口述史,口述传统、口述回忆等。非物质文化遗产多通过"口传心授"的方式活态传承,传承人的口述能更真实、更贴切地反映非物质文化遗产的原貌,采用录音、录像对传承人的口述史进行记录,成为记录非物质文化遗产的重要手段,口述资料也成为记录非物质文化遗产的重要的原始资料。不仅如此,其他用于科学研究和记录的口述资料也应该纳入到灰色文献收集的范畴。

3 以载体区分

灰色文献按载体分,可分为纸质灰色文献、声像灰色文献、缩微灰色文献、数字灰色文献和网络灰色文献。

3.1　纸质灰色文献

纸质灰色文献是指以纸张为存储介质，以书写、打印、复印、印刷以及其他技术为记录手段的灰色文献。与正式出版的纸质文献不同，印刷不是纸质灰色文献的唯一记录方式，只要是记录于纸张的有价值信息，不论格式如何，不论是否装订，不论是手写、打印、复印或是正规的印刷，都有可能是灰色文献。从数量上来看，一方面印刷技术和打印、复印技术的发展使纸质灰色文献的总体数量在增加，另一方面随着互联网的发展和人们阅读方式的改变，纸质灰色文献所占比例在逐渐减少。

3.2　声像灰色文献

声像灰色文献指运用录音、录像和摄影技术，以声音和图像形式记录在感光材料、磁性材料等特殊载体上的灰色文献，包括未经正式出版发行的录音制品、录像制品、胶片、胶卷、图片（图画和照片）、幻灯片、电影片、激光唱盘（CD）、激光视盘（LD、VCD、DVD）等。声像灰色文献需要借助一定的设备才能播放和阅读，具有真实、准确、生动、形象的特点，其承载的信息是文字类文献所不能替代的，是灰色文献中重要的原始文献。

3.3　缩微灰色文献

缩微灰色文献是指通过缩微技术，即采用专门的设备、材料和工艺把文献信息以缩小影像的形式拍摄记录在胶片上的灰色文献。缩微文献具有存储密度大，记录性能好，寿命长等特点，可对文献实现长期保存，同时又能达到缩减占地空间的目的，20 世纪 70 年代以后在图书馆和档案馆得到了广泛应用。由于缩微制品保存时间长、复制和制作成本低，目前仍被各国图书馆和档案馆所使用。缩微灰色文献主要有方志、家谱、档案文献等。

3.4　数字灰色文献

数字灰色文献是指以二进制数字代码形式记录于磁带、磁盘、光盘或其他形式的电子载体，通过计算机技术记录、存储、传递、检索和浏览，并可在通信网络上传输的、未经正式出版的文本、图像、音频和视频等文献。数字灰色文献的特点是其载体存储量大，携带方便，易于检索和浏览。纸质灰色文献、声像文献和缩微文献已经大规模地实现数字化。

3.5 网络灰色文献

网络灰色文献是指利用计算机(或其他设备)和网络创造、生成,只通过网络存储和传播的未经正式出版的数字资源,也就是说网络灰色文献从其产生开始即以数字形式出现在网络上,网络是其赖以存在和传播的第一载体。任何一个可以浏览的网页都有可能是灰色文献的来源,大致可分为个人站点、机构站点、社交网络,在线百科等。网络灰色文献在其存储和传播的过程中,存储载体可能发生变化,如有些企业内刊在网站上发布的同时,少量印刷散发,导致此类文献同时以两种载体呈现;还有的网络灰色文献会转为白色文献,如预印本、网络文学的出版等。

目前,灰色文献载体呈现出以数字和网络载体为主,纸质、缩微制品和声像资料等传统载体并存的局面。

第二部分　灰色文献资源开发与利用

灰色文献资源的开发利用是一个系统工程，涉及资源的收集、加工、组织、管理、保存和服务等方方面面，目前世界上还没有一个机构能够做到对所有类型的灰色文献全部进行开发利用。对图书馆而言，制定科学的灰色文献资源建设标准和体系，依据自身的情况和所服务区域或行业的特点有针对性地开展工作，并与相关的企业进行有效的合作，建设学科化、个性化的灰色文献信息门户，最后形成所谓“各取所需，多馆联动，共建共享”的局面，应该说是目前充分开发和有效利用灰色文献的重要途径。

由于灰色文献具有来源日益广泛、数量无限增长、载体丰富多样的特性，同时网络灰色文献所占比例也越来越大，灰色文献资源的开发利用难度越来越大。因此，需要制定相应的原则和标准，建立可靠稳定的技术平台，制定严密的资源组织体系和评估体系，建立科学的生产体系，以便组织人力和物力进行生产。特别需要注意的是要考虑版权建设问题和可持续发展问题。信息技术的发展使资源的产生方式和人们的阅读方式发生了深刻的改变，文献资源越来越多地通过互联网以数字信息的方式呈现，而数字阅读与移动阅读也成为人们主要的阅读方式之一。因此，在制定灰色文献资源开发与利用的原则和标准，进行生产、加工和应用开发时，要充分考虑到未来信息技术的发展对文献资源建设的影响，以及灰色文献本身的发展特点，力争能够使整个开发利用体系具有前瞻性和可持续性，从而应对灰色文献数量快速增长和类型多元化的发展趋势，保证对其开发和利用的合法性、有效性、稳定性和可持续性。

为便于读者朋友们能够更加清晰地了解灰色文献资源开发与利用的具体环节和情况，本部分将结合方略知识管理系统（http://www.firstlight.cn）的建设实践对有关问题做出说明。

1　基本原则

为保证灰色文献资源开发和利用的合法性、有效性、稳定性和可持续性，首先应当制定具有普适性的基本原则，即无论什么类型或规模的知识服务机构，开发和利用何种类型的灰色文献都应当遵循的原则。这些原则包括尊重版权原则、资源遴选原则、长期保存原则、建以致用原则和持续发展原则，其中以尊重版权原则为首要原则，它是保证灰色文献资源开发利用合法性的基础，也是最为基本的原则；资源遴选原则和建以致用原则保证灰色文献的有效性，长期保存原则和持续发展原则保证其稳定性和可持续性。

1.1　尊重版权原则

《世界知识产权组织版权条约》第二条“版权保护的范围”规定：“版权保护延及表达，而不延及思想、过程、操作方法或数学概念本身。”我国《著作权法》第二条规定：“中国公民、法人或者其他组织的作品，不论是否发表，依照本法享有著作权。”此外，《著作权法》第五条还规定该法不适用于“法律、法规，国家机关的决议、决定、命令和其他具有立法、行政、司法性质的文件，及其官方正式译文”。可见，绝大部分的灰色文献的著作权人享有著作权。版权保护的目的是实现创作者、传播者和使用者三方之间的利益平衡，一方面通过保护创作者的利益，激励其创作更多的作品，促进科技进步；另一方面又促进作品的合理传播与利用，以满足社会公众对信息的存取需求。

灰色文献数量巨大，种类庞杂，流通范围小，又不通过正式出版发行，这些特点决定了灰色文献的版权保护问题比白色文献更加复杂，其版权保护也处在“灰色”状态，传播者和使用者往往对其版权保护不了解、不重视，容易造成侵权行为的发生，出现侵犯他人权利而不知情，甚或创作者被他人侵权而不能及时发现的情况，因而极易产生版权纠纷。因此，灰色文献资源开发利用机构应积极主动、自觉地尊重创作者的版权，在灰色文献资源建设之初，就要充分考虑其版权保护问题，在法律法规规定的范围内进行合理的传播和利用，可做到有备无患，避免不必要的版权纠纷，从而健康、稳定发展。

我国《著作权法》第二十二条规定，与图书馆关系较为密切的几种合理使用情况有：“为个人学习、研究或者欣赏，使用他人已经发表的作品；为介绍、评论某一作品或者说明某一问题，在作品中适当引用他人已经发表的作品；为学校课堂教学或者科学研究，翻译或者少量复制已经发表的作品，供教学或者科研人员使用，但不得出版发行；图书馆、档案馆、纪念馆、博物馆、美术馆等为陈列或者保存版本的需要，复制本馆收藏的作品。”国务院 2006 年 5 月 18 日颁布了《信息网络传播权保护条例》，又于 2013 年 1 月 30 日颁布了《国务院关于修改〈信息网络传播权保护条例〉的决定》。该条例第六条规定：“通过信息网络提供他人作品，属于下列情形的，可以不经著作权人许可，不向其支付报酬：（一）为介绍、评论某一作品或者说明某一问题，在向公众提供的作品中适当引用已经发表的作品；（二）为报道时事新闻，在向公众提供的作品中不可避免地再现或者引用已经发表的作品；（三）为学校课堂教学或者科学研究，向少数教学、科研人员提供少量已经发表的作品；（四）国家机关为执行公务，在合理范围内向公众提供已经发表的作品；（五）将中国公民、法人或者其他组织已经发表的、以汉语言文字创作的作品翻译成的少数民族语言文字作品，向中国境内少数民族提供；（六）不以营利为目的，以盲人能够感知的独特方式向盲人提供已经发表的文字作品；（七）向公众提供在信息网络上已经发表的关于政治、经济问题的时事性文章；（八）向公众提供在公众集会上发表的讲话。”①该条例第七条规定：“图书馆、档案馆、纪念馆、博物馆、美术馆等可以不经著作权人许可，通过信息网络向本馆馆舍内服务对象提供本馆收藏的合法出版的数字作品和依法为陈列或者保存版本的需要以数字化形式复制的作品，不向其支付报酬，但不得直接或者间接获得经济利益。当事人另有约定的除外。前款规定的为陈列或者保存版本需要以数字化形式复制的作品，应当是已经损毁或者濒临损毁、丢失或者失窃，或者其存储格式已经过时，并且在市场上无法购买或者只能以明显高于标定的价格购买的作品。”②图书馆在符合上述法律法规的情况下使用作品，可以不经著作权人许可，不向其支付报酬，但应当指明作者姓名、作品名称，并且不得侵犯著作权人依照著作权法享有的其他权利。

近年来，开放存取（Open Access）运动在世界各地如火如荼地开展起来，

①② 国务院. 信息网络传播权保护条例［EB/OL］.［2014－02－14］. http://www.gov.cn/zwgk/2013-02/08/content_2330133.htm.

开放存取的基本理念是:“科学成果应该服务于所有人,才可实现其真正的价值。”①因此,举凡支持开放存取运动的资源生产者,其作品允许任何人免费检索、浏览、下载、拷贝、传递、超级链接和打印。现在,世界上支持开放存取运动的出版机构、学术机构以及其他类型的机构和个人越来越多,互联网上支持开放存取的高品质灰色文献资源也越来越多。这对于灰色文献资源开发利用无疑是一个利好的趋势,图书馆的知识服务机构要善加利用这样的有利条件开展灰色文献学术资源的开发利用工作。因为,开放存取运动从一个全新的视角给出一个完全不同的版权观念和实践。在传统版权保护体系下,版权不仅仅意味着著作权人享有的要求使用者保护作品的完整性、作品的署名等权利,而且还意味着相当的经济收益;在开放存取运动的版权保护体系下,版权的唯一作用就是著作权人有权控制其作品的完整性及作品被准确接受和引用,在这种情况下他人可以免费、自由使用作品。

总之,尊重和重视创作者的版权,是灰色文献资源开发利用的健康、持续发展的必要条件。

1.2 资源遴选原则

举凡对某种资源进行开发利用,前提就是这种资源并非全部都有开发利用价值,或者说并非全部都有较高的开发利用价值。如果全部都有很高的开发利用价值,就无需花费很大气力去开发了。既然如此,则需要遴选,只有通过遴选才能将价值较高的部分保存下来,以便进行下一步的开发利用。

就灰色文献资源而言,由于其来源机构数不胜数,文献数量更是浩如烟海,任何一个机构都不可能将所有的灰色文献资源都全部保存下来。我们知道,互联网上的网页是灰色文献资源的一个组成部分,世界上的网页多到什么程度?现在还没有一个人能够搞清楚这个问题,以至于 2011 年 9 月“互联网之父”蒂姆·巴恩斯·李(Tim Berners-Lee)创建的万维网基金会(World Wide Web Foundation)宣布将开展一项旨在调查互联网具体规模的计划,统计互联网有多少个独立的网页,该计划获得了谷歌 100 万美元的资助②。而早

① 江杭生. 开放使用——学术出版界的战争(图)[EB/OL]. [2014-02-14]. http://www.chinalibs.net/ArticleInfo.aspx?id=68564.

② 凯文. 互联网之父欲统计当今网络独立网页数量[EB/OL]. [2014-02-14]. http://it.sohu.com/20110913/n319189681.shtml.

在 2008 年 7 月 25 日,谷歌公司就宣布,谷歌搜索引擎索引的网页数量已经达到一万亿个(1 000 000 000 000)①。这些都是已经存在于网络上的资源,还有多少灰色文献资源是未出现在网络上的呢?因此灰色文献资源的数量绝对是一个天文级的数量。在这样一个浩如烟海的文献海洋里,如果不加遴选一头扎进去,必然会迷失方向,将大量的时间、财力、物力和人力浪费掉。

资源遴选不仅是灰色文献资源建设本身的要求,而且还是资源管理、利用的要求。如果对资源不加以遴选,就会造成质量不高、内容杂乱、冗余数据过多以及资源管理成本过高等问题,这些问题会随着时间的推移日渐严重,影响我们对于灰色文献资源的利用。因为,如果对资源不加以遴选,就无法从杂乱无章的信息海洋中萃取出知识的"黄金";舍此,就不能将无用的信息剔除,灰色文献的价值就不能被充分地揭示和呈现,灰色文献的收集就成为没有意义的文献堆积,利用也就只能成为空谈。

灰色文献资源的遴选包括 3 个层面的工作,首先是从行业、学科或者地区等宏观层面划定灰色文献资源的开发利用范围;其次从来源机构(站点)层面确定前面已选定的行业、学科或者地区范围所涉及的核心机构或者站点,从中观层面划定灰色文献资源建设所应收录的机构或者站点;再次,要从单篇文章的层面实施遴选,将符合条件和要求的文献遴选出来。通过这种层层递进的方式遴选,可以极大地节约成本,提高工作效率。因为第一个层面和第二个层面如果数量再大也是可以估计的一个量级,而后者的数量可以说是无法估量,所以来源机构(站点)及其产生的灰色文献的遴选成为灰色文献学术质量建设的关键。只有这样才能有的放矢,缩小遴选范围,提高工作效率;同时,即便要建设的行业、学科、地区范围很小,资源遴选也是必须要做的工作之一,不能因为范围小而"照单全收",影响文献采集的学术质量。

来源机构(站点)及其灰色文献的遴选一方面依赖于资源评估与选取标准,另一方面则依赖于持续、细致、完善的生产来保障。标准是固定的,机构(站点)及其灰色文献是千姿百态的,通过二者结合并从中遴选出学术价值高的内容——这项工作是不会由计算机自动完成的,只能由有学术素质、有经验的受过专业训练的人员来完成。此外,在制定标准时不仅要考虑通用性标

---

① Frederic Lardinois. Google Now Knows About 1 Trillion Pages[EB/OL]. [2014-02-14]. http://readwrite.com/2008/07/25/google_hits_one_trillion_pages#awesm=~ovQYzu41jmNT2x.

准的制定，还要考虑针对特定学科的专门标准的制定。

1.3 长期保存原则

灰色文献本身由于传播范围的局限，很容易造成遗失或者湮没，因此，长期保存是灰色文献资源开发利用的题中应有之义，而作为灰色文献资源的重要组成部分的数字资源和网络资源由于对载体和技术的依赖性强，需要借助一定的硬件设备才能阅读和使用，网络资源还会随着其所在网站的消失而消失，这两类资源在某种程度上比传统载体的资源更脆弱，一旦损坏或丢失则无法恢复。

现在，以互联网为载体的数字资源已经成为灰色文献资源开发利用的主要形式，因此，数字资源的长期保存十分重要。为使数字资源能够为人们长期利用，从20世纪90年代初，世界各国都十分重视数字资源的长期保存，开展了很多研究和保存项目，并取得了很大进展①。以互联网为载体的数字文献通过网络创作、生成、存储和传播，网络是其赖以存在和传播的第一载体。一篇数字灰色文献所包含的信息不仅包括文献所记录的文本或视频等，还包括其他附带的如版式、图片、站点标记、地址等信息。因此，数字灰色文献的长期保存应遵循全息存档的原则，全面保留页面上包含的音频、视频、文本、版式、图片、相关文献、评论、站点标记、地址等全部内容。这些内容生动地反映了文献所处的时间、相关背景、评论等，是对网络灰色文献"原汁原味"的原生态存档，对于互联网高品质灰色文献资源的保存、利用、研究有着十分重要的意义，具有很大的文献价值、历史价值和文化价值。随着时间的推移，这种意义还会愈加被人们所理解。未来数字资源在灰色文献中所占的比例必将越来越大，数字灰色文献的全息、长期保存应当成为灰色文献长期保存的重中之重。

1.4 建以致用原则

进入21世纪，现代图书馆的服务观念已从以"藏"为主转为以"用"为主，文献资源建设的终极目标是满足读者对信息资源的需求。正如阮冈纳赞的《图书馆学五定律》所言："书是为了用的；每个读者有其书；每本书有其读者；

① 黄旭，毕强. 国内外数字资源长期保存研究现状与进展[J]. 图书馆学研究，2009(1).

节省读者的时间;图书馆是一个生长着的有机体。”我们也可以这样理解,文献资源是为了用的,每个读者有其文献,每种文献有其读者,图书馆是一个生长着的有机体。可见,以用户为中心,满足用户的需求是文献资源建设的基本原则,灰色文献建设当然也不例外。灰色文献数量巨大,种类繁多,图书馆在收集和开发时,应本着建以致用的原则,根据本地区或本行业读者的需求,结合本馆实际情况有针对性地进行收集和加工,充分利用灰色文献的特点,结合已有的白色文献和其他馆藏,建设具有本馆特色的、个性化的、学科化的特色资源。

灰色文献资源建设,不是简单地将所能收集到的灰色文献“照单全收”,而是要充分考虑本馆所服务区域读者的需求,以读者需求为准绳进行收集,这样才能保证收集到的文献有其读者,达到建以致用的目的。灰色文献收集难度大,需要一定的人力和物力,本着建以致用的原则,不盲目收集,根据读者的需求进行收集和建设,还可以实现图书馆经济效益的最大化,即用有限的经费换来资源最大限度的使用。建以致用,还体现在以用户为中心的原则,灰色文献的开发和建设,不仅在内容上要满足读者的需求,还要保证读者获取途径的方便和快捷,要尽可能满足不同读者的信息利用方式和习惯。坚持建以致用的原则,是灰色文献开发和利用成功与否的关键,是实现灰色文献价值的必要条件,并可形成良性循环,以“用”促“建”,不断提高灰色文献质量,及时满足读者对文献信息的新需求。

1.5　持续发展原则

可持续发展是当今世界发展的潮流。我国大力提倡的科学发展观,就是指坚持以人为本,全面、协调的可持续发展观。图书馆承担着保存文化、整理和传递文献信息资源、参与社会教育等职能,在当今信息爆炸、科技迅猛发展的数字时代,坚持走以人为本,全面、协调的可持续发展道路,才能与时俱进,顺应时代潮流,更好地践行其社会职能。而文献信息资源是图书馆服务与社会的物质基础,是图书馆开展各种有效服务的保障。离开文献信息资源,图书馆就如同无本之木,无源之水。因此,文献资源建设的可持续发展直接关系到图书馆的可持续发展。坚持可持续发展的原则,文献资源建设才能不断创新,才能充满活力,才能满足读者不断增长的信息需求。可以说,离开持续发展,文献资源就是一摊死水,用完即弃。对文献资源建设来说,坚持以人为本,就是坚持以读者为本;全面就是要全面重视文献的版权、内容、技术、服务等的全面发展,使之不仅能满足当前服务的需求,还能顺应技术、社会环境的变化;协调就是平衡好各类文献之间的关系,协调发展,保持文献利用和建设的持续性。

灰色文献资源的建设当然也不例外。灰色文献数量浩如烟海,坚持以读者为本,首先在内容的建设上要时刻以读者需求为准绳,不能求大求全;其次要密切关注信息技术的最新发展趋势,为读者提供便捷的信息存取方式;最后就是要不断开拓、创新服务模式,推进文献资源共享,使建好的文献资源得到最大限度的利用。全面就是坚持灰色文献的版权、内容、技术、服务等的全面发展,放眼长远,不仅要满足当前读者的需求,还要使其融入到未来的开发和利用中,从而实现文献的永续利用。协调就是要平衡好灰色文献和其他文献之间的关系,使其相互补充,相得益彰。例如,灰色文献数据库的建设要考虑和其他类型文献实现统一检索,这是在建设之初就要通盘考虑和设计的。如果等建设成熟后才去考虑,不仅影响读者使用,对已建好的部分还要进行大量重复工作,费时费力,直接影响其可持续发展。

坚持尊重版权原则、资源遴选原则、长期保存原则和建以致用原则是保证灰色文献可持续发展的前提条件。只有前面四项原则做好了,可持续发展原则才会有坚实的基础,灰色文献的开发和利用才会具有前瞻性,从而走上真正的可持续发展之路。

2 版权建设

2.1 版权建设的重要性

灰色文献的开发和利用,首要解决的就是版权问题。版权问题解决得如何,直接关系到灰色文献开发和利用的持续、健康、稳定发展。

以学位论文的开发利用为例,世界上许多国家都十分重视对学位论文的版权保护,在学位论文收缴、利用等方面有着完善的政策法规,学位论文服务机构在开发实践中积极进行版权建设,一方面很好地保护了作者的权益,另一方面也有效地促进了学位论文资源的收集和服务。如美国的 UMI 公司在学位论文版权方面采取的是通过与大学合作取得作者授权的方式,这些合作大学规定,研究生在提交学位论文时,需签订一份授权 UMI 出版的协议并向

UMI 交纳出版费用,UMI 按论文全文的被使用次数向作者支付版税。由澳大利亚大学图书馆委员会和澳大利亚新南威尔士大学等 7 所大学图书馆建设的"澳大利亚数字论文"(Australian Digital Theses,简称 ADT)数据库项目规定,各成员馆如收取 ADT 数据库的全文下载费用,则部分版面费必须返还给作者本人,除涉密和需要延迟公开的学位论文外,经作者授权同意使用的学位论文均可向公众提供①。并不是所有的 ADT 成员馆都强制学生提交学位论文,凡提交的,ADT 均与其签署授权协议。加拿大国家图书馆档案馆(LAC)的学位论文门户(Theses Canada Portal)收录 1965 年至今的学位论文。各大学本着自愿的原则向 LAC 提交学位论文,有些大学规定学生必须向 LAC 提交论文,LAC 与作者签订授权协议。NDLTD 作为全球学位论文共建、共享的开放联盟,也要求学位论文作者与之签订使用许可协议。大英图书馆则规定博士学位申请者必须完整填写一份大英图书馆授权协议表作为学位论文呈缴的标准程序之一,并向作者支付每年学位论文复制件出售收入的 10%(从第二份复制件开始计算)②。我国台湾地区博硕士论文知识加值系统直接通过系统网站向学位论文作者征集授权,目前已经获得 281 276 篇学位论文的授权③,效果不错。由于版权问题的解决,作者权益得到有效保障,学位论文提交量大幅上升,上述国家和地区的学位论文开发和利用也取得了长足进展。

灰色文献种类繁多,不同种类的灰色文献其版权问题也各不相同。但有一点是相同的,就是在灰色文献资源开发利用之初,必须有一整套版权解决方案,通过某种方式取得作者或版权所有人的授权,才能使灰色文献资源开发和利用顺利进行,以免版权问题成为限制其发展的瓶颈。信息技术的发展和人们阅读习惯的改变,迫使传统图书馆向数字图书馆快速转型,纸质资源和其他载体的资源大量数字化,图书馆文献资源的构成逐渐由以纸质形式为主变为以数字形式为主,灰色文献资源也不例外。在进行版权建设时,要从灰色文献的特点出发,结合数字资源的特点,统筹规划,系统设计,针对不同

① 焦艳平,等.澳大利亚国家学位论文数据库建设与服务模式及对我们的启示[J].数字图书馆论坛,2007(8).

② 陈传夫,唐琼,吴钢.国际学位论文开发机构版权解决模式及其借鉴[J].大学图书馆学报,2009(2).

③ 台湾地区博硕士论文知识加值系统.台湾地区博硕士论文知识加值系统首页[EB/OL].[2013-02-15].http://ndltd.ncl.edu.tw.

种类的灰色文献、不同的收集渠道或来源以及不同的馆情，制定不同的版权建设模式。需要注意的是，版权建设模式既要有可操作性，同时又要考虑涉及的费用、平衡作者权益与读者利用之间的关系，达到既要保护作者的利益，又要保障读者对信息的充分获取，从而有效推动灰色文献资源的开发和利用。

2.2 版权问题类型

灰色文献开发和利用中涉及的版权问题主要包括：实体灰色文献数字化的版权问题、灰色文献数据库建设中的版权问题、网络文献利用中的版权问题、开放获取资源的版权问题，灰色文献上载中的版权问题。

2.2.1 实体灰色文献数字化的版权问题

实体文献数字化是指把纸质、声像、缩微等载体的灰色文献转换成机器可识别的二进制数字编码，经过组织、加工，存储在计算机设备上，并通过网络进行传输和服务。传统载体文献数字化对于推进数字图书馆建设具有很重要的作用，文献只有经过数字化后才能通过网络为读者提供服务。我国《关于制作数字化制品的著作权规定》第二条规定："将已有作品制成数字化制品，不论已有作品以何种形式表现和固定，都属于《中华人民共和国著作权法实施条例》第五条(一)所指的复制行为，即《中华人民共和国著作权法》所称的复制行为。"此外，《世界知识产权组织版权条约》以及《世界知识产权组织表演与录音制品条约》等国际版权保护条约也都明确规定文献数字化属于复制行为。而按著作权法的规定，著作权人对其作品拥有复制权。

2.2.2 灰色文献数据库建设中的版权问题

数据库是数字图书馆提供知识服务的主要方式，被收集起来并进行了数字化处理后的灰色文献必然要通过数据库来提供给读者。欧盟议会和部长理事会 1996 年 3 月 11 日颁布的《关于数据库法律保护的指令》第 1 条规定，数据库是指按一定方式编排且可通过电子或其他方式逐项单独获取的独立作品、数据或其他材料的汇编①。由灰色文献开发而成的数据库主要有全文数据库、文摘数据库和书目数据库。我国著作权法规定，除进入公有领域的作品外，使用他人作品应当同著作权人订立书面许可使用合同。因此，全文数据库的制作，要事先取得作者授权；对于文摘数据库，《中华人民共和国著

---

① 王源扩. 欧盟数据库法律保护的新动向——欧盟议会和部长理事会 1996 年第 9 号指令述评[J]. 科技与法律，1996(3).

作权法》第三十三条规定："作品刊登后，除著作权人声明不得转载、摘编的外，其他报刊可以转载或者作为文摘、资料刊登，但应当按照规定向著作权人支付报酬。"对于如何支付报酬，第二十二条规定"为介绍、评论某一作品或者说明某一问题，在作品中适当引用他人已经发表的作品"，"可以不经著作权人许可，不向其支付报酬，但应当指明作者姓名、作品名称，并且不得侵犯著作权人依照本法享有的其他权利"。可见，图书馆编排的报道性质的文摘数据库不存在版权问题。书目数据库与此类似，无需支付报酬，但也要尊重作者的署名权。此外，在尊重他人著作权的同时，图书馆也要注意保护自身的合法权益。《中华人民共和国著作权法》第十四条规定："汇编若干作品、作品的片段或者不构成作品的数据或者其他材料，对其内容的选择或者编排体现独创性的作品，为汇编作品，其著作权由汇编人享有，但行使著作权时，不得侵犯原作品的著作权。"也就是说，图书馆建设的灰色文献数据库如果在内容的选择或者编排上具有独创性，也依法享有著作权。

2.2.3　网络文献开发中的版权问题

随着互联网的深度普及，网络文献数量迅猛增长，在灰色文献中所占比例也越来越大，因此，网络文献的收集利用必然是灰色文献开发和利用的重要组成部分。因此在开发和使用网络灰色文献时，对版权保护问题也要加以重视，以避免不必要的版权纠纷。网络文献的组织，一般是将文献按照学科或专题进行归类，通过网络链接来实现访问。网络链接有外部链接和内部链接两种。外部链接即超文本引用式链接，用户在设置链接的网页点击所设链接时，就离开了当前网页，进入被链接对象网页，浏览器地址填入的是被链接网页的域名，页面上不会留存设置链接网页的任何信息，不会使用户对文献来源网站者产生误解，网络链接只是起着引导作用，类似于搜索引擎的作用，因而不存在侵犯著作权的风险。内部链接又叫隐性链接，即当用户点击所设置链接时，不会离开当前网页，会临时性地将被链接网页的内容复制到当前网页，从而使用户误以为当前网页即文献的来源网页，按著作权法规定，这种链接形式已经侵犯了他人的著作权，即信息网络传播权。

2.2.4　开放获取资源的版权问题

2002年2月14日发布的《布达佩斯开放取用倡议》(Budapest Open Access Initiative)对开放获取资源的定义是："某文献在Internet公共领域里可以被免费获取，允许任何用户阅读、下载、拷贝、传递、打印、检索、超级链接该文献，并为之建立索引，用作软件的输入数据或其他任何合法用途。用户在使用该文献时不受财力、法律或技术的限制，而只需在存取时保持文献的完整性，对其复制和传递的唯一限制，或者说版权的唯一作用应是使作者有权控制其作品的完整性及作品被准确接受和引用。”①该倡议发布后，开放获取资源在全世界范围内得已快速发展，如预印本文库、机构知识库、个人主页、学术论坛、文件共享网站等。开放获取并非完全自由的存取，而是以版权为前提，在许可协议框架内作者自愿让渡大部分版权，从而使用户得到免费阅读、下载、复制、利用、传播等权利。目前，由于开放获取的许可模式多样，不同的开放获取资源作者让渡的权利也不尽相同，因此，应根据实际情况具体分析利用开放获取资源时可能出现的版权问题。一般来说，如果作者以非专有权的形式许可使用复制权和信息网络传播权，并许可在版权有效保护期内在全球范围内使用就不会出现版权问题。

2.2.5 灰色文献上载中的版权问题

所谓文献的上载，就是指运用一定的技术手段将已发表或未发表的作品以数字化形式在互联网上向公众传播。我国《信息网络传播权保护条例》第二条规定：“权利人享有的信息网络传播权受著作权法和本条例保护。除法律、行政法规另有规定的外，任何组织或者个人将他人的作品、表演、录音录像制品通过信息网络向公众提供，应当取得权利人许可，并支付报酬。”因此，如未经权利人同意，文献上载就侵犯了作者的信息网络传播权；灰色文献为未公开发表的文献，按《中华人民共和国著作权法》的规定，著作权人享有发表权，因此文献上载还涉及侵犯发表权。

上述版权问题，在灰色文献资源的版权建设中，都是要通盘考虑的，在尊重他人著作权的同时，还要在法律允许的框架内保证用户对信息的充分获取。我国的著作权法中对图书馆等公益机构也都有特殊规定，如《中华人民共和国著作权法》第二十二条规定：“图书馆、档案馆、纪念馆、博物馆、美术馆等为陈列或者保存版本的需要，复制本馆收藏的作品，可以不经著作权人许可，不向其支付报酬，但应当指明作者姓名、作品名称，并且不得侵犯著作权人依照本法享有的其他权利。”；《信息网络传播权保护条例》第七条规定：“图书馆、档案馆、纪念馆、博物馆、美术馆等可以不经著作权人许可，通过信息网络向本馆馆舍内服务对象提供本馆收藏的合法出版的数字作品和依法为陈

---

① Budapest Open Access Initiative. 布达佩斯开放取用倡议[EB/OL]. [2012－02－12]. http://www.certifiedchinesetranslation.com/openaccess.

列或者保存版本的需要以数字化形式复制的作品，不向其支付报酬，但不得直接或者间接获得经济利益。当事人另有约定的除外。”

2.3　版权建设模式

总结国内外现有的数字图书馆以及商用和公益性数据库建设中出现的版权模式如下，它们可作为灰色文献资源开发利用的版权建设的参考模式。

2.3.1　版权置换

版权置换就是“著作权人通过自己少量的电子版等非印刷版衍生版权置换其他著作权人的大量的电子版等非印刷版衍生版权……版权置换的表现方式一般是授权给数据库厂商的作者可以免费获得数据库的一部分或全部的使用权”①。图书馆或者灰色文献资源建设机构可以采用版权置换的原则解决版权问题。图书馆或者灰色文献资源建设机构向灰色文献著作权人征集灰色文献的版权，同时承诺授权者可以在一定范围内免费使用该灰色文献数据库，灰色文献著作权人用自己作品的版权置换其他灰色文献著作权人大量的灰色文献的使用权。这是灰色文献版权建设的一种行之有效的办法。

2.3.2　通过机构解决授权

绝大多数灰色文献诸如政府文献、企业文献等都是通过一定的机构发布的，进行灰色文献资源建设时，可与选定的来源机构合作以获得该机构作者的授权。由作者的任职机构与其协商获得授权，远远比图书馆直接与作者协商效率高，节省人力和经费，而且更容易获得作者的理解和配合。有些作者将除署名权之外的大部分或所有权利都授予其所在机构，这种情况下，只需获得其所在机构授权即可。

2.3.3　开放存取模式

根据《布达佩斯开放存取倡议》规定的原则，向灰色文献著作权人征集作品，并按照该原则规定向公众开放使用相关资源。开放存取运动现在发展很快，受到许多学术机构和学者的支持，开展灰色文献资源开发利用工作，要有效地利用这一有利条件。

灰色文献种类繁多，来源丰富，在具体操作中应根据实际情况采取不同的版权建设模式，不论采取何种模式，都要给予著作权人充分的尊重，协议中

---

①　张凤斌. 我国中文图书数据库版权建设比较研究[J]. 现代图书情报技术，2003(3).

要对作者授予的权利进行明确、清晰的描述，以免由于产生歧义而引起纠纷。图书馆应充分利用其公益机构的性质，加大宣传力度，为学习、研究和保存文化之目的而开发和利用灰色文献，必将获得更多灰色文献著作权人的理解和支持。

3 相关标准

灰色文献资源开发利用的具体形式多种多样，数字图书馆是其中的一种重要的形式。数字图书馆是支持普遍存取、分布式管理和提供集成服务的基于互联网的数据库，能够通过采编、标引、发布和检索等方式处理平面媒体、音频、视频及其他媒体在内的多种资源，能够与图书馆自动化管理系统、各种异构数据库良好地兼容，是集数据库应用、电子商务与资源数字化于一体的综合系统①。数字图书馆建设作为一个复杂的系统工程，在其发展过程中必然涉及标准化问题。标准和规范建设是数字图书馆实现资源组织、资源共享和为用户服务的基础，是保证数字图书馆实现可用性、互操作性和可持续性的必要条件。灰色文献作为数字图书馆建设的重要组成部分，同样也需要建设相应的标准与规范描述体系，从而保证其在整个数字信息环境中能够持续建设、长期保存、有效使用。灰色文献涉及的标准包括知识组织体系标准、资源遴选标准、元数据标准、质量标准等。

3.1 知识组织标准

所谓知识组织体系，是对内容概念及其相互关系进行描述和组织的机制，支持对信息对象按照知识内容和知识结构进行描述、链接和组织②。灰色文献建设涉及的知识组织体系主要有分类法和主题词表。在多数人的眼中，分类法一般都指的是学科分类法。我们知道，事物的属性是多种多样的，可以从学科角度对文献分类，也可以从灰色文献资源服务的对象出发，按照行业、地区等不同的角度对于文献进行分类，阮冈纳赞提出的冒号分类法就是

① 刘锦山. 迎接数字图书馆产业发展新高潮[J]. 现代图书情报技术，2003(6).

② 张晓林. 分布式学科信息门户中网络信息导航系统的规范建设[J]. 大学图书馆学报，2002(5).

一种从多个角度对文献分类的分类法，只不过由于冒号分类法使用繁琐，人们用得比较少而已。我们把从多个角度对文献进行分类办法叫作多维分类法。多维分类法对于从不同角度揭示灰色文献的资源价值具有很重要的意义，很值得在实践中加以应用。

3.1.1　学科分类

近代学科分类法起源于西方，发展到现在，国外各种语言、各种类型的分类法数以百计，国外有个网站叫 Taxonomy Warehouse（http://www.taxonomywarehouse.com），收录了许多出版商出版的几十种语言、近百个主题领域的分类法约近 200 种。目前，国际上有影响的分类法有如下几种：《杜威十进分类法》（*The Dewey Decimal Classification*，简称 DDC）、《国际十进分类法》（*The Universal Decimal Classification*，简称 UDC）、《美国国会图书馆图书分类法》（*Library of Congress Classification*，简称 LCC）和《冒号分类法》（*Colon Classification*，简称 CC）。

就国内而言，我国迄今出现了 3 种有较大影响的分类法：《中国图书馆分类法》《中国人民大学图书馆分类法》和《中国科学院图书馆图书分类法》。其中，使用最为广泛、影响最大的当属《中国图书馆分类法》。此外，教育部颁布的《授予博士、硕士学位和培养研究生的学科、专业目录》和国家标准 GB/T 13745—92《学科分类与代码表》也是我们进行资源组织时需要考虑的重要标准。我们进行灰色文献资源开发利用，知识组织体系采用的标准主要考虑上述 3 种标准，由于适用对象不同，这 3 种分类法各有所长和不足。

《中国图书馆分类法》主要面向正式出版的文献，适合于书、报、刊以及文章的分类，它的体系完整，逻辑性强，为国内图书馆和情报单位广为使用。《中国图书馆分类法》的分类体系为等级列举式结构，即以科学分类为基础，按照学科知识门类层次划分，并把划分出来的子目一一加以列举。这种直线型列举式的树状结构不能充分反映现代科学的交叉和综合性发展特征，不适宜在多元性的、交互性的、动态的网络信息环境下使用，对于组织种类繁多、载体多样、网络文献占很大比例的灰色文献来说有很多的不适应性。在具体操作中，首先由于学科层次太深，相当多的灰色文献资源分不下去，只能停留在各个学科的根下面；其次是大的学科综合性又太强，体现不出某些文献具体的学科特性；再次与当前学科发展现状有较大的距离，不能反映那些学科分界较模糊的边缘学科、交叉学科以及新兴学科；从次读者对它不是太熟悉，对最终用户来说缺少易用性，类目本身的含义和类目间的逻辑联系是绝大多数用户无法准确理解和掌握的;最后是可扩充性不是太强。

教育部颁布的《授予博士、硕士学位和培养研究生的学科、专业目录》包括哲学、经济学、法学、教育学、文学、历史学、理学、工学、农学、医学、军事学和管理学12大门类、94个一级学科、600多个二级学科。它的特点是最接近学科发展,读者尤其是高校的读者对它非常熟悉。不足的地方是深度和广度不太够,不少学科目录中并没有包括进来,所以资源的分类太过粗略,不利于以后的资源重组。

国家标准GB/T 13745—92《学科分类与代码表》包括自然科学、农业科学、医药科学、工程与技术科学、人文与社会科学5大门类、58个一级学科、近3000个三级学科,其广度和深度比较适应网络资源的分类,可扩充性强,而且有利于将来的资源重组。其不足就是读者不是太熟悉。

下面以方略知识管理系统(http://www.firstlight.cn)为例,说明灰色文献资源建设中知识组织体系建构过程中需要的注意的问题。在建构过程中,主要参考和依据上述3种分类方法,统筹考虑灰色文献资源的分类组织、读者接受程度、可扩充性、后续资源重组等因素,方略将灰色文献按照"门类——一级学科—二级学科—三级学科"的学科层次进行组织,其中门类共14个,分别是哲学、经济学、法学、教育学、文学、历史学、理学、工学、农学、医学、军事学、管理学、旅游学和文化学;一级学科108个,二级学科600多个,三级学科3000多个,基本上涵盖了现有各个学科。各级学科分类号由10位数字构成,其中前三位表示门类,第四位到第六位数字表示一级学科,第七位和第八位数字表示二级学科,第九位和第十位数字表示三级学科,同一级学科的号码之间不是连续性的,而是间断性,这样为以后学科扩展预留了空间,由此建成了《方略知识管理系统分类表》(见表2-1)。

《方略知识管理系统分类表》中各级学科都可根据实际情况新增学科种类,较好地实现了概括性、前瞻性、扩充性的结合。以经济学门类为例:经济学门类下设有一级学科3个,分别为理论经济学、世界经济学、应用经济学,其中理论经济学下又设有政治经济学、宏观经济学等二级学科29个,政治经济学下又分为资本主义政治经济学、社会主义政治经济学和政治经济学其他学科3个三级学科,这些学科对应的分类号见图2-1。分类号采用10位数字,为各级学科的扩容预留空间。表2-1为部分一级学科及分类号。

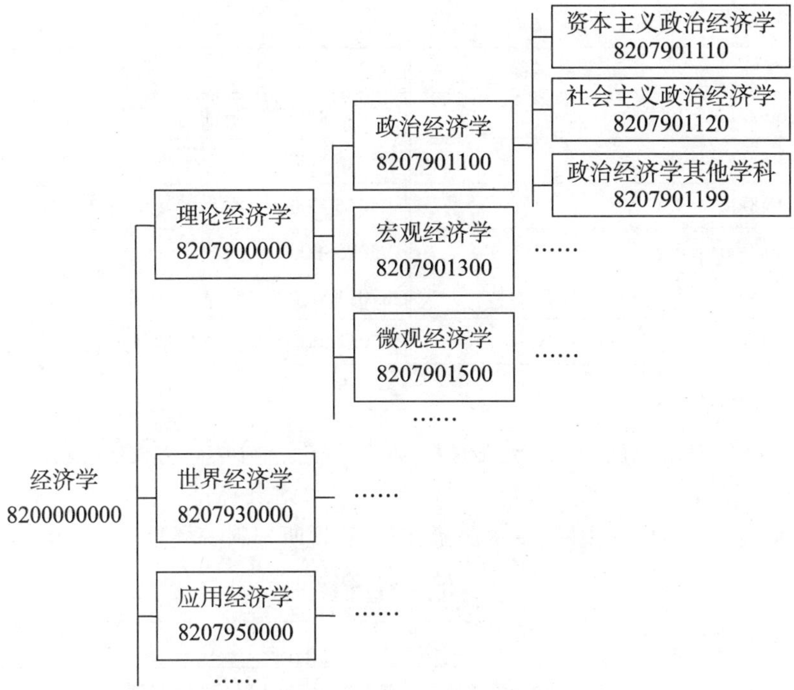

图 2－1　经济学门类各级学科分类号示例

表 2－1　方略知识管理系统一级学科分类表(部分)

分类号	学科名称	分类号	学科名称
8107100000	马克思主义	8701760000	海洋科学
8107200000	哲学	8701800000	生物学
8107280000	科学技术哲学	8701830000	科学技术史
8107300000	宗教学	8801300000	力学
8207900000	理论经济学	8802160000	农业工程
8207930000	世界经济学	8802210000	林业工程
8207950000	应用经济学	8804100000	工程与技术科学基础学科
8308100000	政治学	8804200000	测绘科学技术
8308200000	法学	8804300000	材料科学
8508600000	新闻传播学	8804400000	矿山工程技术

续表

分类号	学科名称	分类号	学科名称
8507600000	艺术学	8804430000	石油与天然气工程
8308400000	社会学	8804500000	冶金工程技术
8308450000	人口学	9407500000	中华玉文化研究
8308500000	民族学	9309500000	旅游学
8308580000	劳动科学	8701100000	数学
8309800000	北京人口	8701200000	信息科学与系统科学

3.1.2 栏目分类

栏目是根据灰色文献的题材特点对文献进行分类。方略知识管理系统设有知识要闻、国际动态、人物、开放资源、学术站点、研招资料、会议中心、学术指南、必读书目、知识库、基本典籍、课件和视听资料等栏目。

表2-2 方略知识管理系统栏目一览表

序号	栏目名称	子栏目
1	学术站点	科研机构、博硕士点、博士后站、政府科研计划项目与基金、重点实验室、教育机构、行业协会、专业媒体、专业站点、政府机构、相关企业、个人站点、国际组织、核心期刊和开放资源
2	知识要闻	–
3	国际动态	–
4	人物	–
5	研招资料	招生简章、招生目录、招生大纲、参考书目、考试题目
6	会议中心	–
7	学术指南	–
8	必读书目	专科生必读书目、本科生必读书目、硕士生考试参考书目、硕士生必读书目、博士生考试参考书目、博士生必读书目、资深研究必读书目
9	知识库	–
10	基本典籍	–
11	课件	–
12	视听资料	–

3.1.3　行业分类

行业分类法也是很重要的一种分类方法，在经济领域、统计领域、工商管理领域应用很广泛，图书馆开发灰色文献资源有相当部分来自于学术领域以外，对这些资源通过行业分类方法组织起来，对于灰色文献资源的深度挖掘利用很有帮助。

2002 年 5 月 10 日，国家质量监督检验检疫总局批准了国家统计局重新修订的国家标准《国民经济行业分类》（GB/T 4754—2002），并在同年 10 月 1 日正式实施。方略知识管理系统也采用了该标准对于灰色文献资源进行行业组织。

表 2－3　《国民经济行业分类》（GB/T 4754—2002）（节选）

代码				类别名称
门类	大类	中类	小类	
A				**农、林、牧、渔业**
	01			**农业**
		011		谷物及其他作物的种植
			0111	谷物的种植
			0112	薯类的种植
			0113	油料的种植
			0114	豆类的种植
			0115	棉花的种植
			0116	麻类的种植
			0117	糖料的种植
			0118	烟草的种植
			0119	其他作物的种植
		012		蔬菜、园艺作物的种植
			0121	蔬菜的种植
			0122	花卉的种植
			0123	其他园艺作物的种植
		013		水果、坚果、饮料和香料作物的种植
			0131	水果、坚果的种植

续表

代码				类别名称
门类	大类	中类	小类	
			0132	茶及其他饮料作物的种植
			0133	香料作物的种植
		014	0140	中药材的种植

3.1.4 地区分类

灰色文献资源除了具有学科、行业属性之外，还有较强的地域属性，按照地区对灰色文献进行分类，可以满足不同地区用户的对于该地区文献的需求。因此，地区分类也是灰色文献资源组织的一种重要方式。

3.1.5 主题法

主题词表是与分类法并行的一种知识组织方式。据统计，Taxonomy Warehouse中所收录的叙词表数量为 220 个①。《美国国会图书馆标题表》和《联合国教科文组织叙词表》是两种国际上具有代表性的主题词表。《美国国会图书馆标题表》(*Library of Congress Subject Headings*，简称 LCSH)是以美国国会图书馆的字典式目录为基础，以标题语言编制的。LCSH 是目前世界上使用时间最长、使用范围最广、规模最大、影响最大的一部综合性标题表②。《联合国教科文组织叙词表》(*UNESCO Thesaurus*)突破了叙词表囿于专业性词表的限制，实现了分类法与主题法的一体化，新增了词族索引和范畴索引，采用了分面分析和词汇控制技术，首次在分类表中设置了同义词参照，采用了灵活的标记制度，采用计算机辅助编表技术。从 1976 年到 2005 年我国共编制各类词表 130 部左右③，其中最有影响的当属《汉语主题词表》和《中国分类主题词表》。

《汉语主题词表》是由中国科学技术信息研究所与北京图书馆主编，1980 年科学技术文献出版社出版的一部大型综合性中文叙词表，收录正式叙词 91158 条、非叙词 17410 条，范畴类目分为三级。1991 年出版自然科学部分增订本，增补

---

①③ 侯汉清. 网络时代的情报检索语言——进展及热点[EB/OL].[2014 - 02 - 17]. http://www.chinalibs.net/ArticleInfo.aspx? id = 348502.

② 赵晓红，宋晓丹.《美国国会图书馆标题表(LCSH)》的使用方法[J]. 图书馆建设，2003(6).

新词8221条,删除不适用词5434条。《汉语主题词表》涵盖各个学科专业,收词量大,编制体例规范,对推动中国主题标引工作的开展和促进专业叙词表的编制起了重要作用①。《中国分类主题词表》由"分类号—主题词对应表"和"主题词—分类号对应表"两个表组成,是我国规模最大的分类—主题一体化标引工具,共收录分类法类目52992个、主题词110837条、主题词串59738条、入口词35690条,包括哲学、社会科学和自然科学、工程技术等各领域的学科和主题概念②。

灰色文献资源建设中,主题词表是灰色文献资源知识组织体系构建的另一种重要方式。方略知识管理系统主题词表是在借鉴、吸收《中国分类主题词表》《中国大百科全书》的基础上,加上几年来项目本身在生产中积累形成的词库,经过去重、遴选建成的,方略主题词表目前包括各个学科的主题词20多万条,以后还会逐步增加。为方便检索,方略知识管理系统主题词表提供了按照音序浏览和主题词定位检索两种主题词定位功能。图2－2是逐字按照主题词第一字、第二字、第三字音序展开,进而得出图2－3的主题词。除了音序也可以按照检索方式进行定位。点击图2－3的主题词即可检索出与该主题词有关的文章,如图2－4。

图2－2　主题词音序定位

① 汉语主题词表[EB/OL].[2014－02－17].http://baike.baidu.com/view/608618.htm?from_id=2453433&type=syn&fromtitle=《汉语主题词表》&fr=aladdin.

② 《中国分类主题词表》概况[EB/OL].[2014－02－17].http://clc.nlc.gov.cn/ztfzfbgk.jsp.

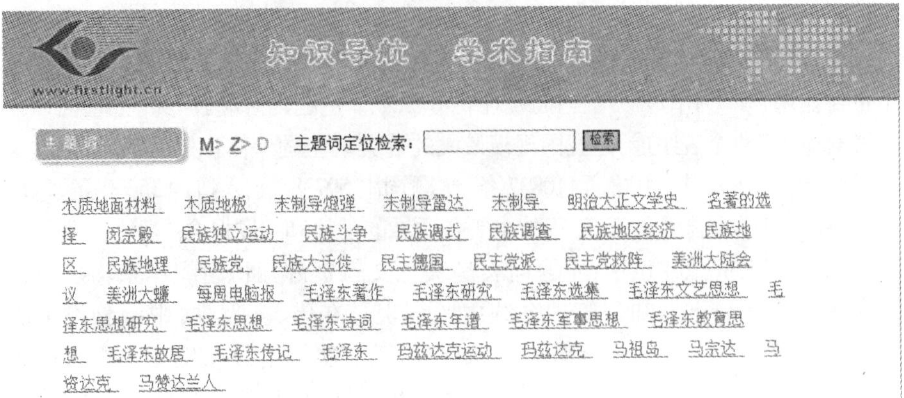

图 2－3　主题词音序定位结果

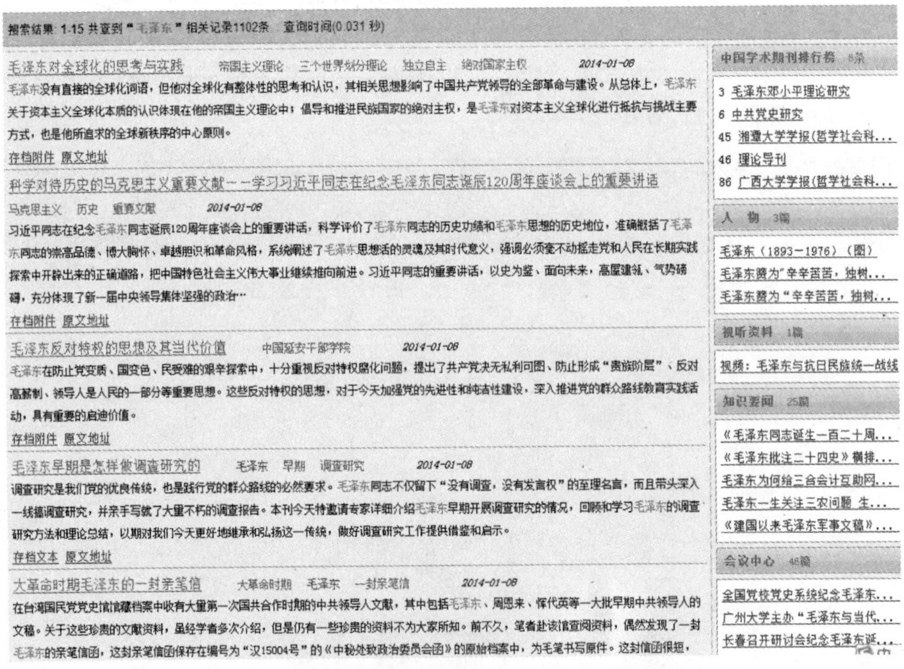

图 2－4　与主题词相关的文章列表

3.2　资源遴选标准

灰色文献浩如烟海，在具体的建设中，要根据读者需求和所建设学科进行全面、深入的搜集和整理，但不能盲目贪大求全，要制定相应的资源评估标准，精挑细选，才能充分保证文献的学术质量。灰色文献资源评估标准将在下文的资源组织中详细介绍，在此就不在细述。

3.3　元数据标准

元数据是描述数据及其环境的数据，是网络环境下，用以揭示和描述文献内容及其特征的数据。通过适当的方式来组织元数据，可实现对数据的查询、检索和管理。元数据是数字图书馆用以进行知识组织和资源发现的重要工具。

灰色资源的元数据是对灰色文献的内容、属性及特征进行描述，并对这些信息资源进行组织、定位、发现、管理，以便于用户对其进行检索和利用的结构化数据。灰色文献种类繁多，载体多样，数量巨大，增长速度快，不同于传统的白色文献，因此必须制定一种适宜灰色文献特征的元数据，才能对其进行有效的管理和利用。灰色文献元数据的制定首先要能够满足用户的使用习惯，如检索习惯、对元数据的理解和接受程度等；其次是满足大规模生产的需要，在保证检索精度与准确度的情况下，尽量做到简单明了，即使是非专业编目人员也能快速理解和使用；再次是要具有一定的通用性，灰色文献种类繁多，各类资源的特点也不尽相同，其元数据应在一定范围内具有通用性，以适应不同类型灰色文献的著录；从次是要有扩展性，由于灰色文献资源的多样性和标准的广泛性，在设计灰色文献元数据标准时，应当为其元数据元素、修饰词及属性值等的扩展留有余地，允许在已规定的元数据内容基础上根据特定需求添加元素或修饰词，并设置一些可供选择的元素；最后则是要有互操作性，鉴于目前元数据标准的多样性，在设计灰色文献元数据时还要考虑其他文献元数据格式间的信息共享、转换和跨系统检索问题，并尽量向一些国际通用的元数据标准靠拢。

在传统的元数据标准中，MARC 数据是目前在世界范围内应用最广泛、最成熟、最完善和最严谨的书目元数据标准，但由于其太过专业和详细，只有专业的编目人员才能理解和使用，不适宜大规模生产；20 世纪 90 年代以来，基于数字信息和网络服务的元数据标准开始出现，到目前为止，已出现了几十种元数据标准，其中以都柏林核心元素集（Dublin Core Element Set，简称 DC 元数据）使用最为广泛。都柏林核心元素集于 1995 年提出，目的就是为非专业人员提供一个能轻易掌握和使用的网络信息描述方式，从而提高网络信息资源的开发和利用。都柏林核心元素集以其简易、通用、灵活的可扩展性成为在世界范围内被广泛使用的网络资源描述元数据集。

方略知识管理系统（http://www. firstlight. cn）的元数据标准就是在参考其他网络资源描述元数据标准的基础上，主要依据 DC 元数据标准建立，考虑到图书馆的实际需要，实现了与 CNMARC 元数据间的相互转换。方略元数据的主要字段包括：标题、作者、单位名称、摘要、关键词、正文、上传附件、附件链接、上传图片、文章链接、站点域名、文章语言、采编时间、出版时间、星级标准、学科、栏目、行业、地区等。其中附件链接、文章链接、站点域名在描述网络资源时选用；标题、作者、单位名称、摘要、关键词、出版时间为必选字段。方略知识管理系统的元数据分属于主表和 10 余个附表中，表 2－4 是主表 infos的主要元数据，表 2－5 是一个附表 user 的主要元数据。

表 2－4　方略知识管理系统主表 infos 主要元数据一览表

序号	字段名	说明	类型	占用字节数	长度	小数位数
1	infoid	ID	int	4	10	0
2	title	标题	nvarchar	2000	1000	0
3	author	作者	nvarchar	1000	500	0
4	keywords	关键词	varchar	4000	4000	0
5	summary	摘要	nvarchar	7980	3990	0
6	content	正文	text	2147483647	2147483647	0
7	kindNo	分类号	nvarchar	100	50	0
8	columnNo	栏目号	nvarchar	1000	500	0
9	imgPath	图片路径	nvarchar	8000	4000	0
10	attPath	附件路径	nvarchar	8000	4000	0
11	pubdate	出版时间	datetime	8	23	3
12	brwsPath	文章链接	nvarchar	1000	500	0
13	sourceTable	来源	nvarchar	100	50	0
14	docurl	附件链接	nvarchar	2000	1000	0

续表

序号	字段名	说明	类型	占用字节数	长度	小数位数
15	editorname	编辑	varchar	50	50	0
16	addtime	采编时间	datetime	8	23	3
17	company	作者单位	varchar	2000	2000	0

表 2－5　方略知识管理系统附表 user 主要元数据一览表

序号	字段名	说明	类型	占用字节数	长度	小数位数
1	id	ID	int	4	10	0
2	loginName	账号	nvarchar	100	50	0
3	password	密码	nvarchar	100	50	0
4	userEmail	用户邮箱	nvarchar	100	50	0
5	username	用户名	nvarchar	40	20	0
6	userType	用户类型	varchar	50	50	0
7	regtime	注册时间	nvarchar	100	50	0
8	endtime	结束时间	nvarchar	100	50	0
9	limitCode	学科限制	nvarchar	8000	4000	0
10	limitIp	ip 限定	nvarchar	8000	4000	0
11	tel	联系电话	varchar	20	20	0
12	company	单位名称	nvarchar	200	100	0
13	account	账户余额	float	8	53	0
14	template	用户模板	int	4	10	0
15	usergroup	用户分组	int	4	10	0

3.4　质量标准

质量标准包括编辑质量与学术质量两种类型的标准。在开发利用灰色文献资源的过程中，应该根据具体情况制定相应的标准。方略知识管理系统在建设过程中通过多次调研、修订而成了《方略知识管理系统资源遴选评估标准》，资源的学术质量主要依据该标准控制。

《方略知识管理系统资源遴选评估标准》是解决学术性问题的重要依据，

而学术性与稳定性是关系学科导航建设成败的两个关键问题。《方略知识管理系统资源遴选评估标准》是综合考虑了定性评估标准与定量评估标准各自的优劣并听取了用户的意见之后反复修改制定出来的。该标准充分借鉴其他领域的研究成果,采用单一标准与多元标准综合应用的方法,以定性评估为主,较好地解决了遴选评估的准确性与评估效率之间的关系。据此,方略对其收录的学术资源评出4个级别:五星级、四星级、三星级、没有星。

表2-6 方略知识管理系统五星级学术机构(站点)遴选评估标准(节选)

五星级★★★★★ 1. 具备下列条件其中之任何一项的学术机构(站点)为五星级: (1)各种国际非政府组织 (2)国家(部)级重点研究基地所在研究机构 (3)国家级科研机构 (4)国家(部)级重点实验室 (5)国家(部)级工程研究中心 (6)国家(部)级技术转移中心 (7)国家(部)级实验室 (8)国家(部)级工程技术研究中心 (9)国家(部)级社科重点研究基地 (10)国家(部)级科研项目 (11)国家(部)级科研基金 (12)国家(部)级科研计划 (13)国家(部)级科研奖 2. 高校的系(或者只含一个系的学院)具备下列条件其中之任何5项(自然科学、工程技术院系)或者4项(人文科学、社会科学院系)为五星级: (1)博士后流动站 (2)博士点 (3)重点学科(参见教育部《高等学校重点学科名单》) (4)最近2年承担国家(部)级项目、获得国家(部)级奖励达到9项以上 (5)硕士点专业排名在1—30名之内(参见《中国研究生教育评价数据库》) (6)拥有院士、国务院特殊津贴专家等担任国家(部)级学术职务的教学、科研人员 (7)拥有国家(部)级人才计划入选者 (8)最近2年被SCI、EI等国外权威检索机构收录的学术成果达到4项以上。

编辑质量标准的制定除了依据国家有关的出版质量标准关于错误率的规定之外，还要根据灰色文献本身的特点制定相应的标准。灰色文献的编辑质量标准应分为通用标准和专用标准。通用标准用于解决灰色文献采编的一般质量问题；专用标准用于解决不同体裁例如学术站点、知识要闻等以及不同载体资源如手稿、古籍等的特殊质量问题。《方略知识管理系统通用编辑规范》是用来规范灰色文献资源采编有可能出现的一些一般性编辑错误，表 2 –7 是《方略知识管理系统通用编辑规范》的节选部分。《方略知识管理系统栏目编辑规范》主要用来规范不同体裁灰色文献的采编内容、数量以及格式等，具体见表 2 –8《方略知识管理系统栏目编辑规范》(节选)。在具体的实践中，该规范还需要根据实际出现的问题不断地进行补充和修改。

表 2 –7 《方略知识管理系统通用编辑规范》(节选)

(1)标题、正文、摘要、关键词中不能出现“我校”“我院”“我系”等字样，应该改为机构全称；标题、摘要、关键词中亦不能出现机构简称，如标题“青海省地防所鼠防研究国际领先”中的“青海省地防所”应改为：“青海省地方病预防控制所”；正文中机构首次出现是不能用简称。

(2)标题、正文、摘要、关键词中不能出现“今年”“本月”“今日”“07 年”等字样，应该改为“某年某月某日”的格式，如 2006 年 3 月 5 日，1997 年 6 月 8 日，具体的年度不能简写。

(3)标点符号、英文字母和阿拉伯数字格式：中文文献的标题、正文、摘要中的要使用中文标点符号、半角英文字母和半角阿拉伯数字，如正文中有英文段落，其标点符号使用英文标点符号；英文文献的标题、正文、摘要中使用英文标点符号和半角阿拉伯数字。

(4)如果正文中有插图，标题末尾应加上“(图)”。
示例：美国著名物证鉴定专家李昌钰教授访问中国人民大学(图)

(5)多个作者、多个单位、多个关键词、多个知识元、多个来源之间用中文半角逗号(,)隔开。

(6)两字姓名的作者，姓名之间不能出现空格。
示例：张叶(正确)，张　叶(错误)。

(7)摘要、正文中的网址、E-mail 都要加上链接。

(8)正文内容尽量采用页面格式，版式复杂、含有公式图表，页面不能表现的，根据情况采用 pdf、word 或 excel 格式的附件；文中部分内容插件需要使用超链接语句链接插件；全文插件在正文部分应留有不少于 200 字的正文内容。

续表

(9)作者、单位必须是原创作者和单位,而不应是转载作者和单位。 (10)编辑作者字段时,作者姓名后面如有"编译""整理""执笔"等字样时,应把这些字样去掉。 (11)文章链接是采编资料的来源网址,但学术机构(站点)的文章链接是该站点的域名或网址。 (12)正文接受的图片格式为 jpg、jpeg、gif、tif、bmp、swf。对于网络文献,如图片上传后模糊,则将图片格式转换为 gif 格式后上传。 (13)文献分类尽量具体到三级学科。对于交叉学科的文献根据情况给出相关若干学科分类。 (14)中文文献的正文和摘要,作者单位来源等一率用中文简体。 (15)杂志、期刊、书籍标题一律加中文书名号。

表 2-8 《方略知识管理系统栏目编辑规范》(节选)

1. 学术人物编辑规范 ①当代人物编辑规范: 题目结构:学术职称+单位+职务(没有职务不写)或硕士生(博士生)导师+姓名+职称(职称在副高以上)。 示例:华中科技大学激光技术与工程学院博士生导师李再光教授 中国社会科学院博士生导师刘小玄研究员 大连理工大学附属学校校长杜欣特级教师 作者:作者即为人物所在单位。 摘要结构:姓名+单位+职务+职称+社会职务+主要著作+获奖情况,不超过150字。 示例:李再光(Li Zaiguang),激光与光电子学教授、博士生导师。长期从事高功度 CO2 激光器及其应用、激光海洋测深和新型激光器的研究工作,是我国高功率针—板放电横流连续 CO2 激光器及其应用于热处理的开拓者。1980 年以来,他获得奖励 12 项,是"国家级突出贡献专家",激光技术国家实验室的创始人。已发表科技论文 150 多篇。 关键词:职务、职称、单位、主要研究方向 示例:教授,博士生导师,激光,光电子 正文结构:姓名+出生年月+籍贯+单位+职务+职称+社会职务+毕业时间+毕业院校+研究方向+主要著作+主要论文+科研工作+曾经担任职务+获奖情况。

续表

来源:人物所在单位。 注:如人物的著作、论文或科研成果内容较多,且可下载全文 pdf、PS 或其他格式文件,可做成个人站点。站点摘要和正文均为人物摘要。 ②已故国内外专家、学者、科学家(必须是各领域有突出贡献的人物)编辑规范: 题目结构:"原" + 单位 + 职务 + 职称 + 名称 如:原清华大学校长、教育部部部长蒋南翔 单位作者来源均为人物原单位。关键词同当代人物。 如果是由其他作者写作的已故科学家传记性文章,标题则采用原文章标题,作者为文章作者,单位来源为作者单位。 关键词:主要研究方向或突出贡献 + 姓名 ③古代人物编辑规范: 标题结构:朝代 + 学科领域 + 家 + 姓名,示例:北魏杰出的农学家贾思勰 摘要:姓名 + 朝代 + 生卒年代 + 所属学科 + 主要贡献。示例:贾思勰,南北朝北魏人。籍贯、生卒年不详,约活动于公元 6 世纪前半叶。农学、食品科学、农业经济学。著有《齐民要术》。 关键词:朝代 + 所属学科 + 主要著作或研究方向 + 姓名 作者为文章作者,单位来源为作者单位。 注:在分类方面,古代科学家除分在相关学科外,还须分在科学技术史相关学科下面。 ④国外学术人物编辑规范: 标题:以下为标题的几种格式 Dr. Christopher A. H. Paul, Department of Mathematics at the University of Manchester Professor Nick Higham, Department of Mathematics at the University of Manchester Dr. Josef Schicho, Professor of Johann Radon Institute for Computational and Applied Mathematics(图) Dr. Franz Winkler, Chairman of Research Institute for Symbolic Computation Linz, Austria(图) 摘要:可采用原文提供的人物简介第一段内容,如原文没有提供人物简介,可采用如下方式:标题内容 + 人物的研究方向。 示例:Dr. Franz Winkler, Full Professor, Chairman of the Research Institute for Symbolic Computation at the Johannes Kepler University Linz, Austria. Research Interests: Symbolic and algebraic computation (computer algebra); Algebraic and differential elimination theory; Algorithms in algebraic geometry; Term rewriting systems; Equational theorem proving. 关键词:职称 + 职务 + 单位 + 研究方向,采用中英文对照方式

不同载体资源数字化加工标准可参照科技部科技基础性工作专项资金重大项目研究成果《我国数字图书馆标准规范建设》子项目《数字资源加工标准与操作指南》中的相关标准执行。

为保证产品质量,还要制定相应的质量核查标准,对文献建设中的一项或多项质量特性进行核查、检验,并将结果与规定的质量要求进行比较,从而判断每项质量特性是否合格。质量核查标准是文献学术质量和编辑质量的有效保障。在具体的实践中,如果是大规模的生产可采用抽检的方式,生产规模小则采用全数检查方式。可针对每位编辑人员每日的编辑数据,由质检人员抽检10%,并由此计算出日编辑数据不合格率,即:不合格率=不合格数据量/抽检数据量×100%,并制定一定的奖惩措施。质量检查应具有回溯性,即质检时发现上一个质检时间段的质量问题同样按照标准进行奖惩。由于图书馆人员数量有限,大规模的生产可考虑实行外包,生产加工标准由图书馆提出,质量核查标准可由承包方制定并执行,但图书馆要制定最终的验收标准,以保证文献质量能够真正达标。

4 技术平台

灰色文献资源开发利用平台的设计首先要符合用户的使用习惯,为用户提供多种灵活方便的检索和浏览方式,还要方便用户进行互动、交流和咨询;其次要从编辑加工人员的角度考虑,操作界面要体现人性化设计,功能设计要易于生产人员提高工作效率;再次应采用模块化设计,并考虑新技术的发展使整个系统具有总体设计的前瞻性和可扩展性,易于进行技术和功能的升级;最后还要保证整个平台易于维护和管理,从而节约运行成本。平台可以采用Windows、SQL Server、Java和ASP.NET搭建的开发环境,也可以考虑由开源软件搭建的开发环境,综合应用web技术、数据库技术、博客技术、RSS技术、搜索引擎技术、维基技术、知识管理技术等,使整个系统平台坚固、灵活、效率高、易于维护。

4.1 技术架构

方略知识管理系统采取了表现层、业务层和数据层的三层技术机构(如图2-5)。表现层(UI)用于用户接口的展示,并用业务层的类和对象来“驱动”这些接口。在ASP.NET中,该层包括aspx页面、用户控制、服务器控制以及某些与安全相关的类和对象。业务层(BLL)用于访问数据层,从数据层取数据、修改数据以及删除数据,并将结果返回给表现层。在 ASP. NET 中,该层包括使用 SqlClient 或 OLEDB 从 SQL Server 或 Access 数据库取数据、更新数据及删除数据,并把取得的数据放到 DataReader 或 DataSet 中返回给表现层。返回的数据也许只有一个整型数字,比如一个表的行记录数目,但这也要用数据层的数据进行计算。数据层(DAL)所做事务直接操作数据库,针对数据的增添、删除、修改、更新、查找等。根据方略知识管理系统的业务需求,可抽象出其总体结构图(图 2－6)。

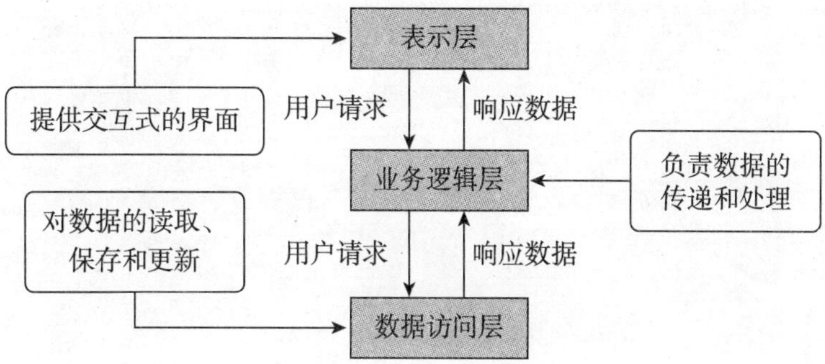

图 2－5　方略知识管理系统三层技术架构

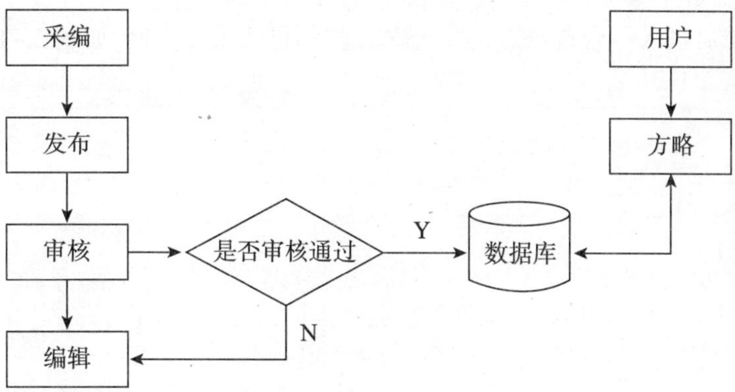

图 2－6　方略知识管理系统总体结构图

4.2　生产系统

从应用层面讲,灰色文献资源开发利用平台可以分为两个部分:生产系统和读者系统。生产系统包括采编子系统、存档子系统、发布子系统。通过采编子系统可对文献进行编辑、标引,最后利用存档子系统进行本地存档。经过编辑、存档的文献最后通过索引子系统建立全文索引文件进行发布。下面以方略知识管理系统 V5.0 为例介绍生产子系统的组成、功能及使用流程。

4.2.1 登录

为便于生产管理,系统为每个生产系统的用户建立了账号和密码,用户用自己单独的账号和密码进行登录。根据权限不同,生产系统的用户分为超级管理员、管理员、编辑人员、共建用户 4 个级别。登录界面如图 2－7 所示。

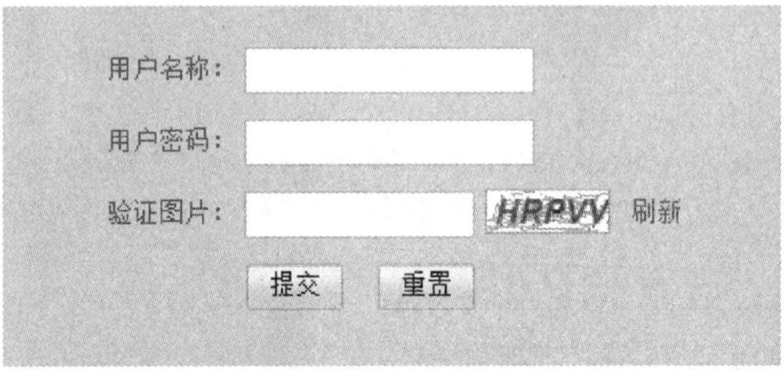

图 2－7　生产系统登录界面

4.2.2 资源采编

登录后进入平台首页点击“资源管理”即进入采编页面,如图 2－8 所示。

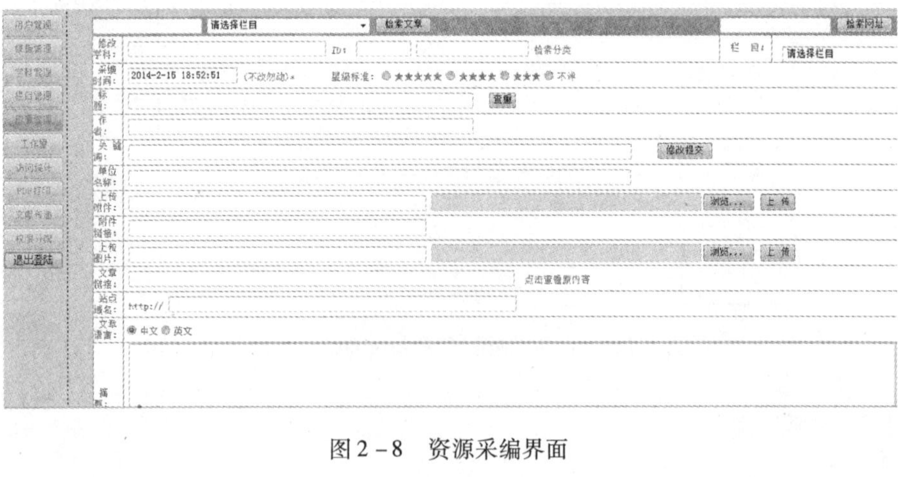

图 2－8　资源采编界面

第一,查重。首先将文献标题粘贴到标题框,点击后面的“查重”按钮,系统自动依据标题查重,如图2-9。如查重结果显示为“无”,则表示该篇文献还没有被采编入系统;如查重结果显示为文章标题,则表示该篇文献已经采编。查重之后发现没有重复即可进行采编了。需要注意的是,查重时可以只输入标题中的一部分即可,这样可以把相关的文献都查出来,以判断是否采编过相似的文献,以免重复采编。

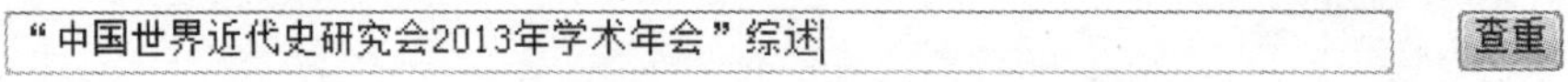

图2-9　标题查重

第二,栏目选择。点击选择栏目选框,选择文献所属的栏目,如图2-10。

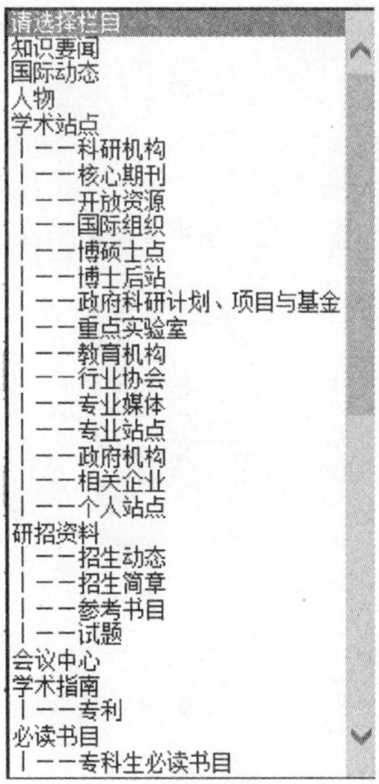

图2-10　选择栏目

第三,出版日期。出版日期为文献本身的最初发布日期,如会议通知的公开发布日期、内部刊物的发行日期、单篇文献在一定范围内的公开日期等。整篇文献采编完成后,系统会自动产生采编日期,即文章提交完成的时间,用以记录文献加入系统的时间。

第四,学科分类。若要将文献分到所属学科,可以通过点击“修改学科”右边的输入框,弹出学科门类如图2－11,点击“历史学”,则弹出历史学一级学科分类,以此类推,直到找到合适的学科,点击“完成”按钮,即完成文献分类,如图2－12—图2－14。

哲学	经济学	法学
教育学	文学	历史学
理学	工学	农学
医学	军事学	管理学
旅游学	文化学	特色库

图2－11　学科门类

历史学>>

历史学	考古学

图2－12　历史学一级学科

历史学>>历史学>>

史学史	史学理论	历史文献学
中国通史	中国古代史	中国近代史、现代史
世界通史	亚洲史	非洲史
美洲史	欧洲史	澳洲、大洋洲史
专门史	历史学其他学科	

图2－13　历史学二级学科

历史学>>历史学>>世界通史>>

原始社会史	世界古代史	世界中世纪史
世界近代史	世界现代史	世界通史其他学科

图2－14　历史学三级学科

通过检索也可以选择文献分类,如可以在检索分类左边的输入框中输入"近代史",点击"检索分类"按(图2-15),在弹出的检索结果中选择"世界近代史"(图2-16),点击"完成"按钮,完成分类。完成分类后,学科名称和分类号会自动出现在学科修改输入框和ID输入框(图2-17)。如需要修改学科,可重复上述操作。

图2-15　学科检索

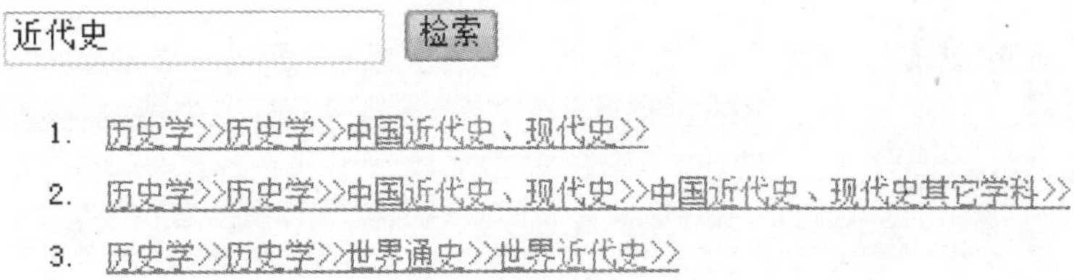

图2-16　学科检索结果

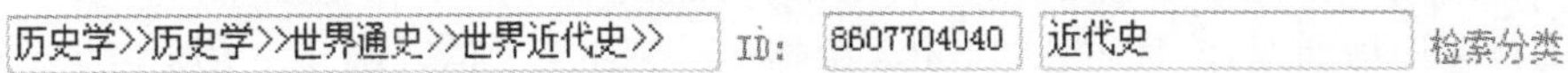

图2-17　选择学科

对于交叉学科的文献,可以赋予文献多个学科属性。具体操作是点击"检索分类"右边的"附属学科详情",弹出选择学科对话框(图2-18),通过点击选择学科右边的输入框,选择所需学科,最后点击附加学科按钮,完成操作。

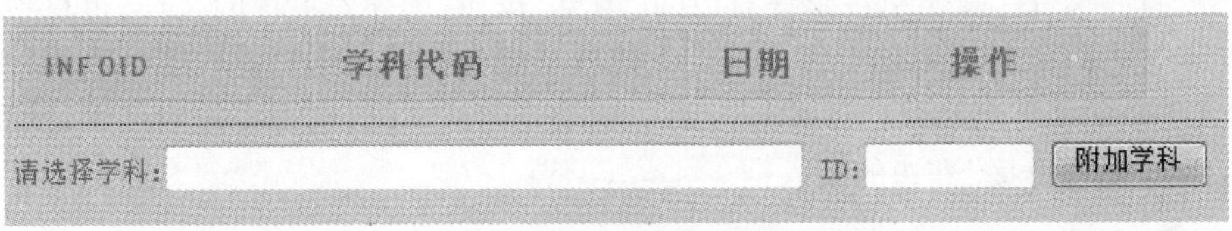

图2-18　添加附属学科

第五,依次输入标题、作者、单位、关键词、摘要和正文。如果是网络文献,还需要把文献的网址和所在网站域名分别输入文章链接和站点域名输入框,如图2-19。

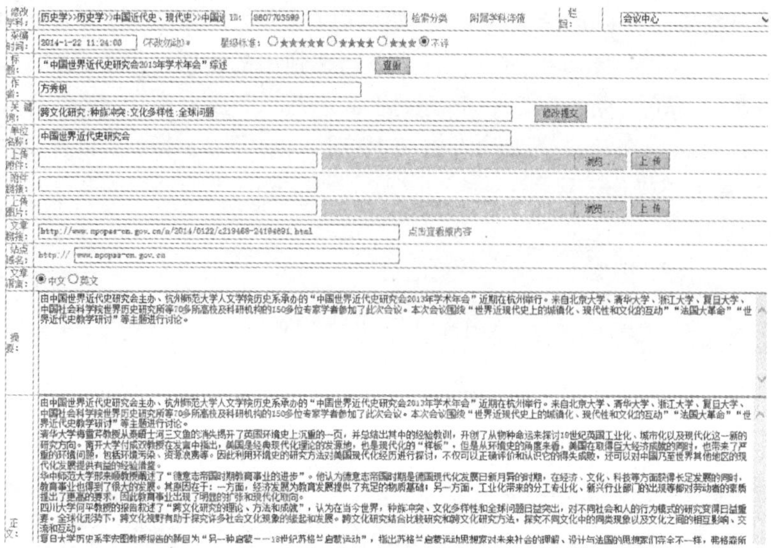

图 2-19 采编好的元数据

第六,上传图片。如文章带有图片,则点击上传图片右边的“浏览”按钮,选择要上传的图片,再点击“上传”按钮,完成图片上传。图片上传后系统会自动根据上传日期赋予图片新的文件名和路径,如图 2-20。

图 2-20 上传图片

第七,上传附件。可上传不同格式的文献附件,如 pdf、xls、doc 等,或视频、音频文件。点击上传附件右边的“浏览”按钮,选择要上传的文件,再点击“上传”按钮,完成附件上传。附件上传后系统会自动根据上传日期赋予附件文件新的文件名和路径,如图 2-21。如果是网络文献,则需要把附件网址输入至“附件链接”右边的输入框。

图 2-21 上传附件

第八,最后选择文章语言和星级标准(图 2-22),修改提交后,完成一篇文献的采编。

图 2－22　选择星级

第九,文章修改。在资源管理模块,通过检索文献标题或直接在文献列表里直接点击标题对已经采编的文献进行修改,如图 2－23 所示。经过编辑和修改后的文献会实时出现在用户前台,供用户浏览检索。

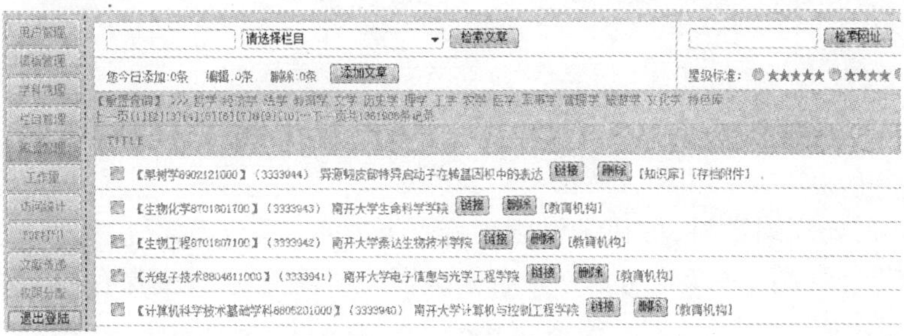

图 2－23　已经采编好的文章

4.2.3　学科管理

通过学科管理可以对各级学科进行增加、删除或修改。在生产管理系统首页点击“学科管理”模块,进入学科管理首页,如图 2－24 所示。例如,点击“哲学”学科右边的修改或删除按钮,可对“哲学”学科进行修改或删除。图 2－25为点击“哲学”学科的修改按钮后弹出的修改页面,可修改的信息包括学科名称、代码、级别以及备注。

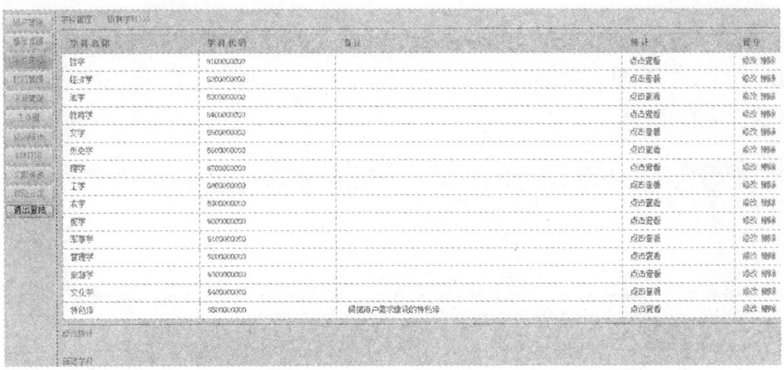

图 2－24　学科管理页面

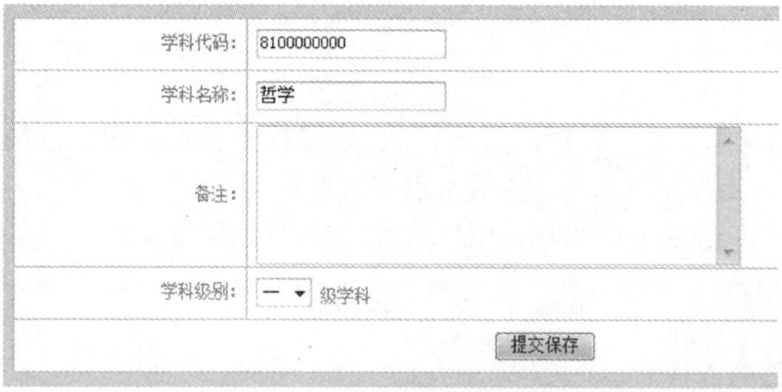

图 2－25　学科修改页面

如需要新建学科，可在学科管理首页下方点击“新建学科”按钮，进入新建学科页面（图 2－26），可以新增各个级别的学科类别，提交保存后生效。

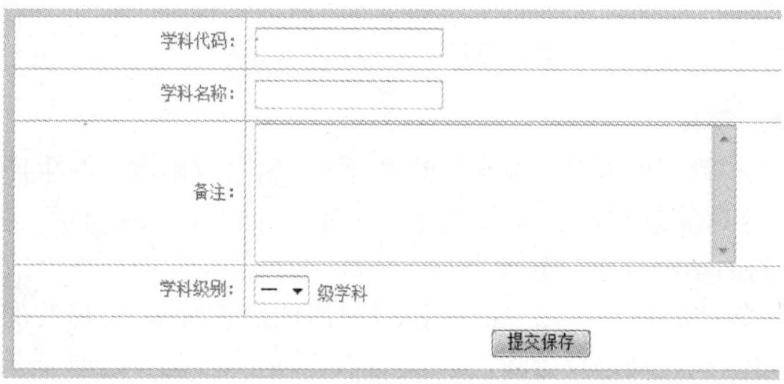

图 2－26　新建学科页面

此外，还可以通过点击各学科右边的“统计”按钮，查询各学科的文献数量，如图 2－27 所示。

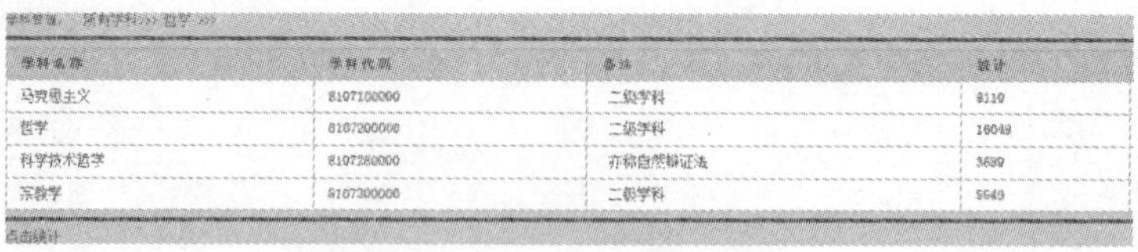

图 2－27　学科文献数量统计

4.2.4　栏目管理功能

可进行栏目的增加、删除和修改，并可统计各栏目文献总量。

4.2.5　工作量统计功能

可对不同编辑人员的工作量进行管理和统计，图 2－28 是部分采编账号列表，点击“查看详情”即可看到每个账号最近一个月的工作量（图 2－29），也可以按照起止时间进行查询。点击对应的数字可以看到具体的采编文章列表以及每个学科的文章数量，如图 2－30 所示。

图 2－28　部分采编账号列表

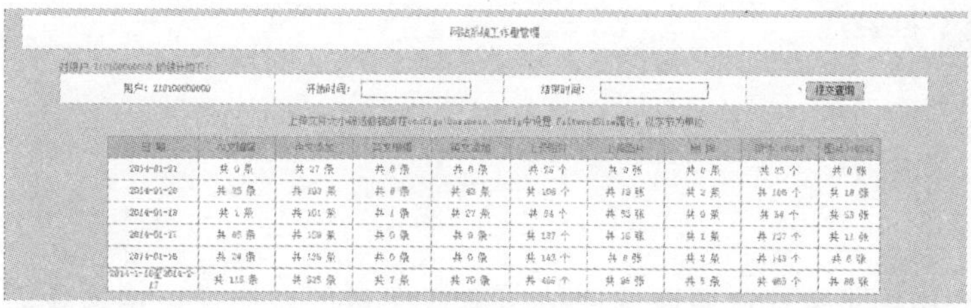

图 2－29　最近一个月的工作量

图 2－30　工作量具体情况

4.2.6 其他功能

生产后台还包括:权限分配模块,对编辑人员的权限进行管理;文献传递模块,回复和管理读者的文献传递请求。

4.3 读者系统

读者系统包括检索子系统、学术社区子系统、博客子系统、在线百科子系统、用户管理子系统、流量子系统、版权保护子系统等。读者系统为读者提供了灰色文献的使用环境,读者可以按照学科、主题、栏目浏览相关文献,也可以通过标题、作者、单位、关键词、摘要、网址、图片、全文、精确、模糊、二次检索等检索功能对相关内容进行方便的检索。通过读者子系统,可以进行 IP 用户、单机用户、流量用户等类型的用户管理。

本书将在第三部分"灰色文献资源开发利用案例"中对读者系统详细介绍,这里不再赘述。

5 资源组织

资源组织是依据资源遴选评估标准从大量的灰色文献中遴选自己所需要的文献,然后利用灰色文献资源建设技术平台进行采集、编辑和标引,为灰色文献资源的开发利用奠定基础。制定资源遴选评估标准之后,关键是如何落实标准。

因为灰色文献中,有相当一部分是以数字资源形式存在于互联网之上的,因此,这里就以互联网上的灰色文献的组织为例说明这个问题。互联网上灰色文献资源的组织实质上就是一个遴选和获取的问题,将根据一定遴选评估标准遴选出来的文献获取到技术平台上,然后才能进行编辑加工,也就是元数据标引。

5.1 资源组织方式

获取互联网上的灰色文献的方法有两种。一种方法是采用计算机,一种是采用人工。先说计算机这种获取方式,这种方式通常是开发一种自动抓取网页的程序进行资源的获取,抓取网页之前可以先设定关键词、域范围以提高网页抓取的准确性。计算机抓取具有速度快的特点,一般每秒钟可以抓取几页到十几页的内容。但是计算机抓取有一个很大的问题，就是冗余数据多，“去噪”不彻底。先看冗余数据的问题，虽然现在智能技术很发达，计算机程序在抓取之前可以设置一定的条件，缩小抓取范围，提高获取资源的精准度。但是无论如何，计算机达不到人类这样的智能水平，即便设定了关键词，由于被抓取的网页内容与设定的关键词相关性各异，使得大量相关性很弱的网页也被抓取到系统中，这样造成了大量的冗余数据甚至无效数据的存在，还需要人工从中将我们需要的高品质灰色文献遴选出来，这个工作量非常之大。方略知识管理系统建设初期，曾经采用过计算机自动抓取技术来获取文献，虽然在对每个站点的抓取前都进行了个性化的设定，但是短短一个月下来抓取到的文章数量多达1000多万条，而这其中我们需要的有效数据大约不到2%，要将这不到20万条的数据从1000多万条数据中遴选出来，需要大量的人工操作。不得已只好放弃了计算机获取的办法，而采用人工的办法。计算机抓取造成的麻烦不仅如此，由于计算机每次抓取都需要和系统内已经抓取到的数据进行比对，确定正要抓取的网页是否被抓取过，因而已经抓取到系统内的数据无论是不是有效数据都不能做物理删除，需要一直保存下来，否则计算机还会将其抓取进来的。这就会造成系统冗余数据越来越多，系统资源消耗越来越大，系统效率却越来越低，大量的硬件资源被用来存储无效的数据。另外，计算机抓取“去噪”不彻底。不少网页上有许多与内容无关的广告信息、图片和程序代码，这就是“噪声”，灰色文献开发利用需要将这些“噪声”去除。使用计算机抓取，并不能将网页上的“噪声”彻底去除。

人工方式可以有效克服计算机获取方式的上述弊端，具有准确性高、没有冗余数据、“去噪”彻底等优点，但是人工采编方式具有一个很大的不足，就是速度慢。我们如何才能从大量的灰色文献中比较快地获取到我们所需要的文献呢？

5.2 “核心站点”

方略知识管理系统在多年来的生产实践中，创造性地提出了“核心站点”的概念，并将其运用到灰色文献资源开发利用过程中，较好地解决了人工方式进行资源组织存在的速度慢的问题，并且很好地保证了资源的学术质量和品质，克服了资源建设的随意性和盲目性，真正将高品质的灰色文献遴选出来，进而提高了其利用率，最大限度地发挥了灰色文献资源的效能。“核心站点”是借鉴核心期刊的概念提出来的，指的是某一领域或者某一学科最有影响力的学术站点,灰色文献资源开发利用,只要将某个领域和学科的“核心站点”抓住,则基本上可以将该领域和学科80%的高品质灰色文献覆盖住,可以起到事半功倍的效果。方略知识管理系统是通过两个层面的工作完成资源组织工作的。其中第一个层面就是确立每个领域或者学科的“核心站点”,“核心站点”的确立主要依据《方略知识管理系统资源遴选评估标准》进行,而该标准目前主要采取定性评估与定量评估相结合以定性评估为主的方式进行,将来逐步过渡到定性评估与定量评估相结合以定量评估为主的方式,在评估中借鉴了其他研究机构最新的研究成果。每个领域或者学科的“核心站点”确立以后并非一成不变,而是根据情况每半年调整一次,进行必要的增删,以保证“核心站点”的有效性。

表2-9　马克思主义学科部分核心站点

核心站点	网址
中央编译局	http://www.cctb.net/
中央文献研究室	http://www.wxyjs.org.cn/
全国哲学社会科学规划办公室	http://www.npopss-cn.gov.cn/
中国社会科学院马克思主义研究院	http://myy.cass.cn/
南京大学马克思主义社会理论研究中心	http://www.ptext.cn/
中国人民大学马克思主义学院	http://marx.ruc.edu.cn/
武汉大学马克思主义学院	http://www.marx.whu.edu.cn/
北京大学马克思主义学院	http://web5.pku.edu.cn/mlxy/
清华大学马克思主义学院	http://www.tsinghua.edu.cn/publish/max/index.html
北京大学邓小平理论研究中心	http://web5.pku.edu.cn/dxp/
中国社会科学院国际合作局	http://bic.cass.cn/index.asp
中国社会科学报	http://www.csstoday.net/
光明日报理论版	http://www.gmw.cn/content/node_11030.htm
人民日报	http://paper.people.com.cn/rmrb/
求是	http://www.qstheory.cn/zxdk/
北京日报理论周刊	http://www.bjd.com.cn/10llzk/

5.3　篇章级遴选

确立了每个领域或者学科的核心站点之后，接下来需要进行篇章级文献的遴选，这项工作也是由具有专业背景的编辑来完成的。根据工作计划，编辑要对自己负责的领域或者学科的核心站点定期进行人工浏览、遴选和采集编辑。

在遴选时首先要将无用的或者不需要的文献剔除，这里的剔除就是通过浏览判断不需要采集的网页。剔除的主要依据就是《方略知识管理系统资源遴选评估标准》，编辑根据标准的规定和自己所负责的学科、栏目的要求，对于学科和栏目无关的、质量不高的文献不予采编，具体见表 2 - 10 和表 2 - 11。对于那些需要采集的文献，则根据标准给出星级标准。需要强调的是，评估规范的制定要充分考虑可操作性和切实的指导性，不能过于复杂，难以操作；亦不能太过简单，失去其指导意义。

表 2 - 10　《方略知识管理系统资源遴选评估标准》之资源剔除规范（节选）

1. 通用原则：非学术性的、重复的、垃圾记录必须删除。 2. 以下情况的记录应该删除： ①单位组织或举办的文体活动的通知及报道，职工或学生参加的与本单位学术研究无关的社会活动、公益活动的报道。 例：我所举行职工排球比赛 ②党务、行政、后勤工作的通知、报道。 例：认真学习胡锦涛的重要讲话 ③各网站的改版公告或通知、有关如何使用该网站的帮助性文件、网络管理办法、非计算机专业类网站的各类办公应用软件（如杀毒软件）使用介绍，网站评比等。 例：关于《中国防洪抗旱减灾网》改版公告 ④各单位或学校的论文格式表，职称或资格申请表、鉴定表，单位行政、人事或财务管理需要填报的表格，如报销表删除，一般会有空白的表格供读者下载，抓取时只能抓到题目；单位的行政管理，人事和财务类文章删掉。 例：杰青基金获得者申请入选“百人计划”备案表 ⑤单位与招聘相关的文章，如招聘启事、通知和公告、招聘工作流程等 ⑥站点的友情链接或相关链接页面（有的站点称为网络资源）。 例：中国科学院生态环境研究中心的友情链接。

续表

⑦各单位重要学术活动中不涉及学术内容的茶话会、文艺表演(艺术类站点除外)的报道。 ⑧各类会议的会务文章删掉,如人员接送,会费等,但如这些信息和会议通知放在一起,则保留。 例:大会车务接送安排和注意事项 ⑨会或学会的会员服务内容删掉,如入会申请,会员权利义条,会费,会员证的发放及办理等。 例:如中国细胞生物学会会员的权利和义务 ⑩广告。 ⑪重复的内容,包括人物介绍,会议纪要,各类学术活动报道,保留内容较全面的记录;标题和主题相同,但作者、正文内容不同的论文和论述性文章不在删除之列。 ⑫科普类记录。 例:经常喝茶能防蛀牙 ……

表 2-11 《方略知识管理系统资源遴选评估标准》之资源保留规范(节选)

3. 符合学术性要求的以下记录应该保留: ①学术会议通知,但会务通知要删除;学术会议的几轮通知,保留内容最为全面的通知。 ②学术会议纪要、报道。 ③具有姓名或标题的学术人物照片。 ④重要学术单位或人物的来访等学术交流记录。 ⑤重要学术人物、著名学者的相关记录,比如悼念文章、讣告,院士推荐名单、院士当选报道。 例:沉痛悼念姚鑫院士 例:关于学会推荐两院院士名单公示的通知 ⑥学会或协会的常务会议文章。 ⑦各类研究机构,一级学会举办的高级学习班(讲习班)或培训班(学员为硕士以上)的通知和报道。 例:第一届小鼠基因组改造及疾病模型暑期学习班总结 ⑧核心期刊的编委会会议报道或纪要、读者与编者座谈会报道或纪要 例:第六届《力学与实践》编委会第一次全体会议纪要

续表

⑨学术单位和研究人员名单。 例:实验室学术委员会成员固定人员——北京大学湍流与复杂系统国家重点实验室 ⑩国务院发布的有关法律法规的通知。 ⑪填写好的科研项目申报书、学术基地申请评审书、学术基地评估报告书等。 例:普通高等学校人文社会科学重点研究基地评估报告书(十一) ……

6　生产体系

灰色文献资源的持续发展依赖于持续的生产作业。从不少图书馆开展学科导航和特色库建设的经验来看,在生产组织方面还是存在着很大的改进空间的。图书馆作为一个知识服务机构,在组织生产方面存在着一些先天的不足,首先就是缺乏生产人员编制和经费支持,除了高校图书馆在征集本校学位论文过程中的地利人和之便外,在其他领域灰色文献资源的建设过程中存在着不少问题,在生产上由于各方面的制约同样存在着不少困难,影响了灰色文献资源开发利用的可持续发展。

就生产的组织方式来说,存在着两种方式可供选择:一种是集中式生产方式,一种是分布式的生产方式。分布式生产方式指的是生产人员分布在不同的物理空间进行生产的模式,分布式生产具有灵活、不受加工人员时间局限等优点,但也存在着生产没有细密的计划、效率低下、反馈不及时、不能形成协同效应、不能及时定制生产等诸多弊端。这些弊端使得图书馆利用灰色文献资源提供持续服务的效能受到很大影响,不利于持续发展。而集中式生产采取统一运营的模式,开发统一的技术平台,制定统一的资源组织与评估标准,采用相同的生产工艺集中生产,有效地对各生产要素进行最优化的组合,可以进行定量、定时的生产,可以根据用户的反馈及时调整生产,可以及时实现定制生产,可以对数据内容及时进行持续维护,可以及时共享生产工艺的改善,可以实现“1 +1 >2”的规模效益。从而有效克服分散运作的弊端,有效降低运营成本,降低无谓的投入,实现硬件、软件、应用系统、人才、技术、管理、理念的快速、高度共享,使得参建单位尽快享受到最新的发展水平。

持续发展依赖于持续的生产作业。在生产的组织管理方面，方略知识管理系统通常设置由采编员、编辑、主管三级岗位组成的系列作业体系。项目主管负责学科设置、内容建设、资源评估等宏观工作，类似于报刊的主编岗位。编辑负责包括若干个学科在内的学科群建设并指导采编员的工作，包括指引学科群的建设重点、平衡学科群各学科之间容量、采编国外资源等。采编员具体负责某些学科的内容建设，包括网络资源的获取、采集和发布等。为保证行业、学科、栏目的均衡发展，方略在生产过程中严格按照行业、学科、栏目建设规划进行生产，每个行业、每个学科、每个栏目所收录资源的数量都要按照规定的标准执行，不允许出现大的偏差。对于国内学术资源和国外学术资源的比例也做了明确的规定。如果由于各种原因出现了学科或栏目之间的不平衡，编辑会随时根据情况采取措施予以校正。为保证生产质量，制定并实行了严格的质量检验制度，对于质量检验的时间、范围、方式做了细致的规定。同时定期举办相关学科工作人员工作讨论会，就生产过程中的有关问题进行交流和讨论，达到经验、知识共享的目的，提高工作人员的能力和水平。

7 长期保存

灰色文献资源数字化以后形成数字资源。“数字资源因为检索方便、传输快捷、无复本限制的优点受到知识服务机构和读者的欢迎，因此，随着时间的推移，数字资源将逐步超过非数字资源成为图书馆第一大资源。但是，由于数字资源格式和载体的多样性及其对环境的依赖性，数字资源比印刷版资源更具脆弱性。因此，数字资源的长期保存、保护与管理成功与否直接关系到图书馆战略竞争力的强弱。”①

国内外都十分重视数字资源的长期保存问题，将其提升到保护文化遗产的战略高度来看待。美国国会在 2000 年 12 月通过一项法案，授权美国国会图书馆领导实施国家数字战略行动——“国家信息基础设施和保存计划”，与美国重要政府部门和拥有收集与保存数字内容专长的机构合作开展数字资源长期保存工作；2006 年，欧洲启动了“欧洲数字保存”项目，开展数字资源长

① 刘锦山. 数字资源如何长期保存[N]. 中国文化报，2009 - 03 - 09(4).

期保存工作①。国内方面,国家图书馆从 2000 年起就有计划地对特色馆藏资源进行数字化,主要建设全文影像资源、全文文本资源及音视频资源②;中国科学院国家科学图书馆 2004 年就开始跟踪研究数字资源长期保存,并启动了相关研究实验,中国科学院国家科学图书馆拟建设一个国外科学、技术、医学文献数字保存网络(Chinese Digital Achive Network of Foreign STM Literature)③。灰色文献资源开发利用单位如何根据本单位和项目的情况做好灰色文献的长期保存工作呢?

7.1　本地存档

经过千辛万苦搜集、遴选、加工和采编而来的灰色文献资源,将其数字化进入到灰色文献系统平台后,工作并没有结束,为了实现可持续发展,需要对灰色文献资源进行存档,并在此基础上加以推广利用。一般情况,图书馆对于传统载体资源的存档保存都比较重视,但是对于数字资源的存档有时候重视不够,尤其是对于互联网上灰色文献资源的长期保存重视不够。存档一定要将每篇文献的网页、照片、附件都保存下来,这样才具有文献价值和历史价值。现在的搜索引擎都提供网页快照的存档方式,这种存档方式有比较大的缺陷,就是存档的内容一部分保存在搜索引擎的服务器那里,一部分保存在网页原来所在的服务器上,这样,当网页原来的服务器宕机或者出现故障时,调出来的网页快照是不全的。因此,我们进行存档就要克服网页快照这种弊端。

除网页快照之外,"存档方式有两种:文本存档和原生态存档。文本存档是去除了页面上与文本内容无关的一切东西,包括版式、图片、相关文献、站点标记、地址等。而原生态存档是全息存档,是'原汁原味'的,保留了页面上包括文本、版式、图片、相关文献、站点标记、地址等全部内容。原生态存档对于互联网学术资源的保存、利用、研究有着十分重要的意义,随着时间的推

---

① 刘锦山. 数字资源如何长期保存[N]. 中国文化报,2009-03-09(4).

② 张贺. 数字图书馆正向我们走来——透视国家数字图书馆工程[N]. 人民日报,2007-9-1(6).

③ Zhang X L. Chinses National Archival Netwok for Digital STM Material[EB/OL]. [2014-02-16]. http://ipres. las. ac. cn/pdf/IPRES2007-XiaolinZhang. pdf.

移,这种意义会愈加被人们所理解和重视”①。图 2 - 31 是方略知识管理系统 2008 年 1 月 2 日保存下来的武汉大学哲学学院网站的一张网页,现在用以前的链接再访问这张网页时,这张网页已经不在了。由此,我们可以看到对于高品质灰色文献资源的原生态存档的重要意义所在。原生态存档对于灰色文献资源的开发利用时必不可少的组成部分,存档之后灰色文献资源开发利用才能彻底解决后顾之忧。

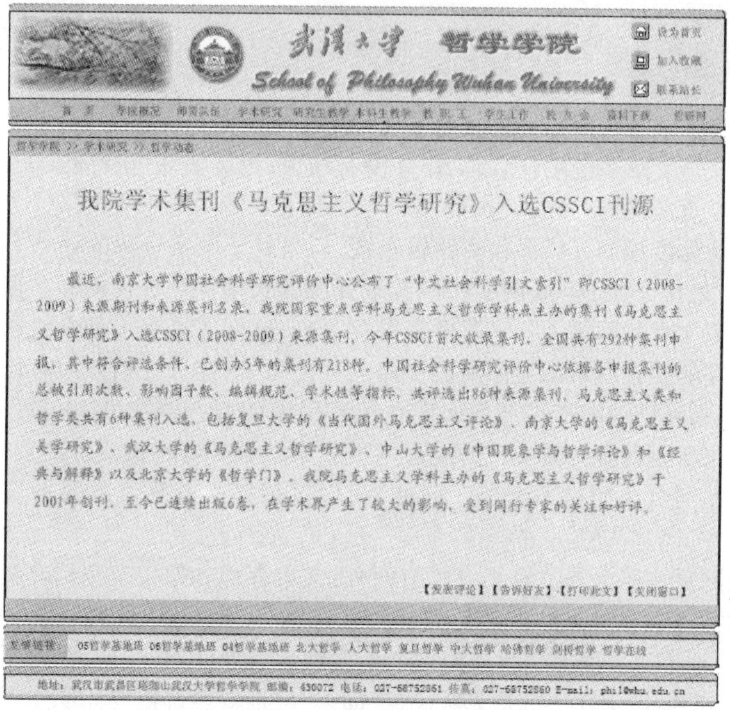
武汉大学 哲学学院
School of Philosophy Wuhan University
设为首页
加入收藏
联系站长

我院学术集刊《马克思主义哲学研究》入选CSSCI刊源

最近，南京大学中国社会科学研究评价中心公布了“中文社会科学引文索引”即CSSCI（2008-2009）来源期刊和来源集刊名录，我院国家重点学科马克思主义哲学学科点主办的集刊《马克思主义哲学研究》入选CSSCI（2008-2009）来源集刊。今年CSSCI首次收录集刊，全国共有292种集刊申报，其中符合评选条件、已创办5年的集刊有218种。中国社会科学研究评价中心依据各申报集刊的总被引用次数、影响因子数、编辑规范、学术性等指标，共评选出86种来源集刊，马克思主义类和哲学类共有6种集刊入选，包括复旦大学的《当代国外马克思主义评论》、南京大学的《马克思主义美学研究》、武汉大学的《马克思主义哲学研究》、中山大学的《中国现象学与哲学评论》和《经典与解释》以及北京大学的《哲学门》。我院马克思主义学科主办的《马克思主义哲学研究》于2001年创刊，至今已连续出版6卷，在学术界产生了较大的影响，受到同行专家的关注和好评。

【发表评论】【告诉好友】【打印此文】【关闭窗口】

图 2 - 31　方略知识管理系统保存的武汉大学哲学学院网站的网页

7.2　长期保存

影响数字资源长期保存、保护与管理的原因主要有如下几个方面的原因:第一,技术进化导致数字资源赖以生存的软硬件、网络环境等发生了重大

---

① 刘锦山. 学科导航建设纲要——以方略学科导航系统为例[M]//胡越. 图书馆服务的学科化与个性化. 北京:首都师范大学出版社,2008:424.

变化，而数字资源本身未能及时随之进化，数字资源很可能在新的环境中失去了其有效性；第二，数字资源的物理载体诸如磁盘、光盘、磁带等的毁损导致数字资源的毁损、丢失；第三，人为因素诸如误操作导致资源被误删；第四，安全因素诸如遭到恶意攻击导致资源毁损和丢失；第五，不可抗力因素诸如雷电、火灾、水灾、战争等对数字资源的破坏。上述原因可以归纳为两条，一是数字资源的物理毁损，二是由于数字资源生存环境变迁等非物理毁损导致数字资源不可用①。

为防止数字资源在保存方面出现的问题，应该"制定出细致的切实可行的数字资源长期保存、保护与管理的策略和计划，对备份方式、频次、载体、校验、保护、管理、恢复等做出明确的规定。关注和研究技术进化对于数字资源生存环境带来的影响并适时采取适当的措施保证数字资源长期保存、保护与管理。其中有两点特别需要注意，一是对数字资源进行适时迁移，二是根据情况保留某些特殊的数字资源生存环境，以便未来进行资源迁移。建立完善的数字资源备份、灾难恢复体系和机制，以应对可能出现的人为因素或者非人为因素造成的数据毁损"②。数字资源长期保存的目不仅仅在于"长期保存"，还在于能够长期获取，这应该成为制定数字资源长期保存策略和规划的基本要求。

8　持续发展

灰色文献资源开发利用如何能够得到持续发展，是一个非常重要的问题。长期保存为灰色文献资源开发利用的持续发展奠定了基础，同时，开发利用又为长期保存提供了很好的存在形式。在开发利用的过程中实现长期保存，在长期保存的基础上进行开发利用，这是持续发展一个问题的两个方面。前面已经谈了长期保存问题，那么如何开展有效地利用，以便实现灰色文献资源开发利用的持续发展呢？总结多年来图书馆和相关机构进行数字资源建设和灰色文献开发利用的实践，有如下几种开发利用形式可以促进灰色文献资源开发利用的持续发展。

---

①② 刘锦山. 数字资源如何长期保存[N]. 中国文化报，2009-03-09(4).

8.1 学科导航

学科导航现在已经成为一种重要的知识管理平台，是面向用户和读者提供有效知识服务的重要工具和手段。利用学科导航可以对灰色文献资源进行深度挖掘、管理，把蕴含在灰色文献中的知识精粹遴选、呈现出来，供用户和读者使用，这一定会受到大家的积极欢迎。北京雷速科技有限公司把学科导航作为高品质灰色文献资源服务的一种重要的有效的手段，近 10 年来已经先后为全国 300 多家高校图书馆、公共图书馆、科研机构图书馆提供了有效的服务，取得了良好的效果。

2009 年到现在，雷速公司依托方略知识管理系统多年来积累灰色文献资源，为中央党校图书馆建设了包括哲学、经济学、法学、历史学、军事学和管理学等学科在内的 15 个学科的学科导航（图 2 –32），将相关学科的国内外学术动态、学术人物、学术站点、会议资料等灰色文献及时通过学科导航传递给用户和读者，取得了比较好的服务效果。

图 2 –32　中央党校图书馆学科导航

2008 年到现在，雷速公司以方略知识管理系统为基础，为武汉大学哲学学院国家精品课程——“马克思主义哲学原理”（http://wdmzyl. toplights. cn，图 2 –33）提供了网站设计、研发、维护等一些服务，满足了网站在知识导航、互动教学、资源建设等各方面的功能和资源需求，受到用户的好评。

图 2－33　武汉大学哲学学院国家精品课程——“马克思主义哲学原理”网站

8.2　特色库

对现在的图书馆来说，资源同质化成了一个必须面对和加以解决的重要问题。在互联网和数字时代，解决资源同质化的一个行之有效的手段和方式就是进行特色数据库的建设。特色库建设是图书馆彰显自己特色、提供个性化服务的一个重要的手段。特色库的重点在于特色，如何体现出特色库的特色来，是一件令人颇费脑筋的事情。如果将灰色文献资源开发利用与特色库建设结合起来，一方面可以有效地突出图书馆的资源特色，另一方面可以使灰色文献资源开发利用的针对性更加具体和明确，这实为一件一举两得的事情。图 2－34 是重庆图书馆利用方略知识管理系统建立的民国特色数据库，图 2－35 是浙江传媒学院图书馆利用方略知识管理系统建立的近现代报人特色数据库。

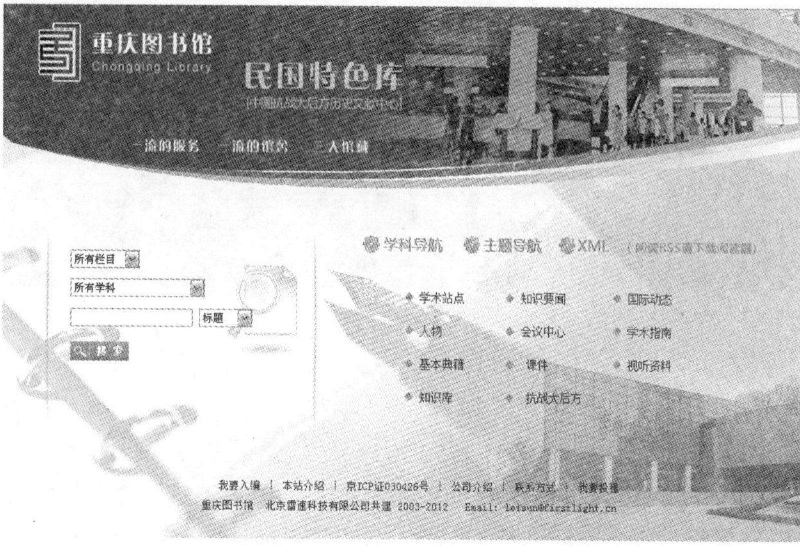

图 2－34　重庆图书馆民国特色库

图 2－35　浙江传媒学院近现代报人特色库

8.3　嵌入服务

图书馆生存发展环境发生了两个方面的变化，一方面读者的要求越来越高，另一方面图书馆面临的竞争越来越激烈。以前坐等读者上门的服务方式越来越没有生命力了，不仅传统服务如此，就是数字服务也是如此。在这种情况下，嵌入式服务逐渐引起了大家的重视，也受到图书馆的欢迎。所谓嵌入式服务，就是主动融入用户和读者的学习、研究过程之中，在互动中提供及时有效的服务。灰色文献资源开发利用过程中的嵌入式服务，主要包括两种方式：一是主动了解用户和读者需求，为用户和读者提供有针对性的服务；二是通过技术手段将自己开发的灰色文献资源嵌入到用户的学习和工作中。利用 html 可以把某个学科、某个栏目、某个地区、某个单位和某个人物的灰色文献动态集成到用户的主页上，被集成的内容可以随着灰色文献平台的更新而更新，从而使用户及时分享到相关的最新发展动态。

第三部分　灰色文献资源开发利用案例

1　政府机构灰色文献资源开发利用案例

1.1　国家知识产权局网站

国家知识产权局网站(http://www.sipo.gov.cn)是国家知识产权局的官方网站,主要面向公众提供有关知识产权相关信息、政策咨询、专利申请、查询和检索等服务。网站分为政务、服务、互动和资讯四大版块,每个版块又分若干栏目。国家知识产权局网站收录了海量的国内外专利数据,并持续更新,是一座取之不尽用之不竭的专利金矿。

图 3－1　国家知识产权局网站主页

1.1.1　资源情况

国家知识产权局网站的资源可以分为两类,一类是与专利申报、管理相关的资源,一类是专利数据库。第一类资源主要分布在政务、互动与资讯版块,包含国家关于知识产权方面的法规、政策、管理、活动和培训等方面的动态。这类资源有助于读者和用户全面了解、掌握专利的作用和意义、相关政策法规、国内外专利动态。第二类资源主要分布在服务板块,读者和用户可以在此完成专利的申请、专利查询和专利检索。其中专利查询可以供读者和用户查询在中国的专利申请情况,专利检索包括专利检索与服务系统(公众部分)与中国专利检索系统两个部分。专利检索与服务系统(公众部分)提供了包括中国在内的世界 103 个国家、地区和组织的专利数据;中国专利检索系统于 1985 年 9 月 10 日上线,提供中国专利信息,包括发明、实用新型和外观设计 3 种专利的著录项目及摘要,并可浏览到各种说明书全文及外观设计图形。专利数据库是国家知识产权局的核心资源,特别是专利检索与服务系统(公众部分)是用户和读者了解和利用国内外专利的得力助手。专利检索与服务系统收录数据范围如表 3-1 所示。

表 3-1　专利检索与服务系统(公众部分)收录数据范围①

国别	数据范围
CN 中国	1985—20131030
US 美国	1790—20130829
JP 日本	1913—20130801
KR 韩国	1973—20130731
GB 英国	1782—20130904
FR 法国	1855—20130830
DE 德国	1670—20130912

① 国家知识产权局. 数据收录范围[EB/OL]. [2013-11-14]. http://www.pss-system.gov.cn/sipopublicsearch/portal/showContentDetail-showContentDetail.shtml?params=991CFE73D4DF553253D44E119219BF31366856FF4B1522262FA5BBC8CD3E57403028E34AB967B99C255B33A135F9EB8613767FA1452EF34EE5A0E2EBE0C870351A340A1B68B33332714079889DC24E6351E02730C0574CD95BBC0DD5A67B440A65979EC6A7EE 0A6A.

续表

国别	数据范围
CH 智利	1888—20130815
RU 俄罗斯	1993—20130720
EP 欧洲专利局	1978—20130904
WO 世界知识产权组织	1978—20130829
其他	1827—20130905

1.1.2 版块设置

国家知识产权局网站设有政务、服务、互动与资讯四大板块，每个版块下又设立若干子栏目，内容相当丰富。每个版块的具体情况见下表。

表 3－2 国家知识产权局网站版块设置

序号	版块名称	子版块	内容
1	政务	概况、信息公开、政策法规、国际合作、专利管理、专利代理管理、执法维权、新闻发布	主要发布国家知识产权局各年度中国知识产权保护状况白皮书、年度报告和工作要点，发布知识产权政策法规、执法和维权动态、专利和专利代理管理及资格审查信息，发布发明、实用新型和外观设计专利公报等；互动版块开设面向申请人和代理机构进行的专利制度、专利申请和审查等相关情况的问卷调查；面向申请人提供文献咨询、专利电子申请在线咨询和专利复审咨询等在线服务，提供专利相关会议的直播和视频点播，提供有关专利申请、诉讼、审查、涉外知识产权、版权和商标等的远程公益培训课程
2	服务	专利申请指南、专利申请、专利查询、专利检索、表格下载、文献服务、统计信息、知识产权报电子版	具体内容见本部分“1.1.3 专利数据库”

续表

序号	版块名称	子版块	内容
3	互动	局领导信箱、调查问卷、咨询台、在线访谈、图文直播、视频点播、教育培训、网上信访	互动版块开设面向申请人和代理机构进行的专利制度、专利申请和审查等相关情况的在线问卷调查；面向申请人提供文献咨询、专利电子申请在线咨询和专利复审咨询等在线服务，提供专利相关会议的直播和视频点播，提供有关专利申请、诉讼、审查、涉外知识产权、版权和商标等的远程公益培训课程
4	资讯	要闻、地方动态、媒体聚焦、案例报道、言论	资讯版块主要发布各地和相关媒体的专利和知识产权活动相关资讯

1.1.3　专利数据库

服务板块是国家知识产权局网站的核心部分，其中的专利数据库也是国家知识产权局网站中最具使用价值的资源。因此，这里着重向读者朋友介绍服务板块的情况。服务板块包括专利申请指南、专利申请、专利查询、专利检索、表格下载、文献服务、统计信息和知识产权电子版栏目。

第一，专利申请指南。提供专利申请前、审查中和授权后相关事宜指南，例如在申请前查询指南，可以获得专利申请前需查询的国外专利检索网站链接，如美国专利商标局网上专利检索、日本特许厅网上专利检索（英文版）、欧洲专利局网上专利检索、世界知识产权组织网上专利检索以及专利代理机构查询。

第二，专利查询。专利查询分中国专利查询系统与专利查询两部分。中国专利查询系统用户类型分为注册用户和普通用户。注册用户是指电子申请注册用户，可查询用户名下的专利申请相关信息，包括：基本信息、费用信息、审查等信息；普通用户可通过申请号、发明名称、申请人等内容查询专利申请的相关信息（系统只提供申请日在2010年2月10日之后的专利申请文件的图形文档）。注册用户所查询信息每天更新，普通用户所查询信息每周更新。图3－2是查询关于图书馆方面的专利的申请信息。

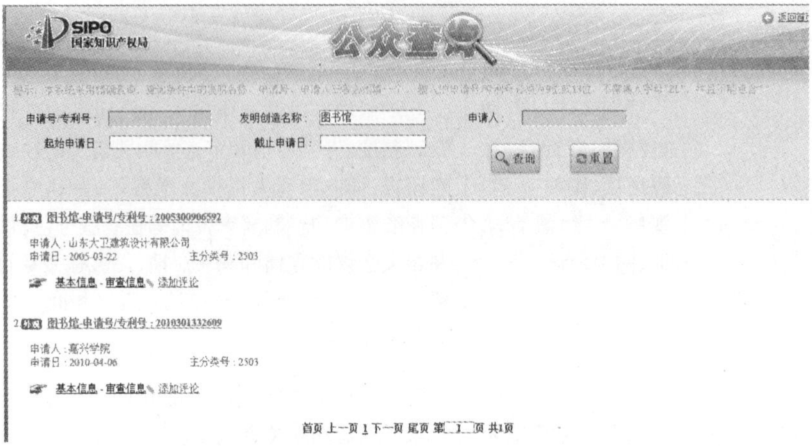

图 3－2　中国专利查询系统之普通用户查询

专利查询主要用于查询国家知识产权局在专利公报上公开和公告的中国专利法律状态信息，还可查询专利证书、收费、专利代理机构、通知书发文等信息。信息每周更新。图 3－3 是专利查询的界面。

图 3－3　专利查询

第三，专利检索。分专利检索与服务系统（公众部分）和中国专利检索系统两部分。专利检索与服务系统（公众部分）于 2011 年 4 月 26 日正式上线，主要包括专利检索和专利分析两部分。专利检索主要提供常规检索、表格检索、概要浏览、详细浏览、批量下载等功能，收录了中国、美国、日本、韩国、英国、法国、德国、瑞士、俄罗斯、欧洲专利局和世界知识产权组织等103个国家、地区和组织的专利数据，数据每周三更新。专利分析功能包括分析文献库、快速分析、定制分析、高级分析以及日志和维护报告，可进行区域分析、技术领域分析、申请人分析、发明人分析和中国专项分析，提供技术衍变趋势、地域性信息分布、核心申请人统计、核心发明人统计、核心技术统计、核心引用文献分析、企业发展定位分析等。该系统目前面向企事业单位开放，可通过企事业单位所在省市的知识产权局进行申请，审核批准后即可开通。此外，系统首页还提供世界各国专利统计快报和案例分析。图3－4就是专利检索与服务系统（公众部分）的查询界面。

图3－4　专利检索分专利检索与服务系统（公众部分）

中国专利检索系统在1985年9月10日上线，向公众提供中国专利信息，包括发明、实用新型和外观设计3种专利的著录项目及摘要，并可浏览到各种说明书全文及外观设计图形。专利数据每周更新。检索方式可按IPC分类检索或按专利号、名称、摘要、申请日、公告日、分类号、主分类号、申请（专利权）人、发明（设计）人、地址、国际公布、颁证日、专利代理机构、代理人和优先权等单独或合并检索,检索结果分发明专利、实用新型专利外观设计专利。图 3 -5是中国专利检索系统中检索到的关于图书馆的专利,共有 303 项。

图 3 -5　中国专利检索系统

1.1.4　资源特点

国家知识产权局网站作为国家知识产权局的官方网站,是国内最具权威的专利数据库平台。其专利数据具有如下特点:

第一,数据量大。国家知识产权局网站收录的数据量很大,以专利数据为例,1985 年到 2012 年,国家知识产权局合计受理了发明专利、实用专利与新型外观设计专利三大专利 9 412 188 件,其中授权的专利为 5 431 559 件;同期国外知识产权机构受理的专利申请 1 304 289 件,其中授权的专利为 681 451件①。部分国外专利收录年限更早,德国的专利从 1670 年起收录,英

① 国家知识产权局. 2012 年国家知识产权局年报附录 1:统计资料[EB/OL]. [2013 - 11 - 14]. http://www.sipo.gov.cn/gk/ndbg/2012/201310/P020131025373083 837320.pdf.

国的专利从1782年起收录①。

第二,定期更新。国家知识产权局网站的两类资源中专利数据定期更新,与专利相关的文献随时更新。其中专利查询的注册用户所查询信息每天更新,普通用户所查询信息每周更新;而专利检索与服务系统(公众部分)收录的中国、美国、日本、韩国、英国、法国、德国、瑞士、俄罗斯、欧洲专利局和世界知识产权组织等103个国家、地区和组织的专利数据,每周三更新;中国专利检索系统的数据每周更新。

第三,开放使用。国家知识产权局网站是政府机构主办的网站,属于非营利性网站,支持开放使用。除了个别功能向专利申请人开放以外,绝大多数的功能和内容都面向公众开放,读者和用户可以免费检索利用。

第四,功能丰富。国家知识产权局网站不单纯是一个专利查询、检索的网站,它还担负着推进国家知识产权战略的重任。因此,网站在专利申请及培训、专利管理、专利发展状况、专利分析、专利应用方面都提供了相应的功能和资源,功能相当丰富。

国家知识产权局网站对于政府、企业等有关机构实施专利战略、充分发挥专利的作用、增强自己的创新能力有着非常大的帮助;对于科研工作者获取最新专利技术成果,推进研究工作也有非常大的帮助;图书馆也可以利用该网站的资源有效地为自己的读者和用户提供高品质的知识产权与专利服务。

1.2　美国商务部国家技术信息局数据库

美国国家技术信息局(National Technical Information Service,简称NTIS)(http://www.ntis.gov/)是当前最大的政府资助类科学、技术、工程和商业等相关信息资源服务中心,至今已有60多年历史。NTIS隶属于美国商务部,是美国公开政府科技报告的唯一法定集中收藏单位。根据相关法律规定,NTIS的设立是为了更好地推动各类信息为产业界、商业界和普通大众所利用,以

① 国家知识产权局. 数据收录范围[EB/OL]. [2013-11-14]. http://www.pss-system.gov.cn/sipopublicsearch/portal/showContentDetail-showContentDetail.shtml?params=991CFE73D4DF553253D44E119219BF31366856FF4B1522262FA5BBC8CD3E57403028E34AB967B99C255B33A135F9EB8613767FA1452EF34EE5A0E2EBE0C870351A340A1B68B33332714079889DC24E6351E02730C0574CD95BBC0DD5A67B440A65979EC6A7EE 0A6A.

实现美国商务部促进国家经济增长的重要任务。为此,NTIS 一直致力于收集并传播科学、技术和工程信息,并向其他联邦机构提供相关信息管理解决方案。1991 年通过的《美国技术卓越法案》(*American Technology Preeminence Act*,简称 ATPA)明确要求,所有联邦政府机构须将得到财政资助的科学、技术、工程信息在公开发表之日起 15 天内递交给 NTIS。而且,NTIS 的运作是自负盈亏,并没有国家拨款资助。

图 3 – 6　美国国家技术信息局网站主页

1.2.1　资源情况

美国政府对美国境内一半以上的科学研究以及工程活动进行了资助,因此,作为法定的政府科技报告收集和传播中心,NTIS 的资源内容涉及广泛领域。目前,NTIS 将其馆藏资源分为 39 个大的学科主题,其中资源数量较多的有行为学与社会学、医学与生物学、军事科学、商业与经济学、行政与管理学等,然后在各大学科主题下又分出若干子类别,细化后的学科类别达到了 378 个。表 3－3 为 2009 财年期间 NTIS 收到的资源数据统计。

表 3－3　NTIS 2009 财年资源统计①

学科主题	数量	学科主题	数量
行政与管理学	4539	工业及机械工程	1030
航空和空气动力学	998	图书馆与信息科学	992
农业和食品	1741	制造技术	588
天文学与天体物理学	299	材料科学	930
大气科学	611	数学科学	978
行为学与社会学	7361	医学与生物学	5616
生物医学技术与人因工程学	449	军事科学	5209
建筑行业技术	486	导弹技术	73
商业与经济学	4801	自然资源与地球科学	2616
化学	1678	导航、制导和控制	252
土木工程	972	核科学与技术	1067
燃烧、发动机和推进剂	388	海洋科学和技术	1286
通信	1058	军械	703
计算机、控制和信息理论	2280	摄影和录音设备	83
检测和对策	749	物理	2504
电工学	630	为州和地方政府解决问题的信息	3087
能源	1763	空间技术	812

① NTIS. Subject Coverage of the NTIS Collection[EB/OL].[2014－02－18]. http://www.ntis.gov/about/coverage.aspx.

续表

学科主题	数量	学科主题	数量
环境污染与控制	2845	运输	2222
政府发明授权	30	城市和地区技术和发展	3830
医疗保健	2113		

作为 NTIS 最重要的信息产品，NTIS 数据库（或称 NTIS 书目数据库，NTIS Bibliographic Database）包含了 1964 年以来 NTIS 所收集的科学、技术、工程、商业信息产品的摘要，每周更新。NTIS 数据库是世界上最大的数据库之一，也是查找 NTIS 馆藏信息产品的主要检索工具。NTIS 可提供的全本报告中有 90% 可在 NTIS 数据库上找到题名记录，其中以数字格式存在的题名数量超过了 60 万条。目前，NTIS 数据库的资源数量已超过 300 万个，并且 NTIS 还在以每年平均增加 3 万条新记录的速度不断扩充该数据库。因此，通过 NTIS 数据库，人们可获取当前最新的一些研究成果。

在 NTIS 数据库中，占比最多的资源是传统的美国“四大报告”，即美国商务部的 PB 报告、美国武装部队的 AD 报告、美国能源部的 DE 报告和美国宇航局的 NASA 报告，另外还有一些专利、会议论文、期刊论文、翻译文献等。NTIS 负责 PB 报告及公开发行的 AD 报告、NASA 报告和 DE 报告的收藏和服务。AD 报告、NASA 报告和 DE 报告的管理机构将公开和解密的科技报告，定期移交给 NTIS，NTIS 通过互联网等方式向公众提供公开信息检索和查询服务。

NTIS 数据库中的资源主要来源于美国各类政府机关、各州及地区政府、学术机构以及私人机构等，但 NTIS 也会收录少量其他国家或是国际组织的文献资料，如 2011 财年，NTIS 收录了来自英国、瑞典、挪威、意大利、中国等国家以及各类国际组织的资源。在 2011 年 NTIS 收到的信息文献中，包括了 28 037份美国科技报告、208 份国外科技报告、1428 份会议录、2349 份期刊论文、1078 份学位论文，以及少量参考资料、计算机产品、视听资料和专利等①。

1.2.2　数据库服务

目前，人们可以通过 3 种途径来访问 NTIS 数据库：①商业服务模式，Nerac研究咨询公司、剑桥科学文摘数据库、美国工程信息公司（Engineering

① NTIS. NTIS Bibliographic Database Search Guide[EB/OL]. [2014-02-18]. http://www.ntis.gov/pdf/dbguid.pdf.

Information，简称 Ei）、EBSCO 出版社等多家商业机构可提供 NTIS 数据库的访问，但访问媒介和价格不尽相同；②成为美国国家技术报告图书馆（National Technical Reports Library，简称 NTRL）的用户，订阅之后可通过 NTIS 数据库元数据链接至 60 万份已经数字化的全文报告；③直接联系 NTIS，通过电话（703）605－6515直接联系 NTIS 产品管理办公室。

而除了 NTIS 数据库外，NTIS 还提供其他的数据库服务，如前面提到的美国国家技术报告图书馆，以及 NTIS-SRS 个性化信息定制服务。前者是一个基于 Fedora/SOLR 开源数据管理框架的平台，具备强大的搜索功能，以内容为导向的环境可让用户获得很好的数据访问体验。另外，NTIS 还与美国农业部、能源部等其他联邦政府部门开展合作，通过租赁等不同商业模式向用户提供数据库服务。这些数据库有农业数据库、能源科技数据库、联邦科研进展项目数据库等，如联邦科研进展项目数据库是专门收集联邦政府各部门正在进行的科研项目信息，每月更新项目信息。

由于 NTIS 是自负盈亏，其提供的产品和服务会收取一定费用。这在一定程度上限制了 NTIS 的服务对象。当然，对于那些需要及时深入掌握政府资助研究成果的组织团体和社会人士来说，NTIS 的服务还是不可缺少的。

1.2.3　数据检索

NTIS 数据库的检索非常规范和科学，在互联网上就可以进行免费检索。NTIS 网站为用户提供了快捷检索和高级检索两种主要的检索方式。在快捷检索中，用户可通过产品号、检索号、关键词、题名、摘要、作者等字段进行检索，而高级检索中，用户拥有更多选择，可以进行更精确的检索，并可根据学科类别、出版时间、来源机构等对检索结果进行排序。产品号、检索号对应的是 NTIS 所藏资源的订购号，和图书馆馆藏文献的索引号一样，NTIS 的每条资源都有一个独一无二的订购号。

另外，根据学科类别的不同，NTIS 的资源还有各自的分类代码，这也是 NTIS 数据库中的一个重要数据元素。每个学科类别代码由两个数字和一个字母组成，数字代表着不同的学科主题，字母为该大学科主题下的子类别，如行政与管理学的代码为 70，该学科主题下有 7 个子类别，分别是：库存控制，管理实践，管理信息系统，人事管理、劳动关系及人力资源研究，研究项目管理与技术转让，公共管理与政府，生产力。其中，库存控制的学科类别代码为 70A。NTIS 中的文献大多会涉及多个学科领域，因此，和订购号的单一性不同，一条 NTIS 资源归属的学科类别可能会有好几个。

NTIS 数据库的记录会采用多个字段进行描述,一般来说,一条 NTIS 数据记录会包含以下基础字段:检索号、题名、出版年、页码、摘要、关键词、源机构、类别、作者、文献类型、合同号。除了上述字段外,NTIS 数据库的数据元素还有:期数版次、报告日期、国别、语种、报告编号或书号、项目编号等,全部字段约达 20 多个。而根据访问途径的不同,记录采用的字段也存在差异,如商业服务模式下各机构提供的记录范本采用的字段就各不相同。因此,在对 NTIS 数据库进行检索时,平台不同,得到的记录结果也会有所区别。《NTIS 书目数据库检索指南》(*NTIS Bibliographic Database Search Guide*)详细地列举并解释了各机构的记录范本,用户可据此更好地利用各平台对 NTIS 数据库进行检索。

(刘剑英)

2 企业灰色文献资源开发利用案例

2.1 e 线图情

e 线图情(http://www.chinalibs.net)是雷速公司 2002 年创办的我国图情行业互联网专业学术交流平台,下设行业聚焦、风云人物、国际动态、专题、e 线百科、e 线课堂、e 线商城、博客聚合、e 线论坛等 30 个栏目。e 线图情所收录的文献 70% 以上都是高品质的灰色文献和自创文献,形成了独特而鲜明的特色,其内容涉及图书馆建设工作、管理工作、业务工作、技术工作、教学工作和读者工作等各个方面。

2.1.1 资源情况

e 线图情的资源建设方针是以灰色文献为主、白色文献为辅,加上少量高品质的自创文献,e 线图情在灰色文献收集、整理和开发方面下了很大工夫。其灰色文献的来源比较广泛,包括人物文献、企业文献、协会文献、会议文献、媒体文献、馆刊、课件、视听资料等,内容含量丰富。灰色文献中的国际动态栏目是 e 线图情跟踪世界发达国家和主要发展中国家图书馆事业发展动态,并遴选编译出来的内容,每天更新,有助于读者了解世界图书馆事业发展状况。白色文献方面,e 线图情选择其中高品质的部分经过处理收录到数据库中,力图使所收录的文献能够反映图书馆学和图书馆事业最新进展情况,使读者在最短的时间内通过最少的文献窥一斑而知全豹。自创文献方面,e 线图情还包含了一些高品质的自创文献。每月一期的风云人物、行业聚焦、馆长访谈、专题报道所收录的内容就是雷速公司的自创作品。截至目前,e 线图情已经采访了 200 多位图书馆领域的领导、专家和学者,通过行业聚焦和专题对于近 10 年来的 200 多个重要活动、热点问题进行过深入剖析。

图 3－7　e 线图情主页

截至目前,e 线图情总计数据量约 35 万条,其中全文数据库现有数据量约 25 万条,e 线论坛现有文献 5 万多条,博客聚合 2 万多条,图片 2 万多幅。以后 e 线图情全文数据库的数据量将按照每年 24 000—30 000 条的速度增加,e 线论坛文献量按照每年 12 000 条的速度增加,博客聚合的数据量按照每年 3000 条的速度增加。上述文献中灰色文献占到 70% 以上的比例,大约为 25 万多篇。

2.1.2　版块设置

e 线图情的宗旨是密切关注、报道、反映世界图书馆事业最新理论、最新技术、最新产品和最新实践的发展状况和趋势,帮助图书馆与世界图书馆事业高端保持同步,促进我国图书馆事业的发展。e 线图情的定位是图书馆学全文数据库与专业图书馆界门户网站①。根据这一宗旨和定位,e 线图情开设

① 刘锦山.“e 线图情”的创建与发展[M]//中国图书馆学会,国家图书馆. 中国图书馆年鉴 2009. 北京:国家图书馆出版社,2009:88.

了聚焦、海外、国内、热点、专题、论文、在线学习、办馆实务和馆刊等九大版块30多个栏目。

表3－6　e线图情版块与栏目设置一览表

版块	栏目	内容
聚焦	风云人物	e线图情深入报道我国图书馆领域具有重要影响力的人物
	馆长访谈	e线图情原创采访,就图书馆发展战略、队伍建设、业务管理、技术应用方面的热点问题与有重要影响力的馆长、专家的对话
	行业聚焦	e线图情原创独家深入分析我国图书馆领域有重要影响的事件
	新馆写真	e线图情独家收录有代表性的图书馆新馆的风貌
	博客聚合	知识传媒的专业博客群,内容包括图书馆学、情报学、档案学、博物馆学、新闻学、出版学、广播电视学、信息传播学等知识传媒领域的作品
	e线论坛	e线论坛是图情界专业人士、图书馆普通读者等非专业人士发表意见,相互讨论、切磋、争鸣的图情园地。设有学术区、业务区、资料区、晒图区、休闲区和站务区6个版块
海外	国际动态	收录世界图书馆界、图书馆理论界、图书馆协会界、图书馆媒体界、图书馆企业界等各领域有重要影响力的动态
	国际图联	收录与国际图联有关的会议、活动、章程、机构、人物以及其他文献资料
	海外图情	反映国外尤其是欧美地区图情界各个方面情况
	海外会议	收录国外图书馆界举办的各种会议的资料
	海外导航	反映国外各类图书馆、情报所、图情研究单位、图情院系等有关机构的情况
	英汉专业词典	全面收录图书馆学、情报学、档案学的专业英语词汇
国内	图情要闻	收录图情理论界、图情协会界、图情媒体界、图情企业界各领域有重要影响的新闻

续表

版块	栏目	内容
国内	会议中心	反映图情理论界、图情协会、图情媒体、图情企业以及其他机构举办的与图情界有关的工作会议、学术研讨会议、产品推广会议、展示会、座谈会等各种会议情况的栏目
	产业动态	反映软件企业、数据库企业、硬件企业、图情专业媒体、出版社、图情服务企业、图书馆设备企业、图书馆建筑企业等图情企业以及相关产业动态的频道
	e 线速递	收录图情单位、图情协会、图情媒体等机构的招标通知、招生通知、会议通知、培训通知、征订通知等文献的频道
	图情人物	反映图书情报界研究者、管理者、服务者、教学者、技术开发者、企业经营者等有关人物基本情况、言论、报告、活动的栏目
	图情单位	反映各级各类图书馆、情报所、图情研究单位、图情院系等有关机构的情况
	行业协会	反映图情行业主管部门、行业协会基本情况、组织机构、人员组成、工作计划、学术交流、考察评估、章程规定、言论活动的栏目
热点	热点聚合	收录有学科导航、统一检索、互联网资源保存、数字图书馆、知识管理、信息素质馆员继续教育、职业生涯规划、图书馆评估、图书馆运营、开放存取、图书馆联盟、危机管理、新馆建设、学科馆员、个性化服务、共享空间、RFID、业务外包、数字阅读、知识共享、移动图书馆、大数据和关联数据等 60 多个热词，通过热词可以方便快捷地了解该领域的最新发展动态和研究成果
专题	专题	e 线图情独家及时、深入、全面反映图书馆领域重要学术会议全部内容。目前已经收录有中国图书馆学会年会专题、国际图联大会专题、国际知识组织大会专题、中美图书馆交流专题、北京大学图书馆学高层开放论坛、国际图联第 13 届馆际互借与文献传递会议、第 25 届全国十五城市公共图书馆工作研讨会、2013 国际开放仓储会议、美国大学与研究图书馆协会 2013 年全国大会、大都市的公共图书馆事业国际学术研讨会、数字资源发展趋势和使用统计规范研讨会暨 CALIS 第 11 届引进数据库培训周、华北图协年会专题等 150 个专题

续表

版块	栏目	内容
论文	理论技术	全面反映数字图书馆基础理论模型、版权建设、资源建设、技术问题、标准化建设、市场建设、竞争情报和知识管理的栏目
	图情事业	收录图情学、图情管理、读者工作、文献学、目录学、各类型图书馆、世界各国图情事业等方面文献的栏目
	馆长论坛	反映图书馆馆长关于图书馆管理、队伍建设、资源建设、技术建设、财务工作、学术交流等图情工作各个方面文献的栏目
在线学习	e线百科	图书馆学、情报学的权威在线百科全书
	e线课堂	图书馆员终身学习、提升平台,包括图书馆业务、管理、教学、学术研究各个方面的内容
	课件	收录图书馆领域的课件
	视听	收图书馆领域的视听资料
	新书快报	收录国内外出版的关于图书馆方面的新书介绍
	研招资料	收录图情专业研究生招生简章、参考书目、考研试题等资料
办馆实务	评估定级	收录图书馆评估定级方面的标准、规范、活动等资料
	研究报告	关于我国图书馆事业涉及的版权、资源、技术、硬件、标准、市场、竞争情况等方面的研究报告
	图书馆利用	主要面向普通读者,收录的内容包括图书馆基础、数据库文献检索、非数据库文献检索、工具书利用、名著推荐、读书方法和名人逸事等文献的栏目
	图书馆建设	包括新馆立项、规划设计、文献防护、消防疏散、建筑设备、综合布线、照片集萃、案例集锦、新馆写真、馆建要闻、馆建招标、专家视野等栏目
	企业产品	反映图情企业基本情况、管理、市场等方面的动态,以及产品介绍、产品报价、产品广告、产品说明、产品补丁程序、产品服务等资料的栏目
	e线商城	沟通厂商和图书馆的桥梁,包括最新产品介绍、产品研究报告等内容
	专利	收录与图书馆有关的专利
馆刊	馆刊集萃	馆刊集萃是收录图书馆自办的内部刊物的栏目

2.1.3　特色功能

e 线图情除了具备各项常规的各种检索、浏览、下载、打印功能之外，还提供如下特色功能。

第一，导航功能。e 线图情提供了丰富的导航功能，包括学科导航、栏目导航、地区导航、机构导航、人物导航等多种导航功能。读者通过这些功能可以了解图书馆学某个学科、某个栏目、某个地区、某个单位或某个人物的相关文献，可以从宏观上把握图书馆事业的发展态势。

图 3－8　e 线图情机构导航

第二，分享功能。e 线图情通过 xml 和 html 两种方式向用户提供了分享功能。其中 xml 提供的分享功能是面向个人用户，e 线图情可以把某个学科、某个栏目、某个地区、某个单位或某个人物的文献、动态实时推送到个人用户的 xml 阅读器中。html 提供的分享功能是面向机构用户的，机构用户利用 e 线图情提供的 html 分享功能可以把 e 线图情的相关内容集成到自己的主页上，被集成的内容可以随着 e 线图情的更新而更新，从而使用户及时获取国内外图书馆事业最新发展动态。

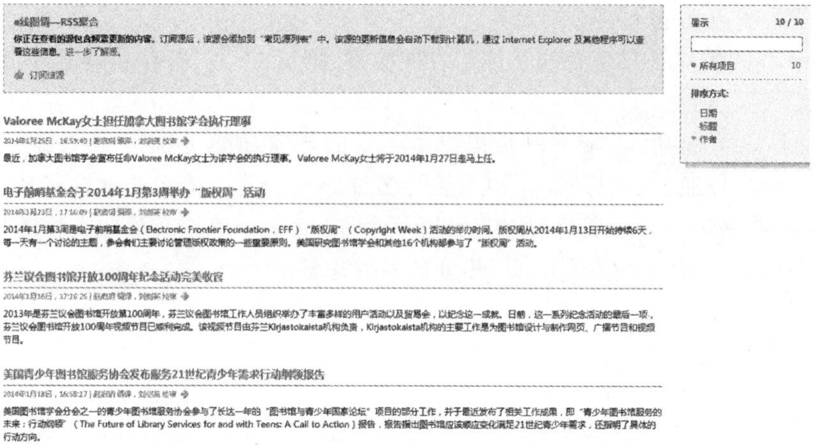

图 3－9　e 线图情 xml 分享功能(国际动态)

第三,影响力报告。e 线图情根据每个单位和每个人物每篇文献的发文量、被用次数、点击次数经过加权处理之后形成了单位影响力指数和人物影响力指数,在此基础上形成了 e 线图情行业影响力报告,通过报告可以了解某一单位、某一人物在图书馆领域的实时影响力,这对于图书馆发展建设有着积极的意义。

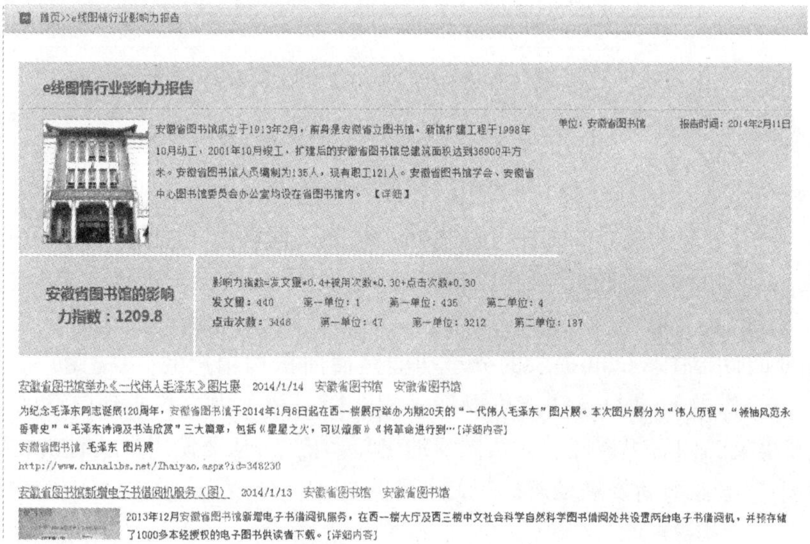

图 3－10　e 线图情行业影响力报告(安徽省图书馆)

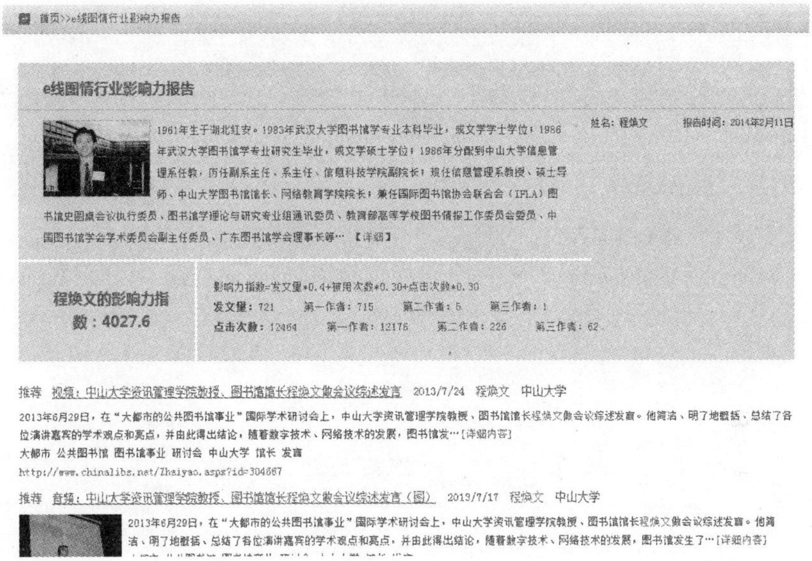

图 3－11　e 线图情行业影响力报告(程焕文)

2.2　碧虚网

碧虚网(http://www.bixu.me)是以企业内刊为主的企业优秀出版物展示、交流和传播平台，其宗旨是密切关注、报道、反映全国各行业有重要影响的大中型企业的最新理念、最新实践发展状况和趋势，传播企业文化，为促进经济发展做出积极的贡献。

碧虚网内刊展示平台遴选收录全国农、林、牧、渔业，采矿业、制造业、电力、燃气及水的生产和供应业、建筑业、交通运输、仓储和邮政业以及公共管理与社会组织、国际组织等 20 个大类、107 个一级行业、219 个二级行业、853 个三级行业中 3000 家大中型企业的高品质内刊 3600 余种 21 000 多期，并进行连续更新。

2.2.1　资源情况

碧虚网集成了全国农、林、牧、渔业，采矿业、制造业、电力、燃气及水的生产和供应业、建筑业等 20 个行业门类的相关优秀企业内部图书、内部期刊、内部报纸、内部视听等各种企业内部资料，通过文字、图片、音频、视频等多种数据格式对企业内刊进行全方位的充分展示，展示的方式分为单篇文献展示和整刊原版展示。

图 3－12　碧虚网主页

表 3－5　碧虚网收录企业出版物行业分类表

门类	大类	类别名称	门类	大类	类别名称
A		农、林、牧、渔业		10	非金属矿采选业
	01	农业		11	其他采矿业
	02	林业	C		制造业
	03	畜牧业		13	农副食品加工业
	04	渔业		14	食品制造业
	05	农、林、牧、渔服务业		15	饮料制造业
B		采矿业		16	烟草制品业
	06	煤炭开采和洗选业		17	纺织业
	07	石油和天然气开采业		18	纺织服装、鞋、帽制造业
	08	黑色金属矿采选业		19	皮革、毛皮、羽毛(绒)及其制品业
	09	有色金属矿采选业		20	木材加工及木、竹、藤、棕、草制品业

续表

门类	大类	类别名称	门类	大类	类别名称
	21	家具制造业		44	电力、热力的生产和供应业
	22	造纸及纸制品业		45	燃气生产和供应业
	23	印刷业和记录媒介的复制		46	水的生产和供应业
	24	文教体育用品制造业	E		建筑业
	25	石油加工、炼焦及核燃料加工业		47	房屋和土木工程建筑业
	26	化学原料及化学制品制造业		48	建筑安装业
	27	医药制造业		49	建筑装饰业
	28	化学纤维制造业		50	其他建筑业
	29	橡胶制品业	F		交通运输、仓储和邮政业
	30	塑料制品业		51	铁路运输业
	31	非金属矿物制品业		52	道路运输业
	32	黑色金属冶炼及压延加工业		53	城市公共交通业
	33	有色金属冶炼及压延加工业		54	水上运输业
	34	金属制品业		55	航空运输业
	35	通用设备制造业		56	管道运输业
	36	专用设备制造业		57	装卸搬运和其他运输服务业
	37	交通运输设备制造业		58	仓储业
	39	电气机械及器材制造业		59	邮政业
	40	通信设备、计算机及其他电子设备制造业	G		信息传输、计算机服务和软件业
	41	仪器仪表及文化、办公用机械制造业		60	电信和其他信息传输服务业
	42	工艺品及其他制造业		61	计算机服务业
	43	废弃资源和废旧材料回收加工业		62	软件业
D		电力、燃气及水的生产和供应业	H		批发和零售业

续表

门类	大类	类别名称	门类	大类	类别名称
	63	批发业	O		居民服务和其他服务业
	65	零售业		82	居民服务业
I		住宿和餐饮业		83	其他服务业
	66	住宿业	P		教育
	67	餐饮业		84	教育
J		金融业	Q		卫生、社会保障和社会福利业
	68	银行业		85	卫生
	69	证券业		86	社会保障业
	70	保险业		87	社会福利业
	71	其他金融活动	R		文化、体育和娱乐业
K		房地产业		88	新闻出版业
	72	房地产业		89	广播、电视、电影和音像业
L		租赁和商务服务业		90	文化艺术业
	73	租赁业		91	体育
	74	商务服务业		92	娱乐业
M		科学研究、技术服务和地质勘查业	S		公共管理和社会组织
	75	研究与试验发展		93	中国共产党机关
	76	专业技术服务业		94	国家机构
	77	科技交流和推广服务业		95	人民政协和民主党派
	78	地质勘查业		96	群众团体、社会团体和宗教组织
N		水利、环境和公共设施管理业		97	基层群众自治组织
	79	水利管理业	T		国际组织
	80	环境管理业		98	国际组织
	81	公共设施管理业			

图3－13　碧虚网收录的部分优秀内刊刊影

2.2.2　栏目设置

除内刊展示模块之外，碧虚网还设有要闻、国际动态、高端访谈、专题、业界热点、企业文化、内刊文萃、信息速递、碧虚互动等栏目。

表3－6　碧虚网栏目设置

代码	栏目	内容
X1	要闻	收录报道国内企业、商会、高校、媒体、政府机关等关于企业文化方面的最新进展和动态。可以帮助会员单位在最短的时间内了解国内企业文化领域最新的进展
X2	国际动态	收录报道国外企业、商会、高校、媒体、政府机关等关于企业文化方面的最新进展和动态。可以帮助读者尽快了解国外特别是欧美地区最新的哲学学术进展情况
X3	会议中心	收录国内外企业文化领域的相关机构召开的高质量、高级别的研讨会、座谈会、论坛、报告会等学术会议资料
X4	高端访谈	碧虚网对企业文化领域具有重要影响力的著名企业家、学者的原创专访报道，就某一问题抽丝剥茧，层层展开，浓缩名家多年思考与体验，学术含量极高
X5	业界聚焦	深入报道企业文化领域有重要影响力的事件的栏目
X6	专家	收录企业文化领域的专家，详细介绍他们的基本情况、工作经历及其在各自领域里所取得的学术成果

续表

代码	栏目	内容
X7	热点	收录受到业内普遍关注的企业文化的热点问题，通过点击热点关键词即可将相关资料一览无余
X8	论文	收录学术期刊、报纸、会议论文集和互联网上关于企业文化方面的学术论文
X9	基本典籍	收录企业文化领域各个学科的经典著作和重要图书
X10	相关机构	精心遴选国内外企业文化领域的核心期刊、国际组织、科研机构、博硕士点、博士后站、政府科研计划项目与基金、重点实验室、教育机构、行业协会、专业媒体、专业站点、政府机构、相关企业和个人学术站点，组成高质量的学术站点库
X11	商会	收录国内外具有重要影响的商会的基本情况、组织机构、人员组成、工作计划、业务交流、考察评估、章程规定、言论活动的栏目
X12	视听资料	收录企业文化方面的音频和视频资料
X13	课件	收录企业文化方面的课件资料
X14	专题	就企业文化领域的重要事件进行专题深度报道
X15	论坛	碧虚论坛是企业文化领域专业人士发表学术见解，相互讨论、切磋、争鸣的哲学园地。设有文化区、资料区、晒图区、休闲区和站务区 5 个版块
X16	博客聚合	聚合国内外企业文化方面的博客精华。设立企业动态、企业文化研究、企业生活和闲言絮语 4 个板块

2.2.3　碧虚网的特点

第一，内刊资源建设整体规划科学、合理。碧虚网内刊的收录充分考虑到行业之间、企业类型之间的均衡。这些内刊根据国家标准《国民经济行业分类与代码》(GB/T 4754—2002)和《中国图书馆分类法(第四版)》进行组合，使其适合企业和教学、科研机构的需要。

第二，资源连续更新。碧虚网所收录的内刊都是连续出版、及时更新的。这样可以持续有效地对企业内刊进行全面的展示，对读者的吸引力更强。

第三，集内刊展示、业内交流、文化传播、深化品牌四位一体。

第四，提供单篇文献、整刊原版两种展示方式。单篇展示便于读者检索利用，整刊原版展示便于读者通过文字、色彩、图片等原汁原味地了解内刊，强化内刊对读者的影响。

2.2.4　碧虚网优秀内刊长期保存示范基地

碧虚公司将从全国高等院校图书馆、科研机构图书馆、公共图书馆和政府机关图书馆中遴选有关单位设立碧虚网优秀内刊长期保存示范基地。示范基地分为五星级示范基地、四星级示范基地与三星级示范基地3种。其中五星级示范基地通过数字版和印刷版对企业出版物实现长期保存,四星级和三星级示范基地通过数字版对企业出版物实现长期保存。由于印刷版内刊数量有限,五星级示范基地的名额为12个。成为示范基地的图书馆须同时满足以下条件:①在国内外图书馆界有一定的影响力;②具有良好的企业内刊(出版物)收藏条件;③具有完善的企业内刊(出版物)管理、利用制度;④尊重和保护企业内刊(出版物)的知识产权;⑤碧虚网的正式用户。

2.3　《碧虚内参》

《碧虚内参》是北京碧虚文化有限公司在为企业提供企业文化与管理咨询服务的过程中从数以万计的企业内刊中遴选出来的高品质、高价值企业内部文献荟萃,供企业经营管理者、研究者参考。为适应移动互联时代的快节奏和人们阅读方式的变化,《碧虚内参》采用E-book和互联网两种形式进行传播,既经济节约,又便捷环保。该产品是一个集思想性、知识性、信息性、实用性于一体的精品读物,同时又是一个专业性、连续性、系列化、数字化的读物。由于其在来源、内容、分类、编排及检索方面的诸多优势,不失为各类数字图书馆建设的一个特色资源库。

图3-14　《碧虚内参》有关专题

2.3.1 专题设置

按照产业、行业、专业相结合的原则,《碧虚内参》设置了总裁视点、高端访谈、封面故事、刊首语集结号、管理文萃、新闻与历史、成长故事、特别珍藏、原创设计、传记名录、内刊名录、企业读书、技术创新等专题。

◇总裁视点:有这样一个群体,他们用自己的思想引领企业前行,用自己的行动推动时代进步。他们当中,不少人在企业自媒体上开专栏,坚持不断地写着;他们当中,还有不少人,被尊为企业界的教父,在各种场合,坚持不断地说着;他们当中,更有不少人,通过个人媒体,随时随地传播着……本专题精选企业领导人在公司内部重大会议上的讲话、外部公开场合的演讲及他们亲自撰写的高水平文章,有的是对几十年创业历程的回顾与反思,有的是对行业发展趋势的分析与研判,均为企业家在大浪淘沙的历练中形成的金子般的思想,无一不是企业家在优胜劣汰的商业竞争中积累的成功经验。

◇高端访谈:“高端对话”是碧虚网的一个原创访谈专栏。所谓高端,一是指思想高端,二是指人物高端。本专题精选碧虚网“高端对话”的部分内容,实时将企业家思想与企业家成长历程与读者分享。

◇封面故事:封面即形象,封面即个性。策划好封面,经营好封面,是打造强势传播媒体的必要手段。本专题精选有关内刊封面故事、封面人物、封面关注、封面文章等内容。

◇刊首语集结号:企业内刊的刊首语是刊物的“魂”和“根”,透过刊首语,企业的企业文化便会赫然进入你的眼帘,而优秀的企业文化更会像一只温柔的手牵着你的心,走进它的心灵世界,倾听企业的心语,分享企业的成果,看企业的发展动向与指点江山的气魄。这便是刊首语的魅力所在。本专题精选了优秀企业内刊的刊首语,是难得的企业文化灵魂的盛宴,是我们了解优秀企业及优秀企业文化的一次大好机会。

◇管理文萃:荟萃企业运营管理、供应链管理、质量管理、技术管理、人力资源管理、文化管理、总部管理、集团管理、部门管理、班组管理、渠道管理、市场管理等各个方面和环节的管理文献。

◇新闻与历史:今天的新闻就是明天的历史,昨天的历史创造了今天的新闻。本专题精选企业内刊中有价值的新闻,用历史的眼光、审视春秋的手法整理企业历史,最终汇编成《企业年代秀》。

◇成长故事:本专题精选各行业典型企业不同岗位员工的成长故事,以他们职业成功与失败的真实经历,折射出企业文化、管理的方方面面,让企业从员工的视角审视人力资源管理制度与企业文化的融合,思考如何真正让员工与企业共同成长。

◇特别珍藏:记录特别纪念、特别活动、特殊时刻、特殊使命。本栏目精选企业内刊的特刊的策划方案、专刊的选题介绍、值得珍藏的样板内刊推荐,是永不过期的案例教材。

◇原创设计:好内容启发好设计,好设计衬托好内容,甚至好设计是形式与内容完美的结合。本专题聚焦有关内刊封面设计、版式设计和图片设计的一切原创思想与作品案例。

◇传记名录:传记是企业发展史记,承载着企业最全面的信息,是企业留给后来人与社会的宝贵财富。本专题精选当期企业传记类图书信息,其中包括:传记书名、企业名称、内容简介。

◇内刊名录:以房地产行业为例,全国有 6 万家注册企业,有业务的有 2 万家,其中有内刊的不下 1 万家。本专题精选整理汇编并不断更新内刊名称、企业名称、内刊电子版网址,以供专业人士参考。

◇企业读书:许多企业内刊中都有读书专栏,以各种方式推荐了许多适合企业的好书。本专题精选企业内刊的推荐书目,以及企业员工的读书心得和书评等内容,定期发布企业最喜欢的图书排行榜,推动企业内读书风气的养成。

◇技术创新:仅从企业来看,截至 2013 年底,国家级企业技术中心已发展到 1015 个,省、市级的企业技术中心数量更多,再加上众多的企业博士后工作站,说明企业已成为技术创新主体。在可观的发明专利数字中,企业专利发明占相当的比例。通过对内刊的研究发现,企业的技术创新、发明专利、科研成果等信息都会第一时间在企业内部媒体上发表。碧虚内参通过对企业媒体相关信息检索,将这类文献收集起来,形成专题库,供专业人员检索使用。

……

总之,《碧虚内参》下设总裁视点、高端访谈、企业管理、企业文化、商业模式、成长故事、刊首语集结号、行业前沿、技术创新、碧虚读书、碧虚评论、历史与新闻、特别珍藏企业内刊品鉴、企业歌曲联展等专题。每个专题按月更新,每月一期,每期又有细分主题。比如,企业管理可以细分为人力资源、战略、财务、商业模式、班组管理等主题。每期又根据主题与内容的特色确定新的分册名称。例如,职业成长专题,每月按报道的主人公的行业与层次不同,又可以分为高层、中层和普通员工 3 个层次。针对企业热门话题如城市综合体、电商、速递等,又可以编造单册。采用这样的编辑模式,是为了更好地对接细分读者群。《碧虚内参》共有 20 余个专题,每个专题每月一期,每期 15 万字,每年 3600 万字,单篇总数量超过 1 万。

2.3.2 《碧虚内参》的特色

"专业专栏专题相结合,精选精编精汇。"这句话足以高度地概括碧虚内参的资源特色,它既是碧虚网发掘庞大的内刊数据的深度价值的基本方法,也是对《碧虚内参》的内容的精准评价。目前,碧虚网共收录了 3600 多种、近 40 000 期内刊,涵盖了农林牧、制造业、服务业等几十个行业领域。网站开设了企业动态、高端访谈、业界热点、总裁视点、企业文化、企业管理等多个专题。以企业动态专栏为例,该栏目密切关注并持续转载行业龙头企业和高成长企业的新闻动态。每个年度,碧虚网会以本栏目的数据为基础,再结合行业大事和本年度的经济热点,产生年度最具影响力企业新闻,《碧虚内参》的历史与新闻专题即是在此基础上进一步精心加工而来。未来,该专栏对应的专题是企业最具影响力指标研究和年度最具影响力企业指标研究。

以总裁视点栏目为例,2013 年,碧虚网精选该栏目数据,以"创新转型"为主题,精编 50 篇文章,编辑成同名电子刊物,供企业高层领导参考。再比如,近年来学生就业难与企业招聘难一直是相伴相生的一对难题。学生就业的指导书很多,但大多侧重于面试技巧的速成。签约就业之后,双方心理上都会产生很大的落差,导致人员离职率居高不下,增大了企业的招聘成本和学生的择业成本。碧虚网从内刊文萃专栏中精选职业成长故事,汇编成《遇见未来的我——大学生毕业前必读的 N 个职业成长故事》,使这些故事成为企业招聘的活"广告",使这些故事的主人公成为企业免费的"代言人"。这些职业成长故事,同时具备典型企业、重要岗位、完全真实、精彩励志等特点,有助于毕业生真正发现自己的职业取向,有助于拉近毕业生与企业的距离,缩短劳资双方的磨合期。

再比如,中粮集团董事长宁高宁在内刊《企业忠良》上开设《宁高宁专栏》、远东电机集团董事长陈鉴明在内刊《精诚之道》上开辟《明鉴》专栏;长城物业董事长兼总裁陈伟忠在《长城物业》报上开辟《总裁吧台》、福耀集团在内刊《福耀人》上开设《董事长/总裁荐文》、东洋炭素总经理詹国彬在企业内刊《炭魂》上开设《国彬日记》专栏等,他们通过著书、开专栏、推荐好作品等方式,影响社会,领航企业。碧虚网以这类专栏文章为基础,精选精编《碧虚内参·总裁视点》,定期在网上发布,并向会员定向推送。

秉持“专业专栏专题相结合，精选精编精展精华汇”的做法，《碧虚内参》期期精彩，被读者誉为“企业内刊界的《读书》、面向企业管理专业人士的《读者》、传播企业文化和品牌的《知音》”。同时，这一专业化、连续化、系列化、数字化的知识产品，是面向图书馆的数据库产品中唯一以内刊资源为依托的特色化产品，可以丰富图书馆资源建设，为图书馆数字资源库建设提供一个全新的内容。

2.3.3　作用与影响

(1)开发需求，定向服务

世界上没有无用的信息，只有没用好的信息。《碧虚内参》把特定的信息在特定的时间推送到特定的人群，这就是定向服务。然而，如何才能把特定人群、特定信息、特定时间三者关联在一起，就需要具备敏锐的服务意识和资深的信息研发能力，捕捉客户潜在的需求，再进一步把潜在的需求开发成现实需求，进而满足他们。比如，每年的7、8月份，是学生的毕业季，也是企业的招新季。这一时段，企业要开展一系列主题活动，还要跟进相关的宣传报道。针对这一特殊情况，碧虚网会把数据库中的成功策划案例与报道佳作集成专题，推送到客户的服务邮箱。再比如，每年年底，是企业举行年会的集中时段，碧虚网都会特别推荐相关文章，开阔企业办年会的思路。2013年12月推荐的《尾牙宴——一个企业的一场活动与企业文化生态》点击率很高，受到了客户的欢迎。再比如，针对客户的咨询——“如何办好特刊？可不可以提供优秀的样刊参考？”碧虚网组织采编人员迅速将数据库中存储的企业特刊、专刊、纪念刊进行标引，如此一来，整刊展示在原有的行业分类的基础上又新增了“特别珍藏版本”的类别，并形成专题数据库。同时，研究人员在深入研究这些珍藏版特刊的共性与特色的基础上，总结撰写出《企业内刊的碧虚法则之特刊篇》，使数据研发上升到理论研究与方法总结的高度，让客户不但可以看到直观的样刊，还可以学到办特刊的方法。

(2)精编目录，方便二次查询

在全文检索的基础上，碧虚网又将同类信息汇总编目，生成一系列目录，为专业研究和咨询人员提供二次查询服务。以企业文化咨询专业为例，碧虚网已经整理和正在整理的目录有《企业文化手册目录》《企业故事集目录》《企业文化案例目录》《企业传记目录》《企业歌曲目录》《企业LOGO目录》《企业博物馆目录》《企业家演讲目录》《企业内刊推荐图书目录》等。通过这一系列目录，为企业文化专业工作者和研究咨询人提供细分领域的信息概览，使碧虚内参真正成为查询企业价值信息的宝典。

(3)个性化服务与原创内容生产相结合。

基于可观的客户资源,碧虚内参立足更高的高度,发现新趋势、聚焦新课题,开展深度研究和独家专访,把个性化服务与原创内容生产结合起来,提高碧虚内参的影响力。仅2013年,碧虚内参共刊发了对12位企业家的访谈文章,部分还在《中外企业文化》杂志公开发表。比如,近年来企业博物馆建设方兴未艾,但是博物馆的运营和管理水平却参差不齐。为了把前沿的博物馆理念、先进的办馆经验进行更好传播,使更多的企业从中受益,碧虚网策划了大型主题采访活动,从众多的企业博物馆中遴选若干具有代表性的优秀者(如唯美陶瓷博物馆、上海纺织博物馆、太安堂中医药博物馆等)进行专访,既为企业提供了深度传播服务,又扩大了碧虚内参的影响力。

(4)深入开展线下咨询服务。

依托庞大的数据资源和专业的研究咨询团队,碧虚公司深化线下咨询服务,为企业提供企业文化咨询、企业策划、企业立传等服务。据碧虚网统计,超过50%的企业媒体开设固定的读书栏目,内容和方式基本包括以下几种:编辑部直接推荐图书、成组刊发员工读书感想、系统报道专业专题专栏相结合,精选精编精展精华汇活动等。碧虚网将这些信息进行完全汇总,自然生成一份企业最喜爱的图书榜。这项数据的开发,一方面可以发现企业员工读书的偏好,为企业之间交流读书信息提供便利;另一方面,有利于碧虚公司为企业提供图书选题策划和企业立传等服务。

(5)对接企业知识管理系统。

近年来,凡是理念超前、位居行业前列的企业,均已意识到企业知识管理的重要性,许多企业已经着手建立自己的企业知识管理系统。例如,康恩贝医药集团和世方地产顾问机构的企业知识管理系统均已上线,并且都很先进。在这个系统中,员工可以上传自己的知识,也可以下载权限内的知识。但是企业知识管理系统要充分发挥应有的作用,仅靠自己的力量是远远不够的,就如同图书馆作为一个提供知识分享的公共服务机构,必须从外部购买资源一样,企业知识管理系统的不断发展也会产生同样的需求,碧虚公司已经做好了充分的准备,随时响应这一需求,为企业知识管理系统提供专业知识和行业竞争情报资源。

3　公益机构灰色文献资源开发利用案例

3.1　台湾地区博硕士论文知识加值系统①

台湾地区博硕士论文知识加值系统（http://ndltd.ncl.edu.tw）是受台湾地区教育主管部门委托建立的面向公众免费提供使用的学位论文在线服务平台。该系统起源于1970年着手编印的台湾地区博硕士论文目录，该系统1997年9月开始提供Web版在线检索，2000年2月增加了电子全文上传与全文授权书在线打印功能。2010年6月10日起，系统更为现名。台湾地区博硕士论文知识加值系统支持开放存取原则，免费注册，注册用户可以检索、浏览、下载相关内容。

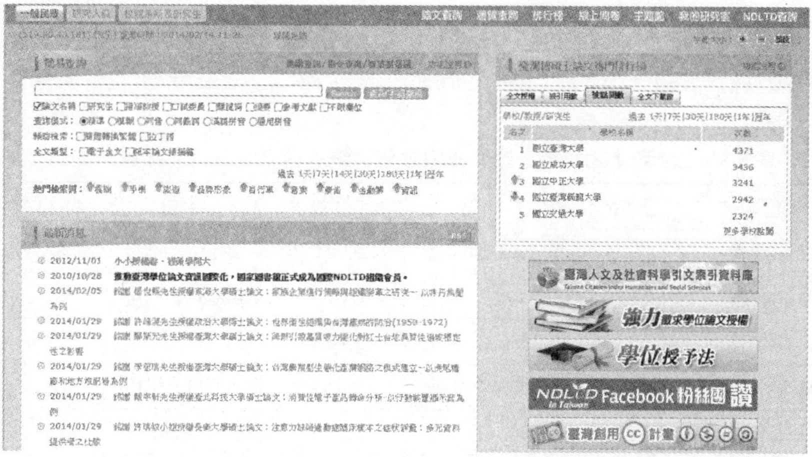

图3－15　台湾地区博硕士论文知识加值系统

3.1.1　资源情况

台湾地区博硕士论文知识加值系统收录的学位论文、书目与摘要涉及教育、艺术、人文、自然科学、工程技术、农业和医药等诸多门类的学科，按照台湾地区的学科分类体系对资源进行组织，学科门类下面是学类，学类下面是

① 本部分根据台湾地区博硕士论文知识加值系统（http://ndltd.ncl.edu.tw）有关资料撰写。

具体的学位论文作者所在学术机构。具体学科门类见表3－7。

台湾地区博硕士论文知识加值系统收录的资源上溯到1956年,收录的文献类型包括论文的数字版、论文的纸本扫描版和书目与摘要。其中,纸本论文扫描版只限于在台湾地区的汉学研究中心所属计算机使用。具体来说,该系统收录已获授权论文全文281 131篇,这是可以在互联网上使用的;收录纸本论文扫描文件16 262个,书目与摘要810 484份。从1956年到2013年每学年所收录的学位论文数量见表3－8。

表3－7　台湾地区博硕士论文知识加值系统学门一览表

教育学门	艺术学门	人文学门	设计学门	社会及行为科学学门	传播学门	商业及管理学门
法律学门	生命科学学门	自然科学学门	数学及统计学门	电算机学门	工程学门	建筑及都市规划学门
农业科学学门	医药卫生学门	社会服务学门	民生学门	运输服务学门	环境保护学门	军警国防安全学门

表3－8　台湾地区博硕士论文知识加值系统每学年收录论文数量一览表

年份	篇数	年份	篇数	年份	篇数
2013学年度	3741	2012学年度	53 428	2011学年度	63 098
2010学年度	62 689	2009学年度	63 034	2008学年度	61 250
2007学年度	57 115	2006学年度	53 386	2005学年度	48 496
2004学年度	44 380	2003学年度	38 937	2002学年度	33 356
2001学年度	27 371	2000学年度	22 769	1999学年度	18 662
1998学年度	16 708	1997学年度	14 823	1996学年度	13 929
1995学年度	14 960	1994学年度	13 088	1993学年度	11 697
1992学年度	10 294	1991学年度	7644	1990学年度	6066
1989学年度	7919	1988学年度	6093	1987学年度	4919
1986学年度	5934	1985学年度	5985	1984学年度	4110
1983学年度	962	1982学年度	2644	1981学年度	305
1980学年度	5274	1979学年度	1773	1978学年度	227

续表

年份	篇数	年份	篇数	年份	篇数
1977 学年度	187	1976 学年度	619	1975 学年度	578
1974 学年度	451	1973 学年度	515	1972 学年度	186
1971 学年度	181	1970 学年度	153	1969 学年度	203
1968 学年度	126	1967 学年度	72	1966 学年度	66
1965 学年度	137	1964 学年度	16	1963 学年度	9
1962 学年度	11	1961 学年度	1	1959 学年度	18
1958 学年度	1	1956 学年度	2		

3.1.2　版块设置

台湾地区博硕士论文知识加值系统设有论文查询、浏览查询、排行榜、线上问卷、主题馆、我的研究室、一般民众版、研究人员版、校园系所及研究生版等栏目和版块。

论文查询包括简历查询、进阶查询、指令查询和智能型选题 4 种查询方式。可以通过论文名称、研究生、指导教授、口试委员、关键词、摘要、参考文献或不限字段进行查询，可以采用的查询模式包括精准、模糊、同音、同义词、汉语拼音和通用拼音查询，还提供有简体转换繁体和拉丁语辅助查询方式。可以通过逻辑关系、研究生类型、语种、命令以及主题缩小查询范围。

浏览查询提供是按照台湾地区学科分类体系提供的查询方式。提供按表 3 –7 显示的 21 个学门的 108 个学类的研究生培养单位的查询方式。表 3 –9是民生学门下的学类，表 3 – 10 列举观光休闲学类的研究生培养单位，点击这些培养单位即可浏览这些单位的学位论文。如图 3 –16 就是休闲（与）游憩（规划）（与）（事业）管理学系的学位论文。

表 3 –9　民生学门下设学类一览表

观光休闲学类	竞技运动学类	运动休闲及休闲管理学类	生活应用科学学类
其他民生学类	服饰学类	美容学类	

表 3－10　观光休闲学类研究生培养单位一览表

休闲(与)游憩(规划)(与)(事业)管理学系	休闲学与观光管理学系	休闲游憩与旅运管理学系
观光与餐饮旅馆学系	观光(与)(休闲)(管理)(游憩)学系	观光事业(管理)学系

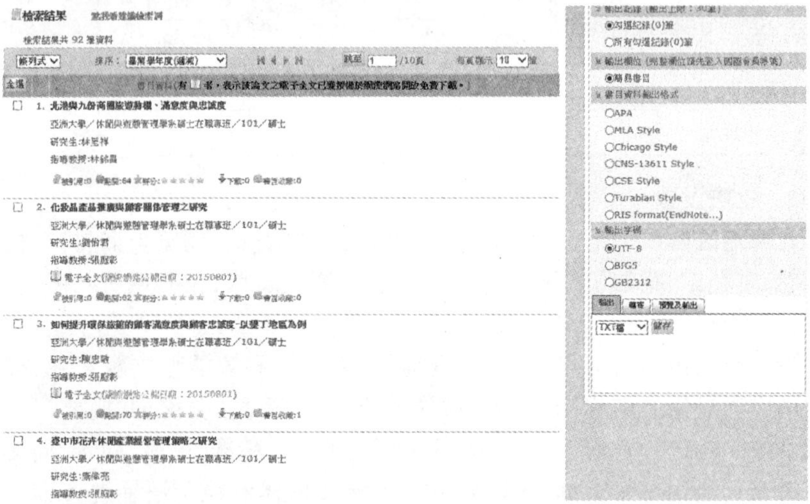

图 3－16　休闲(与)游憩(规划)(与)(事业)管理学系的学位论文

排行榜提供了全文授权、被引用数、被点阅数和全文下载数 4 种排行榜。其中全文授权排行榜包括全文授权数、全文授权率、全文公开数和全文公开率 4 个子排行榜；被引用数、被点阅数和全文下载数又分别包括了学校、系所、指导教授和研究生 4 个子排行榜。

线上问卷是台湾地区博硕士论文知识加值系统为提升服务质量而开展的线上调查。主题馆是注册会员根据自己需要按主题定制的学位论文，系统可以根据会员选定的关键词自动将相关主题的论文推送到主题馆中。我的研究室可以保存注册会员的书目清单、检索历史、研究偏好并设定自己的网页偏好。一般民众版、研究人员版、校园系所及研究生是针对不同的读者推出的不同功能的功能。

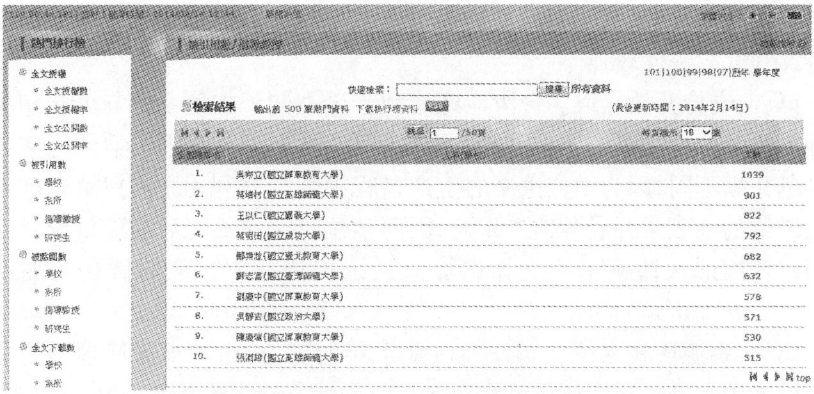

图 3－17　被引用次数/指导教授排行榜

图 3－18　主题馆界面

3.1.3　资源特点

台湾地区博硕士论文知识加值系统是支持开放存取的学位论文系统，具有如下特点。

第一，权威性较强。台湾地区博硕士论文知识加值系统的创办者台湾地区汉学研究中心是台湾地区学位论文法定寄存图书馆，肩负着建立台湾地区学位论文总书目的责任,而该系统的建设也得到了台湾地区教育主管部门的支持,因此,权威性较强。

第二,支持开放存取。台湾地区博硕士论文知识加值系统与大陆相关机构推出的学位论文系统不同,支持开放存取,便于读者利用。学位论文与企业灰色文献不同,因为学位论文的生产过程中大都是利用政府投资也就是纳税人缴纳的税赋来开展各项工作的,因而学位论文完成之后理应供读者免费利用。台湾地区博硕士论文知识加值系统支持开放存取的做法尤加值得赞许。

第三,资源比较系统完善。通过几十年的努力,台湾地区博硕士论文知识加值系统收录的获得授权可在网上存取的学位论文数量多达28万多篇,台湾地区142所院校中有61所院校历年给予台湾地区博硕士论文知识加值系统学位论文授权数量超过50%以上,88所历年授权数量超过40%以上。从而使得该系统学科门类覆盖齐全,资源比较系统完善。

3.2 美国医学院图书馆公共卫生报告数据库

“灰色文献报告”(Grey Literature Report)是由美国纽约医学协会图书馆主办的一份在线出版物,每两个月出版一次,网址为 http://www.greylit.org。由于灰色文献的特殊性质,图书馆通常很难获得这类资源,因此也谈不上为人们提供灰色文献的访问服务。美国纽约医学协会(The New York Academy of Medicine,简称 NYAM)开始重视灰色文献的搜集保存是源于一大批公共卫生与健康政策研究人员的推动。美国纽约医学协会的研究人员发现,在健康服务研究与政策领域,约60%的参考资料为灰色文献①。为此,从1998年开始,美国纽约医学协会图书馆将采集灰色文献资源列为重点工作,并将灰色文献正式列入图书馆馆藏资源目录中。自此,美国纽约医学协会图书馆开始向相关领域的各家出版组织和机构搜集灰色文献资源,并为他们提供了特殊的编目方式,随后在1999年正式建成了“灰色文献报告”数据库。这是美国纽约医学协会图书馆在灰色文献开发与利用方面走出的第一步,不仅为研究人员开展公共卫生研究搜集提供了更多所需资源,同时也为图书馆员们的职业发展带来较

---

① Gray B H. Sources used in health policy research and implications for information retrieval systems[EB/OL]. (2014-01-08)[2014-01-08]. http://www.chinalibs.net/ArticleInfo.aspx? id=346742.

大助力，能帮助图书馆员更好地了解灰色文献馆藏，提高他们的工作能力。

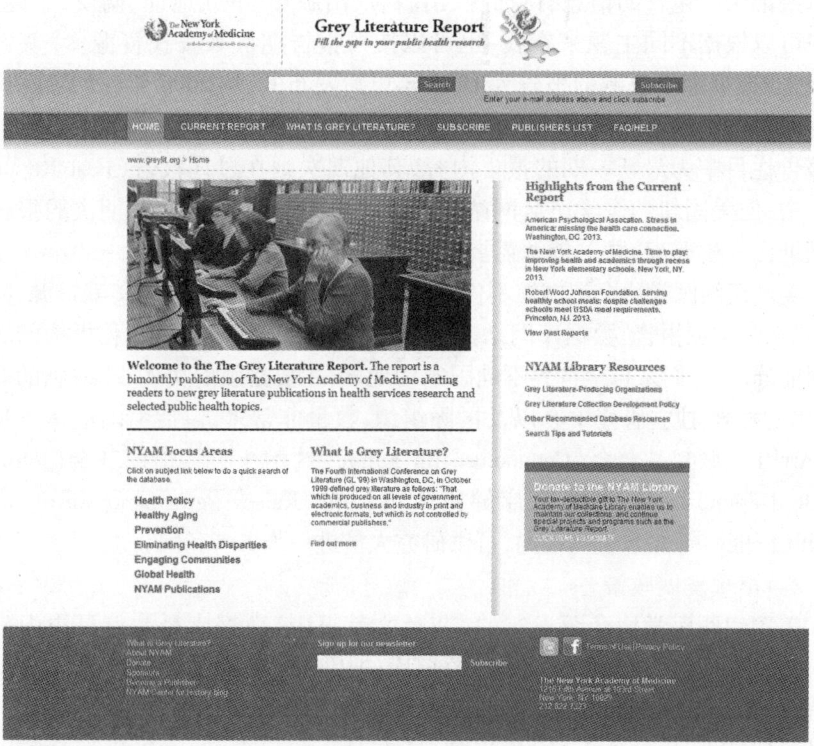

图 3－19　美国纽约医学协会图书馆“灰色文献报告”数据库主页

3.2.1　资源情况

在“灰色文献报告”数据库网站，主要栏目有：当前报告（Current Report）、关于灰色文献（What is Grey Literature?）、订阅（Subscribe）、出版者列表（Publishers List）、常见问答及帮助（FAQ/Help）。在网站首页，不但对当前报告重点进行了推荐，还列出了美国纽约医学协会图书馆“灰色文献报告”数据库的重点发展主题，即：卫生政策（981）、健康老龄化（75）、预防（2168）、消除健康差异（405）、社区卫生参与（9）、全球健康（234）、美国纽约医学协会出版物（83）①。

---

① 括号内数字为当前数据库中相关主题下资源数量，数据来自 2014 年 1 月 6 日美国纽约医学协会图书馆“灰色文献报告”数据库。

按照统一的编目规范,美国纽约医学协会图书馆"灰色文献报告"数据库中每条记录所包含的信息有:标题、出版者、出版年、下载地址、摘要、主题等。用户可以根据不同主题来查找,也可以按照报告期次来查找资源。"灰色文献报告"数据库中收藏的报告为1999年以后发布的,从2006年开始数据库保持着双月一更的更新周期,到2013年底,总共已发布75期公共卫生报告。当前报告栏目中为最新一期的报告内容,其他期次则在过往报告(Past Reports)栏目中,但美国纽约医学协会网站的升级改版导致2011年前各期次的报告链接网址已发生改变,相关资源需要通过其他方式进行查找访问。

美国纽约医学协会图书馆不仅搜集了大量的公共卫生灰色文献资源,同时还在"灰色文献报告"数据库网站提供了相关灰色文献出版组织和机构的名单及网址链接,它们来自全世界不同国家和地区,主要是政府机构、非盈利的非政府组织、大学、独立研究中心以及国际组织,数量非常多,包括美国退休人员协会(AARP)、联邦基金会(Commonwealth Fund)、约翰·哈特福德基金(John A. Hartford Foundation)、恺撒医疗健康政策机构(Kaiser Permanente Institute for Health Policy)等知名机构在内,可供研究人员进一步参考利用。

3.2.2 馆藏发展政策

美国纽约医学协会图书馆的"灰色文献报告"数据库最初只是应内部研究人员之需而建成,发展到后来,数据库的用户越来越广泛。目前,"灰色文献报告"数据库的订阅者已超过1700人。数据库的用户群体除了公共卫生领域的研究人员、执业医师、学生外,还有对公共卫生、健康与科学政策以及少数民族和特殊人群(如儿童、妇女、无保险者、老年人)的健康等感兴趣的社会各界人士。因此,数据库中的资源更偏于学术性,主要是研究资料,而非一般消费者所需的健康资料。

这个数据库中的资源主要是2000年之后出版的,随着时间的推移,"灰色文献报告"数据库中的资源将越来越多,而那些富有前瞻性的资料始终是馆藏发展重点。资源类型方面,无论是案例研究、会议论文集、讨论文稿、实况报道,还是政府文件、文章摘要、研究报告、统计报告,或者白皮书等,都在馆藏之列。但对调查问卷、健康统计数据这类资源不单独收藏,只有当其为报告中不可缺少的一部分时才会被列入馆藏范围。

"灰色文献报告"数据库中的所有资源,包括引文、超链接以及其他参考文档,都按照当前版权法免费向研究人员提供,美国纽约医学协会特别声明,该数据库资源仅供学术和个人利用,不得用于商业目的。为了保障自己的权益，美国纽约医学协会还在网站郑重声明：对于读者任何违反版权法，滥用或不当利用“灰色文献报告”数据库中资源、引文、超链接或参考资料的行为，美国纽约医学协会均不负责任。

3.3　欧洲灰色文献系统（SIGLE）

欧洲灰色文献系统（System for Information on Grey Literature，简称 SIGLE）是目前世界上收集和利用灰色文献的重要书目数据库。SIGLE 始建于 1980 年，是在欧共体支持下创建的旨在收集和利用欧共体各国灰色文献的在线书目数据库。从 1985 年开始，SIGLE 由欧洲灰色文献利用协会（European Association for Grey Literature Exploitation，简称 EAGLE）负责管理，其成员由各国重要的文献中心或图书馆组成。2005 年，EAGLE 成员决定解散协会，并停止向 SIGLE 输入新的文档。SIGLE 数据库的数据全部来自提议建立 SIGLE 的成员馆。随着开放存取运动（Open Access movement）的兴起，法国国家科技信息研究所/法国国家科研中心（INISTCNRS）开始着手实施 OpenSIGLE 项目，决定将 SIGLE 的数据迁移到 DSPACE 平台，使其和 OpenSIGLE 一样实行免费获取。2009 年到 2010 年期间，GreyNet International 加入 OpenSIGLE，将历届灰色文献国际会议的预印本加入到 OpenSIGLE 数据库，此举不仅提供了对国际灰色文献大会论文的全文免费获取，同时也将研究灰色文献的相关文献免费开放。2011 年，OpenSIGLE 将其平台更名为 OpenGrey，并对其功能和内容进行了更新，所有书目数据实行免费检索。

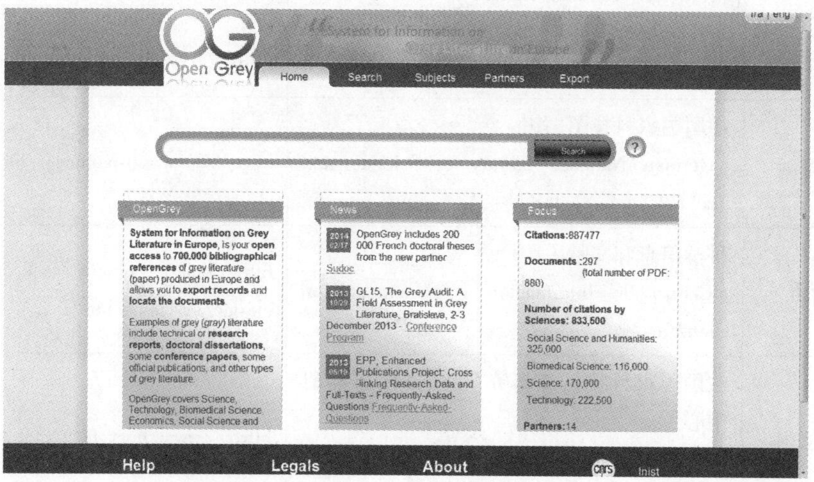

图 3－20　欧洲灰色文献信息系统主页

SIGLE 书目数据库收录文献来源广泛,类型丰富,涵盖多个学科领域,收录文献年限最早可回溯至 1922 年,但 1922 年至 1980 年之间的文献所占比例较小,如 1922 年的文献只有 1 篇。所有书目数据检索和浏览和结果页面均使用英文,每条数据标题同时提供英文和文章本身语种两种形式。提供部分文献的英文摘要和历届国际灰色文献大会的论文预印本全文。

3.3.1 文献来源

OpenGrey 目前由法国国家科技信息研究所/法国国家科研中心(INISTCNRS)负责运行,现有成员 15 个,除 GreyNet International 外,其他均为欧盟各国重要的文献中心或图书馆。这些成员同时也是欧洲灰色文献利用协会(EAGLE)的成员,可以说是欧洲主要的文献和信息提供中心。每个成员负责收集所在国产生的灰色文献,如果用户在参考目录中找不到所需要的文献全文时,他们还可为用户提供文献传递服务。GreyNet International 则负责提供历届国际灰色文献大会的论文预印本。目前 OpenGrey 的成员名录见表 3-11。

表 3-11 SIGLE 成员一览表

国别	机构名称	网址
比利时	鲁汶大学 (Université Catholique de Louvain)	http://www.bib.ucl.ac.be/
捷克	国家技术图书馆 (National Technical Library)	http://www.techlib.cz/en/
德国	卡尔斯鲁厄专业情报中心 (Fachinformationszzentrum Karlsruhe)	http://www.fiz-karlsruhe.de/
德国	德国国家科技图书馆 (German National Library of Science and Technology,简称 TIB)	http://www.tib-hannover.de
西班牙	科学信息和文献中心 (Centro de Informaciòn y Documentaciòn Cientìfica)	http://marte.cindoc.csic.es/cindoc/servicios.htm
法国	法国国家科技信息研究所/法国国家科研中心 Institut de l´Information Scientifique et Technique-CNRS	http://www.inist.fr/

续表

国别	机构名称	网址
法国	大学文献系统 Sudoc(Système Universitaire de Documentation)	http://www. sudoc. abes. fr//DB=2. 1/LNG=EN/
英国	大英图书馆文献提供中心 British Library Document Supply Service	http://www. bldss. bl. uk/
意大利	国家研究院 Consiglio Nazionale delle Richerche	http://www. bice. rm. cnr. it/
卢森堡	卢森堡国家图书馆 Bibliothèque Nationale de Luxembourg	http://www. bnl. lu/
拉脱维亚	拉脱维亚高校图书馆 Latvian Academic Library	http://www. acadlib. lv/index. php? &21
葡萄牙	科技基金委员会 Fundação para a Ciência e a Tecnologia	http://www. fct. mctes. pt/
俄罗斯	俄罗斯科技信息中心 VNTIC Scientific & Technical Information Centre of Russia	http://www. rntd. citis. ru/
斯洛伐克	斯洛伐克科技信息中心 Slovak Centre of Scientific and Technical Information	http://www. cvtisr. sk
–	GreyNet International	http://www. greynet. org/

3. 3. 2　学科分布

OpenGrey 是一个多学科的欧洲文献数据库，涵盖基础科学、技术、生物医学、经济学、社会科学、人文科学等。目前共有一级学科 20 个，二级学科 114 个，部分学科分类表见表 3 - 12，一级学科文献数据量见表 3 - 13。由于 OpenGrey允许一篇文献同时具有一个以上的学科属性，例如，一篇文献就其内容可同时被分到空气动力学和应用数学两个学科，因此各学科的文献数量总和要略多于 OpenGrey 的数据总量。

表 3－12　SIGLE 学科分类代码表(SIGLE classification codes)节选

一级学科	二级学科
航空学 01 Aeronautics	010 Aeronautics, general 01A Aerodynamics 01B Aircraft operations, aircraft safety, aircraft accidents, air traffic control 01C Aircraft, aircraft components 01D Aircraft flight control, aircraft instrumentation 01E Airport operations 01F Parachutes, decelerators
农学、植物科学和兽医学 02 Agriculture, plant and veterinary sciences	020 Agriculture, plant and veterinary sciences, generaL 02A Agricultural chemistry, fertilisers, animal feed, silage, pesticides, soil conditioners 02B Agricultural economics, agricultural markets 02C Agricultural engineering 02D Agronomy, crop production, crop diseases, horticulture 02E Animal husbandry, farm animals, pets 02F Forestry, agroforestry, sustainable forestry 02G Veterinary sciences, veterinary medicine 02H Aquaculture, fisheries, fishing
环境污染、保护与控制 03 Environmental pollution, protection and control	030 Environmental pollution, protection and control, general 03A Air pollution, emissions, acid rain 03B Noise pollution 03C Water pollution, oil pollution, sewage treatment, water treatment 03D Land pollution, soil pollution 03E Radioactive pollution, nuclear waste 03F Solid waste pollution, waste disposal, landfills 03G Environmental health, environmental safety 03H Environmental law, environmental regulations 03I Waste recycling(non-nuclear), waste recovery 03J Nuclear waste reprocessing

续表

一级学科	二级学科
人文科学,心理学和社会科学 05 Humanities, psychology and social sciences	050 Humanities, psychology and social sciences, general 05A Management, administration, business studies 05B Information science, librarianship 05C Ergonomics 05D Economics, economic theory 05E History 05F Archaeology 05G Anthropology, folklore, ethnology 05H Philosophy, theology, religion 05I Law, law enforcement, penal administration 05J Political science, public administration 05K Linguistics 05L Literature, mass media, performing arts 05M Sport, Recreation, tourism 05N Arts, crafts 05O Architecture 05P Education, training 05Q Psychology 05R Sociology, social studies, welfare studies, social services 05S Labour studies 05T Health services, health administration, community care services 05U Housing provision, property 05V Urban planning, rural planning, transport planning, countryside conservation 05W Demography, population studies 05X Internal and EU commerce, domestic marketing, consumer affairs 05Y International commerce, international marketing, international trade 05Z Banking, finance, taxation

表 3-13　SIGLE 一级学科文献数据量①

学科	文献数量
01 航空学(Aeronautics)	6959
02 农学、植物科学和兽医学(Agriculture, plant and veterinary sciences)	30 438
03 环境污染、保护与控制(Environmental pollution, protection and control)	20 544
05 人文科学、心理学和社会科学(Humanities, psychology and social sciences)	353 323
06 生物科学和医学(Biological and medical sciences)	212 316
07 化学(Chemistry)	32 800
08 地球和大气科学(Earth and atmospheric sciences)	41 714
09 电子和电气工程、计算机科学(Electronics and electrical engineering, computer science)	59 305
10 能源和电力(Energy and power)	35 265
11 材料科学(Materials)	36 903
12 数学(Mathematical sciences)	39 866
13 机械、工业、民用和海洋工程(Mechanical, industrial, civil and marine engineering)	62 008
14 方法与设备(Methods and equipment)	9515
15 军事科学(Military sciences)	1570
16 导弹技术(Missile technology)	93
17 导航、通信、检测和对策(Navigation, communications, detection and countermeasures)	9729
19 军械(Ordnance)	15
20 物理学(Physics)	92 923
21 推进燃料(Propulsion and fuels)	5394
22 航天技术(Space technology)	3195

① SIGLE classification codes[EB/OL]. [2014-03-05]. http://www.opengrey.eu/subjects.

3.3.3　文献体裁、语种及其分布

OpenGrey 收录的文献体裁包括科技报告(technical or research report)、博士学位论文(doctoral dissertation)、会议论文(conference paper)、政府出版物(official publication)以及其他类型的灰色文献。其中科技报告约占22%，学位论文占47.2%，会议论文约占2.4%，其他类型的灰色文献约占28.4%。英语类文献最多，约占50%；其次是法语文献，约占28%；再次是德语文献，约占17.5%；其他语种还包括意大利语1.8%、西班牙语1.%、捷克语0.5%、拉脱维亚语0.3%、荷兰语0.2%、葡萄牙语0.2%和俄语0.1%。

3.3.4　技术

OpenGrey 的用户界面是基于 php 和 MySQL 软件开发，数据库搜索引擎则采用 Exalead；遵循开放文献元数据收割协议 OAI-PMH，其内容可被收割，并尽可能提供 XML 或 Zotero 格式的输出。OpenGrey 的元数采用限定的都柏林核心元数据的扩展版，每一条数据都有一个唯一的标识字段"Handle"。OpenGrey的元数据见表 3－14。

表 3－14　OpenGrey 主要元数据一览表

序号	字段名称	含义	备注
1	Title	标题	提供英文和文章本身语种两种形式
2	Authors	作者	
3	Corporate author	团体作者	
4	Publication year	出版年份	
5	Language	语种	
6	Abstract	摘要	
7	Pagination/Size	文献页数/大小	
8	SIGLE classification	SIGLE 分类	
9	Document type	文献类型	文献类型分为：U-Thesis、I-Miscellaneous、R-Report、Y-Progress report、K-Conference
10	Report number	报告编号	一般由机构缩略语加流水号构成
11	Other identifier	其他标识	
12	Handle	句柄	是数据的唯一标识符号
13	Provenance	来源	

续表

序号	字段名称	含义	备注
14	Get a copy	获得拷贝	用以描述获取文献全文的机构或途径
15	Availability	利用	用以描述纸本文献在成员馆的排架位置
16	Country	国家	

3.3.5 浏览及检索方式

(1)浏览方式

点击首页(http://www.opengrey.eu/)的"Subjects",可通过 SIGLE 学科分类表按一级学科进行浏览,如图 3-21。打开一级学科浏览页面,还可以按个人(person)、组织(organization)、二级学科(discipline)关键词(keyword)、发表年代(year)、语种(lang)、文献类型(doctype)、来源(origin)进行浏览,并标示有相对应的文献数量。如图 3-22。

图 3-21　SIGLE 学科分类表

(2)检索方式

和其他所有数据库一样,OpenGrey 支持布尔检索、限定检索条件和检索结果等检索形式,用启可通过输入一个或多个检索词直接进行标题检索。其高级检索形式提供按组织(organization)、作者(author)、关键词(keyword)、发表年代(year)、语种(language)、文献类型(doctype)、国家(coutry)、报告号等的检索,但页面上没有设置高级检索选项,需要用户自行输入检索语言,如按关键词“Medecine”检索可输入“keyword:(Medecine)”;还可以同时按关键词检索和年代检索,如可输入“keyword:(Medecine) year:(2001)”,如图 3 - 23 检索结果页面。尽管没有设置高级检索选项,但在用户按作者、关键词等元素浏览时,相关语句会自动出现在检索输入框,因此高级检索语句简单易学,可满足不同用户的检索需求。

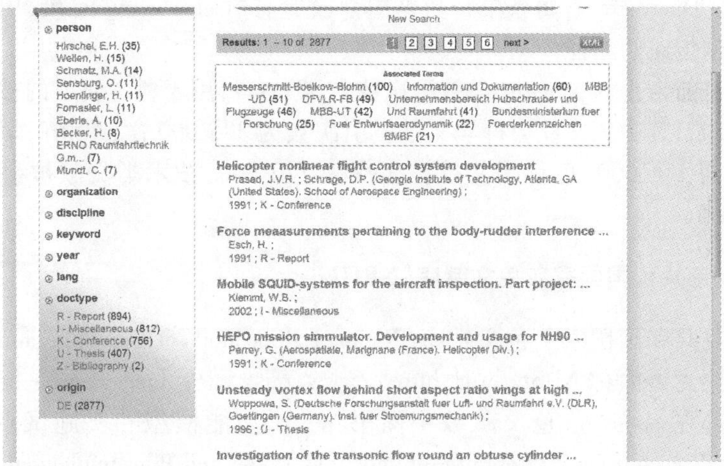

图 3 - 22　航空学一级学科浏览页面

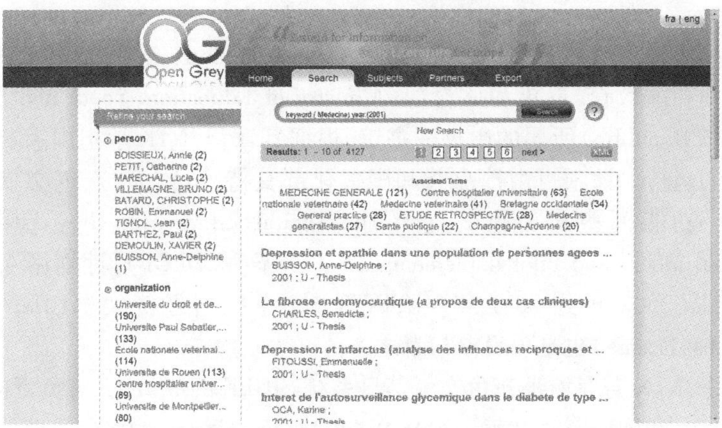

图 3 - 23　高级检索结果页面

3.3.6 文献获取

OpenGrey 数据库的文献，如有全文链接则可直接引用；没有数字化的纸质印刷文献全文则需要通过向文献所属成员机构申请文献传递来获得，也可通过法国国家科技信息研究所/法国国家科研中心（INIST-CNRS）的 REFDOC（http://www.refdoc.fr/Pagesfilles/contact? traduire = en）进行查询和申请文献传递。OpenGrey 在每条书目数据中都设置有“Get a copy”字段，用以描述获取文献传递的途径。

到目前为止，OpenGrey 总被引次数为 887 477，用于科学研究的被引次数为 833 500，其中人文社会科学文献被引次数为 325 000 次，生物医学文献被引次数为 116 000，理科类文献被引次为 170 000，技术类文献被引次数为 222 500①。

3.4 捷克共和国国家灰色文献库（NRGL）

捷克共和国国家灰色文献库（National Repository of Grey Literature，简称 NRGL，捷克语简称 NUSL，网址 http://www.nusl.cz/? lang = en）是捷克共和国文化部在名为“灰色文献数字图书馆——功能模型和实施试点”（The Digital Library for Grey Literature—Functional Model and Pilot Implementation）的项目框架内支持创建的、用于提供捷克共和国科研和教育灰色文献存取的信息中心。

布拉格国家科技图书馆（National Technical Library in Prague，简称 NTK）是捷克共和国教育、青年和体育部（Ministry of Education，Youth and Sports of the Czech Republic）所属的中央图书馆，根据其章程，NTK 承担国家灰色文献库项目的运行。该项目由捷克共和国文化部支持，全称为“灰色文献数字图书馆——功能模型和实施试点”（The Digital Library for Grey Literature—Functional Model and Pilot Implementation，以下简称 DLGL），计划用 4 年的时间完成，即 2008 年到 2011 年。除 NTK 外，布拉格经济大学（University of Economics，Prague）也是项目参与者之一。

过去，NTK 曾是欧洲灰色文献信息系统 SIGLE 的成员之一，负责向SIGLE 提供捷克共和国的灰色文献。2003 年 SIGLE 停止运行，2005 年 NTK 以SIGLE 为基础的灰色文献服务也不得不终止。同年，NTK 多次组织了以大学、中心

① OpenGrey. Focus[EB/OL].[2014 - 03 - 08]. http://www.opengrey.eu.

图书馆和其他机构为代表的学术会议，讨论灰色文献资源建设在国家层面上的合作。以此为基础，NTK 开始着手准备 DLGL 项目，该项目于 2008 年正式开始运行。在 2007 年到 2008 年间，NTK 首先对捷克共和国内灰色文献及其生产者的现状进行了详细的调查分析，对被认为是灰色文献主要生产者的大学和捷克共和国科学院（ASCR）的相关研究机构进行了问卷调查，被调查的 48 家机构中有 39 家表达了未来通过授权许可进行合作的愿望。值的关注的是，从 2008 年 10 月举办第一届灰色文献存取学术研讨会后，每年 10 月 NTK 都会举办这样的会议，目前已举办了 6 届，并将历届会议的论文集全文在 NRGL网站上公布。2014 年 10 月 22 日，第 7 届灰色文献存取会议将如期召开①。

DLGL 项目的主要目的是创建国家灰色文献库（NRGL），包括推出 NRGL 中央搜索界面，创建 NRGL 数字仓储，以便对灰色文献能够进行长期保存和利用。为保证 NRGL 的稳定发展，2009 年底，《基于风险管理的数字仓储审计方法》（Digital Repository Audit Method Based on Risk Assessment，简称 DRAMBORA）制定完成并进行了第一次审计，审计结果和经验经过总结于 2011 年出版，书名为《灰色文献仓储》（Grey Literature Repositories），该书全文也可通过 NRGL 免费下载。图 3－24 为捷克共和国国家灰色文献库首页。

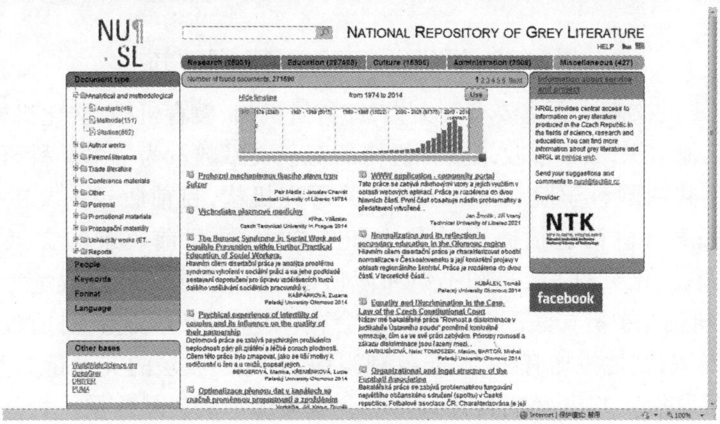

图 3－24　捷克共和国国家灰色文献库首页

① National Repository of Grey Literature. Seminar on Providing Access to Grey Literature [EB/OL]. [2014－03－08]. http://nrgl. techlib. cz/index. php/Workshop.

(1)文献来源及数量

截止到2014年3月8日,NRGL拥有的灰色文献总量为271 725篇,其中8695篇提供可直接下载的PDF格式的全文,115篇提供可在线观看的视频,其余的大多提供摘要。PDF格式的全文下载部分可直接从NRGL下载,部分则链接到来源机构的网页上。也就是说,有些机构提供元数据,全文由机构自已保存;有些机构则将全文提交给NRGL。NRGL在其首页提供历年灰色文献数量的柱状图,用户可通过拖动该图横向按钮,查看各年度的灰色文献数量或某一种类、某一机构的各年度灰色文献数量(如图3-25)。柱状图随用户浏览或检索的文献不同而显示不同的结果。由柱状图可知,NRGL收录的灰色文献最早可回溯至1920年。从2004年开始,灰色文献的数量呈逐年上涨的趋势。

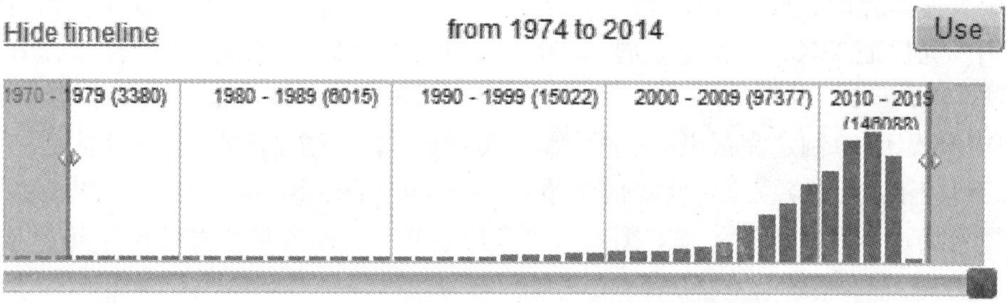

图3-25　NRGL历年灰色文献数量柱状图

NRGL的文献来源主要有五大类,即科研机构、教育机构、文化机构、政府部门和其他组织,其中以收录教育机构的灰色文献数量为最多。科研机构主要是捷克共和国科学院(ASCR)的相关研究机构,目前收录的文献数量为25 062篇;教育机构包括捷克的私立和公立大学,目前收录的文献数量为227 432篇;文化机构主要指图书馆和博物馆,目前收录的文献数量为15 995篇;行政机构主要有司法部、环境部、议会、核安全国家办公室,目前收录的文献量为2809;其他机构有银行、非盈利组织和个人,收录的文献量为427篇。以上数据为截至2014年3月8日NRGL首页显示的文献数量。表3-15为来源机构情况及其灰色文献数量。

表3－15　NRGL灰色文献来源机构情况及其灰色文献数量

<table>
<tr><th colspan="2">来源机构</th><th>文献数量</th><th>总计</th></tr>
<tr><td rowspan="4">科研机构</td><td>捷克共和国科学院的人文社会科学研究机构（ASCR-Humanities and Social），如民族学研究、历史研究所等共18家。</td><td>6301</td><td rowspan="4">25 062</td></tr>
<tr><td>捷克共和国科学院的数学、物理和地球科学研究机构（ASCR-Mathematics.，Physics and Earth），如天文学研究所、地球物理研究所等共18家。</td><td>12 748</td></tr>
<tr><td>捷克共和国科学院的生命与化学研究机构（ASCR-Life and Chemical），如生物技术研究所、生理学研究所等共23家。</td><td>5829</td></tr>
<tr><td>其他科研机构，如交通运输研究中心、布拉格食品研究所等共13家。</td><td>184</td></tr>
<tr><td rowspan="2">教育机构</td><td>私立大学与科研机构，如布拉格建筑研究所、布拉格大学等共6所。</td><td>66</td><td rowspan="2">227 432</td></tr>
<tr><td>公立大学，如布拉格音乐艺术学院、布尔诺门德尔大学等共14所。</td><td>227 366</td></tr>
<tr><td rowspan="3">文化机构</td><td>美术馆，目前仅有2所，俄斯特拉发形象艺术馆和布尔诺摩拉维亚美术馆。</td><td>24</td><td rowspan="3">15 995</td></tr>
<tr><td>图书馆，包括摩拉维亚图书馆（Moravian Library）、国家医学图书馆和NTK共3所。</td><td>15 882</td></tr>
<tr><td>博物馆，共有包括布尔诺地区博物馆、国家技术博物馆等6所。</td><td>89</td></tr>
<tr><td rowspan="4">行政机构</td><td>司法部（Ministry of Justice）</td><td>5</td><td rowspan="4">2809</td></tr>
<tr><td>环境部（Ministry of the Environment）</td><td>2717</td></tr>
<tr><td>议会（Parliamentary institute）</td><td>86</td></tr>
<tr><td>核安全国家办公室（State Office for Nuclear Safety）</td><td>1</td></tr>
<tr><td rowspan="3">其他组织</td><td>银行</td><td>394</td><td rowspan="3">427</td></tr>
<tr><td>非营利组织</td><td>25</td></tr>
<tr><td>个人档案</td><td>8</td></tr>
</table>

注：该表的数据取自2014年3月8日NRGL网站公布的数据。

(2)文献语种及体裁

NRGL 收录的文献主要以捷克语和英语为主,其次是斯洛伐克语文献,另外还有少量的法语和波兰语文献。

NRGL 收录的文献体裁主要有各类报告、学位论文、会议文献、贸易文献以及少量的个人资料、宣传资料等。其中学位论文数量最多,其次是报告和会议文献。NRGL 的文献种类分为两级,对每一大类又进行了细致划分,在首页以树形图的形式显示,并标示出各类文献当前的数据量。表 3 - 16 为截至 2014 年 3 月 8 日 NRGL 一级分类文献收录情况数量排序,图 3 - 26 为 NGRL 一级文献分类,图 3 - 27 为 NGRL 二级文献分类。

表 3 - 16　NRGL 收录文献种类及数量

序号	文献种类	文献数量
1	大学作品(University works)包括学士学位论文 115 684 篇、硕士学位论文 103 308 篇、博士学位论文 13 165 篇、任教资格论文(habilitation thesis)681 篇、其他 2229 篇	235 067
2	会议资料包括海报 16 篇、会议日程 25 篇、会议论文 20 149 篇、会议论文集 1371 册	21 561
3	报告包括出差报告(travel reports)14 篇、受资助报告(grant reports)4609 篇、临时报告(interim reports)1492 篇、技术报告 16 篇、年度报告 303 篇、研究报告 4988 篇、最终报告 949 篇、现状报告(status reports)148 篇、调查报告 14 篇	12 533
4	贸易文献(trade literature):包括产品目录 1048 份、手册 5 份、其他文献 269 篇	1322
5	分析与方法文献(analytical and methodological):包括分析文献 49 篇、方法类文献 152 篇、研究文献 662 篇	863
6	促销材料:包括小册子 3 份、广告 72 份	75
7	其他文献:包括书目 63 份、其他目录 2 份	65
8	宣传材料:包括新闻稿 41 份	41
9	个人著作:包括专著 20 本、预印本 12 份、论文 1 篇	33
10	企业文献(firemní literatura):包括企业印刷文献 21 份	21
11	个人资料:包括书目 2 份	2

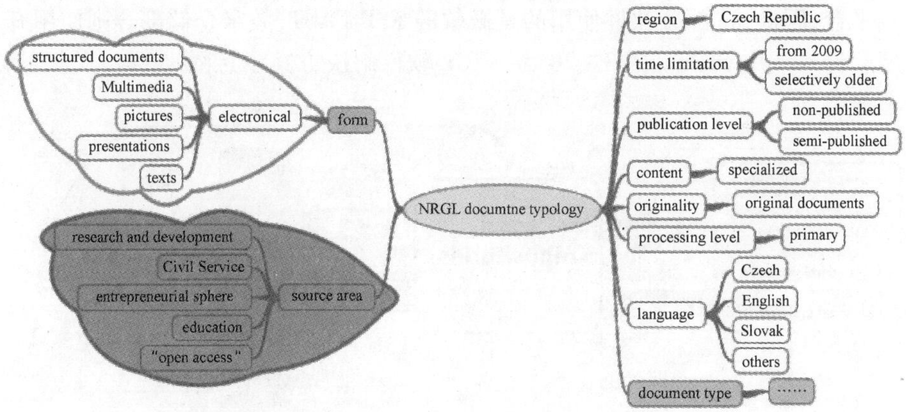

图 3－26　NGR 一级文献分类①

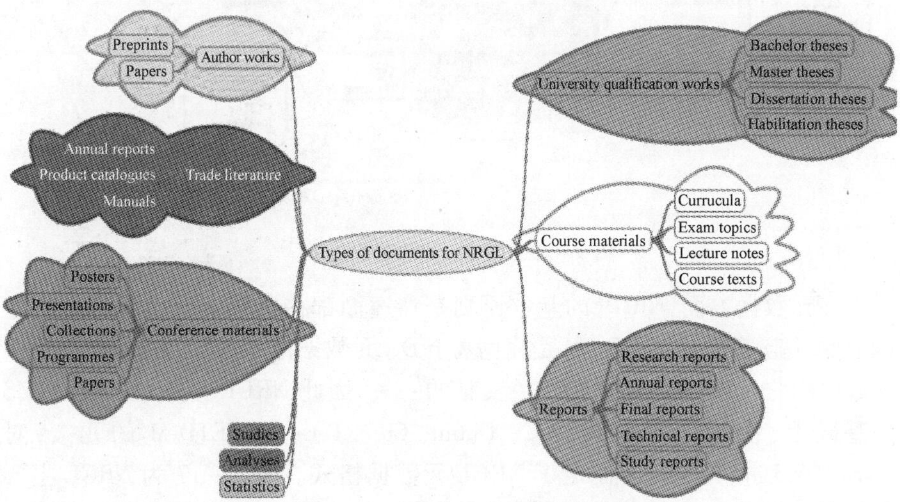

图 3－27　NGR 二级文献分类②

(3)技术

NRGL 包括中央搜索界面(central search interface)和数字仓储(Digital Repository)两部分。中央搜索界面的目标是创建一个灰色文献仓储的统一检

① Pejšová P. Grey Literature Repositories[M]. Zlín:Radim Bačuvčík,2010:37.

② Pejšová P. Grey Literature Repositories[M]. Zlín:Radim Bačuvčík,2010:38.

索平台,因此,这部分软件使用的是微软的 ESP FAST;数字仓储部分则使用开源软件 CDS Invenio。图 3－28 为 NRGL 软件解决方案示意图。

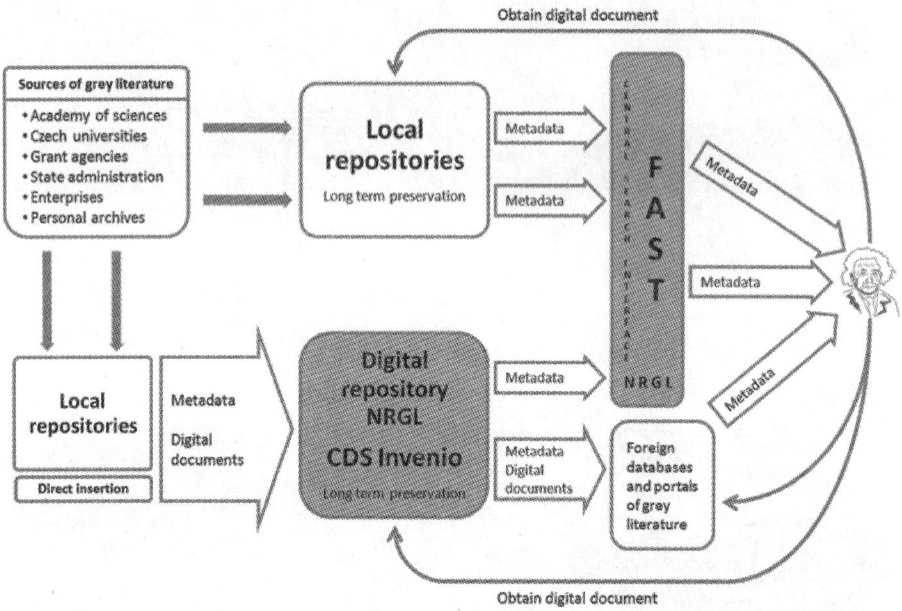

图 3－28　NRGL 软件解决方案①

在元数据方面,NRGL 的基本原则是在遵循都柏林核心元数据标准的基础上尽可能简洁。EVSKP-MS 是捷克基于 DC 元数据标准制定的电子学位论文元数据标准,而学位论文也是灰色文献的一种,因此 NRGL 考虑在 EVSKP-MS 的基础上,使用了 Dublin Core、Dublin Core Terms 和 ETD-M 的元素,对 EVSKP-MS 进行了扩展,制定了 NRGL 元数据格式。表 3－17 为 NRGL 主要元数据一览表。为方便对其他机构非 DC 标准的数据进行收割,还制定了不同元数据与 NRGL 元数据的格式转换表。图 3－29 为 NRGL 元数据格式与 MARC21 转换表。

① NRGL. The NRGL software solution[EB/OL].[2014－03－12]. http://nrgl.techlib.cz/index.php/Software.

Konverzní tabulka mezi NUŠL formátem a MARC 21

NUŠL prvek - popis	MARC 21 – identifikátor, pole, podpole	Popis prvku v šabloně	Poznámka
nusl:metadata (Metadatový záznam NUŠL)			nepřiřazuje se
dc:identifier (identifikátor zdroje)	024 8#$a 856 ##$u	Identifikátor Trvalý odkaz na záznam	Systém přiděluje automaticky
dc:title	245 00$a	Název	
dc:title (nusl:typeTranslated)	245 00$b	Další názvové údaje	
dcterms:alternative	246 33$a	Alternativní název	
dcterms:alternative (nusl:typeTranslated)	246 33$b	Další údaje o alternativním názvu	
dcterms:alternative (nusl:titleType=volTitle)	246 30$p	Název svazku	
dcterms:alternative (nusl:titleType=volNumber)	246 3#$n	Číslo svazku	
dc:creator	720 ##$a _AUTOR (nespecifikován)	Autoři	Konvertujeme do pole 720, protože nevytváříme hlavní ani vedlejší záhlaví pro korporace a osoby.
dc:contributor	720 1#$i (nespecifikován) 720 1#$i_CON 720 1#$i_VED 720 1#$i_OPO	Přispěvatelé	Konvertujeme do pole 720, protože nevytváříme hlavní ani vedlejší záhlaví pro korporace a osoby.
dc:contributor.role	720 1#$e	Jiná role přispěvatele	
nusl:event	711 2#$a	Název konference / akce	

图 3－29　NRGL 元数据格式与 MARC21 转换表①

表 3－17　NRGL 主要元数据一览表

序号	字段名称	含义	备注
1	Original title	原文标题	
2	Translated title	译后标题	NRGL 大部分数据提供两种标题形式，即原文语种标题和译成英文后的标题
3	Authors	作者	

① Pejšová P. Grey Literature Repositories[M]. Zlín：Radim Bačuvčík，2010：94.

续表

序号	字段名称	含义	备注
4	Year	文献发表年代	
5	Language	语种	指文献原语种
6	Abstract	摘要	同时提供原文语种摘要和英文摘要
7	Keywords	关键词	
8	Document type	文献类型	
9	Institution	机构	作者单位和网址
10	Project no	项目编号	文献所属科研项目编号
11	Funding provider	经费提供者	文献所属科研项目的经费提供者
12	Conference	会议	仅针对会议文献,指会议名称、召开时间和地点等
13	Rights	版权	文献的版权信息
14	Document availability information	文献可利用信息	描述可获取文献的服务机构
15	Note	备注	如项目期限或会议背景等
16	Original record	原始记录	如文献的来源网址
17	Permalink	静态链接	

(4)浏览与检索方法

浏览方式:用户可在 NRGL 首页按机构、文献类型、作者、关键词、语种进行浏览,如图 3－30。每一个来源机构,哪怕是只有一篇文献被收录,NRGL 在首页也有列举,以方便用户查找。此外 NRGL 的用户对于提供 PDF 全文下载的文献、提供视频的文献,也可以通过直接点击 FORMAT 下的 TEXT(全文)和 VIDEO(视频)进行浏览。这样,用户无需打开数据,就可以确定其是何种载体,是否提供全文,如图 3－31。

检索方式:直接在检索输入框输入检索词,NRGL 会在标题、摘要、作者、机构等字段中检索,配合上述的浏览方式,查找文献方便而快捷。

NRGL 在其主页的 About NRGL 还开辟了有关灰色文献知识的栏目,具体内容包括灰色文献的定义、捷克共和国相关法律法规、灰色文献的研究和开发、捷克共和国灰色文献的来源、灰色文献国际组织导航等。

图 3－30　按机构浏览文献

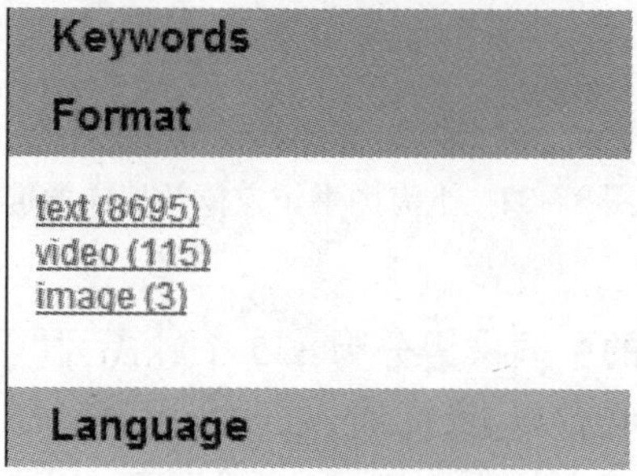

图 3－31　按载体浏览

4　家谱资源开发利用案例

上海图书馆家谱数据库

上海图书馆家谱数据库(http://search. library. sh. cn/jiapu/)是上海图书馆以其收藏的家谱为基础开发的数据库。截至目前,上海图书馆共收藏有约 17 000 种、110 000 余册中国家谱,是国内外收藏中国家谱(原件)数量最多的单位①。1996 年 12 月 20 日,上海图书馆开设了国内第一间家谱阅览室。十几年来,家谱阅览室既吸引了从事研究的一些学者,也吸引了不少来寻根问祖的百姓;2000 年 3 月,上海图书馆与新加坡公司合作开发寻根网站,每天点击查询量在 10 万次以上②。

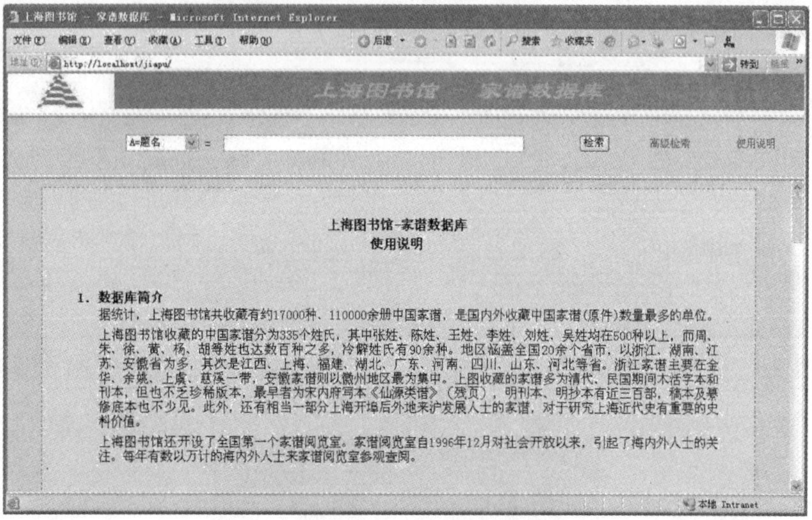

图 3-32　上海图书馆家谱数据库首页

• 资源情况

上海图书馆收藏的中国家谱分为 335 个姓氏,其中张姓、陈姓、王姓、李姓、刘姓、吴姓均在 500 种以上,而周、朱、徐、黄、杨、胡等姓氏也达数百种之多,冷僻姓氏有 90 余种。涵盖全国 20 多个省市,以浙江、湖南、江苏、安徽省的家谱为多,其次是江西、上海、福建、湖北、广东、河南、四川、山东、河北等省。浙江家谱主要来源于金华、余姚、上虞、慈溪一带,安徽家谱则以徽州地区最为集中。上海图书馆收藏的家谱多为清代、民国期间木活字本和刊本,其中不乏珍稀版本,最早的为宋内府写本《仙源类谱》(残页),明刊本、

---

① 上海图书馆. 上海图书馆家谱数据库使用说明[EB/OL].[2014-02-14]. http://search.library.sh.cn/jiapu.

② 宗亦芸. 一个图书馆服务品牌的创建——以上海图书馆家谱服务系列为例[M]//王世伟. 现代城市图书馆公共服务论丛. 上海:上海社会科学院出版社,2007:131-133.

明抄本有近300部,稿本及纂修底本也不少见。此外,还有相当一部分上海开埠后外地来沪发展人士的家谱,对于研究上海近代史有重要的史料价值①。

- 资源建设

20世纪50年代到70年代,全国大约有20 000种家谱被人为地毁掉。当时的上海图书馆馆长顾廷龙深知家谱的重大价值与意义,经过努力,为上海图书馆争取到采购家谱的权利;经过几代人的努力,从20世纪60年代起的20多年的时间里,上海图书馆抢救出合计5800种47 000多册的家谱,成为今天上海图书馆的重要财富②。如今上海图书馆馆藏的18 000多种家谱,其中近12 000种是在顾廷龙先生等老一辈图书馆工作者历年努力下积累起来的。进入21世纪以来,上海图书馆仍然继续加强家谱资源建设,仅2002—2006年间,上海图书馆就购买线装家谱4300余种64 000余册③。

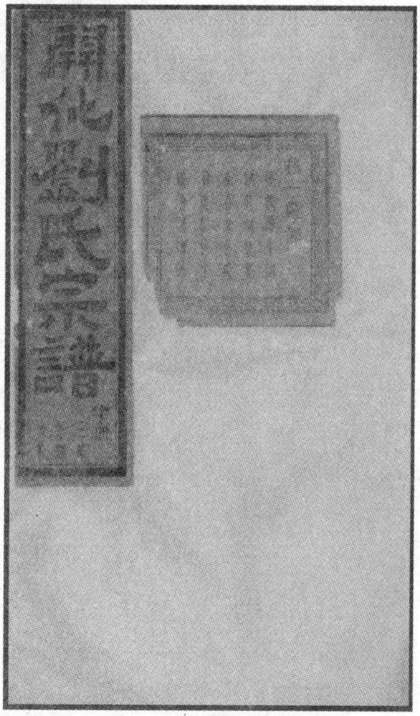

图3-33　上海图书馆馆藏家谱封面

- 深度开发

为深度开发、利用家谱资源,在读者和社会中树立“看家谱,找上图”的品牌,上海图书馆依托自己丰厚的家谱资源,多年来开展了一系列的学术活动。1998年3月,《上海图书馆馆藏家谱提要》编纂工作启动,2000年5月该书由上海古籍出版社正式出版④。1998年11月上海图书馆召开了“全国谱牒开发与利用学术研究研讨会”,会后出版了

① 上海图书馆.上海图书馆家谱数据库使用说明[EB/OL].[2014-02-14].http://search.library.sh.cn/jiapu.

② 宗亦芸.一个图书馆服务品牌的创建——以上海图书馆家谱服务系列为例[M]//王世伟.现代城市图书馆公共服务论丛.上海:上海社会科学院出版社,2007:132.

③④ 黄显功.上海图书馆的家谱数字化资源服务——古籍保护效果的一个实例[J].图书馆学刊,2008(1).

《中国谱牒研究》论文集;2000年5月,上海图书馆又主持召开了"迈入新世纪中国族谱国家学术研讨会",会后出版了《中华谱牒研究》论文集;2000年6月7日,《中国家谱总目》正式立项,由上海图书馆领衔主编;2001年5月,《中国家谱总目》被批准为"十一五"国家社会科学基金项目①。

- 数字化建设

1998年3月,上海图书馆启动了"馆藏家谱书目数据库"建设项目。2000年4月,该数据库作为家谱数字化过程中的第一项成果正式向读者开放使用。系统采用Web界面,提供题名、著者、姓氏、居地、堂号、名人、丛书7个检索字段,用户也可对这些字段进行合并检索②,该系统全面揭示了上海图书馆馆藏家谱文献全貌。2003年上海图书馆启动了"馆藏家谱数字化项目",计划在10年内对15 000种左右的馆藏家谱实行全文数字化。为保护家谱,采用无接触式扫描仪和固定架数码相机拍摄,尽量减小对家谱原件的损伤。2006年9月18日,第一期3000余种家谱数字化成果正式在家谱阅览室向读者开放阅览。

5 互联网灰色文献资源开发利用案例

5.1 方略知识管理系统

方略知识管理系统(http://www.firstlight.cn,以下简称"方略")是雷速公司创办的一个包括哲学、经济学、法学、教育学、文学、历史学、理学、工学、农学、医学、军事学、管理学、文化学、旅游学和特色库15大门类、108个一级学科、600多个二级学科、3000多个三级学科在内的新型、综合性的学科网站集群,每个学科网站均以收录各学科高品质灰色文献为主。

---

① 宗亦芸.一个图书馆服务品牌的创建——以上海图书馆家谱服务系列为例[M]//王世伟.现代城市图书馆公共服务论丛.上海:上海社会科学院出版社,2007:134-135.

② 黄显功.上海图书馆的家谱数字化资源服务——古籍保护效果的一个实例[J].图书馆学刊,2008(1).

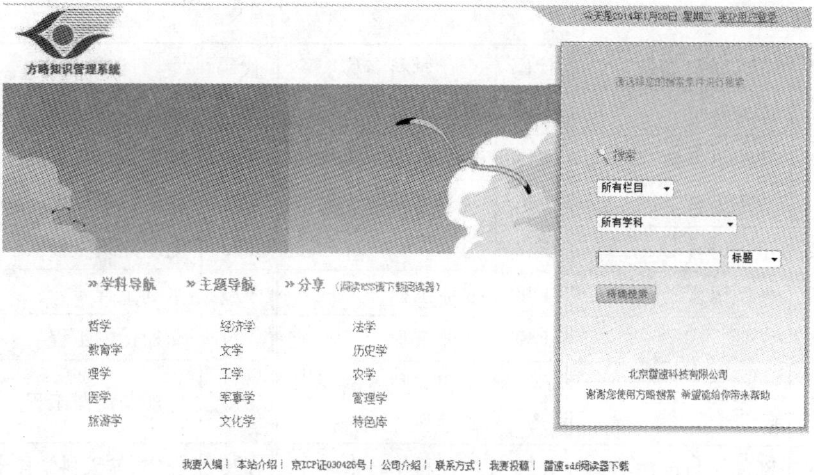

图 3－34　方略知识管理系统主页

5.1.1　资源情况

方略收录了哲学、经济学、法学等 15 大学科门类的国内外学术动态、学术人物、学术会议、基本典籍、课件和视听资料等高品质互联网灰色文献。方略有一整套系统的资源评估和遴选标准，采取“核心站点”加人工遴选的方式，将散布在互联网上各学科需要的高品质灰色文献搜集整理出来，提供给用户使用。

到目前为止，方略已经收录了全球高品质学术站点 3 万多个，遴选上述站点中高品质学术文献 136 万多篇，存档文本 130 多万篇，存档附件 90 多万篇，数据总容量 1000GB。

表 3－18　方略知识管理系统一级学科表

代码	学科名称	代码	学科名称	代码	学科名称
F1	马克思主义	F7	应用经济学	F13	人口学
F2	哲学	F8	政治学	F14	民族学
F3	科学技术哲学	F9	法学	F15	劳动科学
F4	宗教学	F10	法律法规	F16	北京人口
F5	理论经济学	F11	判决文书	F17	教育学
F6	世界经济学	F12	社会学	F18	心理学

续表

代码	学科名称	代码	学科名称	代码	学科名称
F19	体育科学	F44	海洋科学	F69	服装工业、制鞋工业
F20	理论语言学	F45	生物学	F70	轻工技术与工程
F21	应用语言学	F46	科学技术史	F71	食品科学技术
F22	中国语言	F47	力学	F72	土木建筑工程
F23	外国语言	F48	农业工程	F73	水利工程
F24	文学	F49	林业工程	F74	交通运输工程
F25	艺术学	F50	工程与技术科学基础学科	F75	船舶与海洋工程
F26	新闻学与传播学	F51	测绘科学技术	F76	航空、航天科学技术
F27	历史学	F52	材料科学	F77	兵器科学与技术
F28	考古学	F53	矿山工程技术	F78	环境科学技术
F29	诸葛亮文化研究	F54	石油与天然气工程	F79	安全科学技术
F30	楚汉文化研究	F55	冶金工程技术	F80	工业设计
F31	中华玉文化研究	F56	机械工程	F81	农学总论
F32	旅游学	F57	光学工程	F82	作物学
F33	数学	F58	仪器科学与技术	F83	园艺学
F34	信息科学与系统科学	F59	动力与电气工程	F84	土壤学
F35	物理学	F60	能源科学技术	F85	植物保护学
F36	化学	F61	核科学技术	F86	农药学
F37	天文学	F62	电子科学与技术	F87	林学
F38	地球科学总论	F63	信息与通信工程	F88	畜牧学
F39	大气科学	F64	控制科学与技术	F89	兽医学
F40	地球物理学	F65	计算机科学技术	F90	水产学
F41	地质学	F66	化学工程	F91	基础医学
F42	地理学	F67	纺织科学技术	F92	临床医学
F43	水文学	F68	印刷工业	F93	口腔医学

续表

代码	学科名称	代码	学科名称	代码	学科名称
F94	性科学	F99	生物医学工程	F104	公共管理
F95	肿瘤学	F100	中医学与中药学	F105	工商管理
F96	预防医学与卫生学	F101	药学	F106	人力资源开发与管理
F97	军事医学与特种医学	F102	管理科学与工程	F107	统计学
F98	军事学	F103	农林经济管理	F108	图书馆、情报与档案管理

表 3－19　方略知识管理系统各学科门类收录文献量

学科门类	文献量(篇)	比例
哲学	34 422	2.53%
经济学	64 332	4.73%
法学	154 589	11.36%
教育学	40 977	3.01%
文学	90 788	6.67%
历史学	25 826	1.90%
理学	227 634	16.73%
工学	368 029	27.05%
农学	96 763	7.11%
医学	145 193	10.67%
军事学	8922	0.66%
管理学	59 630	4.38%
旅游学	5172	0.38%
文化学	11 174	0.82%
特色库	27 094	1.99%
合计	1 360 545	100.00%

5.1.2 栏目设置

方略围绕读者治学所学条件进行资源建设，使读者通过方略可以了解掌握相关领域的国内外学术动态、学术会议情况、同行学者情况、学术成果情况、基本典籍等内容①。由此，方略设有知识要闻、国际动态、人物、开放资源、学术站点、研招资料、会议中心、学术指南、必读书目、知识库、基本典籍、课件和视听资料等12个栏目。

表3－20 方略知识管理系统栏目一览表

序号	栏目名称	内容
1	学术站点	学术站点主要收录科研机构、博硕士点、博士后站、政府科研计划项目与基金、重点实验室、教育机构、行业协会、专业媒体、专业站点、政府机构、相关企业、个人站点、国际组织、核心期刊和开放资源等15类学术站点
2	知识要闻	收录报道国内高等院校、科研院所、学会、专业媒体、政府机关、医疗机构、研究型企业等知识研究和创新机构的学术、科研、教学动态。可以帮助读者在最短的时间内了解国内各个学科最新的学术进展
3	国际动态	收录报道国外高等院校、科研机构、学会、专业媒体、政府机关、医疗机构、研究型企业等知识研究和创新机构的学术、科研、教学动态。可以帮助读者尽快了解国外特别是欧美地区最新的科研学术进展情况
4	人物	收录各个领域学术、科研、教学、管理方面的专家，详细介绍他们的基本情况、学术工作经历及其在各自领域里所取得的学术成果
5	研招资料	收录各个高等院校、研究机构等硕士研究生、博士研究生培养机构历年的研究生招生简章、招生目录、招生大纲、参考书目、考试题目等内容
6	会议中心	收录国内外各个领域的学术、科研、教学、管理机构召开的高质量、高级别的研讨会、座谈会、论坛、报告会等学术会议资料

① 刘锦山. 论学科导航与虚拟共享空间建设[C]//中国图书馆学会. 中国图书馆学会年会论文集(2013年卷). 北京：国家图书馆出版社，2013：28.

续表

序号	栏目名称	内容
7	学术指南	各个领域中学术、科研、教学、管理机构各种形式的学术成果目录库，既包括国家社会科学基金、国家自然科学基金等国家级的学术成果目录，也包括省部级等学术成果目录，是进行科研工作的指南
8	必读书目	收录国内外教学、科研机构开出的专科生必读书目、本科生必读书目、硕士生考试参考书目、硕士生必读书目、博士生考试参考书目、博士生必读书目、资深研究必读书目和基本典籍
9	知识库	收录各个领域的经典著作、高质量论文、历史文献、事实型数据的栏目
10	基本典籍	收录各学科重要的图书作品、经典名著
11	课件	收录各学科授课及学术报告的 PPT 文稿
12	视听资料	收录各学科授课、学术报告、会议等的音频和视频资料

5.1.3　方略的特点

方略在技术水平、资源学术性、资源有效性、学科设置、编辑标引、生产组织、用户界面和持续发展有自己的特点。具体参见表 3 – 21。

表 3 – 21　方略知识管理系统的特点

序号	项目	优势
1	技术水平	以学科导航 4.0 为设计理念，集成了最新的 Web 技术、搜索引擎技术、RSS 技术、原生态存档技术等最新技术，技术水平较高
2	资源学术性	按照定性与定量结合的方式制定了资源评估标准，严格依据标准进行资源的遴选和编辑，每一条记录都是经过人工进行加工的，并有严密的生产管理和质量管理程序，资源的学术质量高
3	资源有效性	①原生态存档技术将资源本地化存档，彻底解决了网络资源不稳定的问题，资源不会随着时间的推移而无效 ②每天都在追加新的数据
4	学科设置	①按照哲学、经济学、法学等 15 大门类、108 个一级学科、600 多个二级学科、3000 多个三级学科进行资源组织，学科体系完备，学科覆盖面广 ②资源重组很容易，有利于特色数据库或特色门户的建设

续表

序号	项目	优势
5	栏目设置	设有知识要闻、国际动态、人物、开放资源、学术站点、研招资料、会议资料、学术成果、必读书目、基本典籍等栏目，使用方便
6	编辑标引	①集中式生产，数据编辑标引规范，严密 ②100%记录的元数据全部标引齐全 ③元数据描述准确 ④没有垃圾数据
7	生产组织	①集中式生产，反应灵敏、及时 ②质量控制严格 ③生产有严密的计划、学科均衡 ④设有查重机制，记录没有重复
8	用户界面	①提供了标题、作者、关键词、单位、摘要、任意词、相关文献、网址、学科、栏目、图片、高级检索等检索方式 ②检索响应速度快 ③可以定制个性化页面 ④可以定制学科 ⑤界面友好
9	持续发展	从技术、生产、机制、管理等各个方面解决了持续发展问题

5.1.4 方略的作用

对读者而言，方略可以帮助读者及时、全面地了解国内外的学术动态和学术成果，全面掌握有关学科和领域的主要专家学者特别是核心学者及其研究进展情况，方略可以帮助读者找到自己所需的高品质的学术参考文献。

对图书馆而言，方略一方面可以帮助图书馆实现自己承担的保存文献、传承文化的重要历史责任，另一方面可以帮助图书馆为读者提供卓有成效的知识服务，还可以帮助图书馆很容易地建立起具有本馆特色个性化的学科门户，在资源同质化日趋严重的今天形成自己独特的优势。

5.2 美国国会图书馆互联网档案(LCWA)

美国国会图书馆互联网档案(The Library of Congress Web Archives，简称LCWA)是美国国会图书馆的一个持续性项目，对数字资源进行评估、选择、收集、编目、保存,以备今后的研究人员们利用。这一项目源于 2000 年的密涅瓦(Mapping the Internet Electronic Resources Virtual Archive,简称 MINERVA)网络档案计划。LCWA 中所存档网站的内容包括文本、图像、音频、视频和 pdf 文档等。这些存档网站由学科专家遴选而来,能代表某一特定主题的网络信息。2013 年6 月,LCWA 对其网站进行升级改版,发布了新的主页(图3-35),网址为 http://www. loc. gov/websites/collections。和旧版相比,新版主页以更醒目直观的方式展示了所存档网站资源,同时突出了网站的检索功能,更便于用户使用。

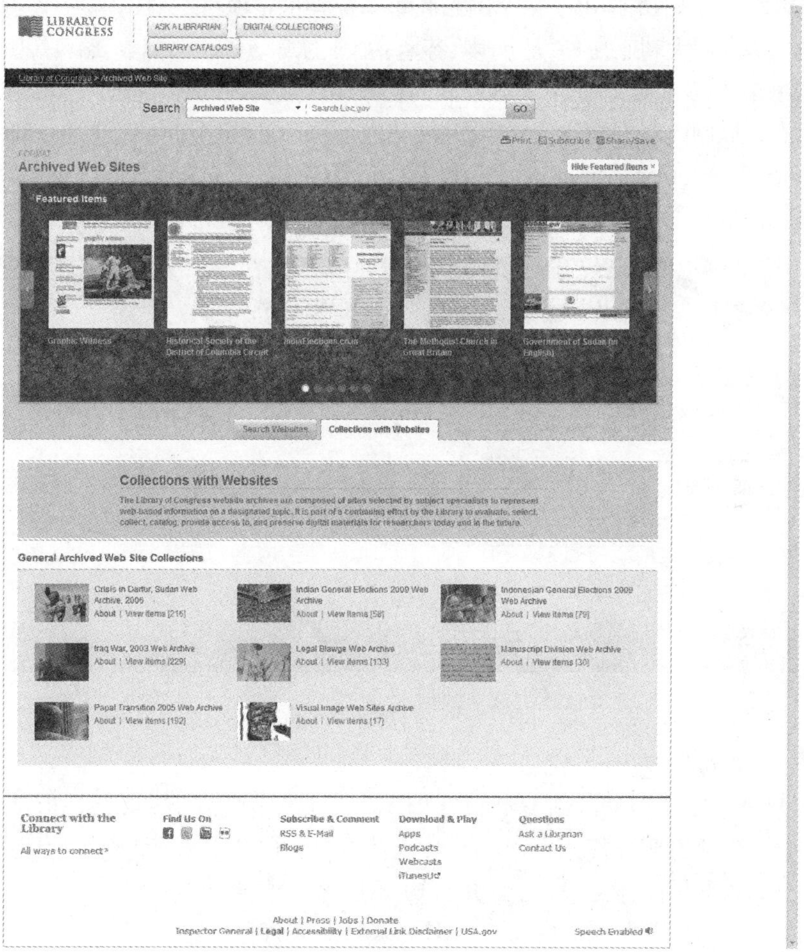

图 3-35　LCWA 新版主页

5.2.1 项目背景与渊源

虽然当前从全球来看,同样在做互联网档案保存的机构和组织有很多,但他们各有各的保藏战略,对网站存档的深度和频次也不尽相同。搜集管理网络资源对图书馆和档案馆来说都是一项重要工作,只有通力合作,让图书馆、历史协会、档案馆、各国政府、大学以及其他机构和组织一起来关注这些特殊收藏领域,才能保障更多数字资源得到长期保护与保存。

美国国会图书馆很早就开始了在互联网档案保存方面的探索工作。在2000年,美国国会图书馆推出了一个网站收集与保存试点项目。2003年7月,美国国会图书馆与澳大利亚、加拿大、丹麦、芬兰、法国、冰岛、意大利、挪威、瑞典等国的国家图书馆,以及大英图书馆、美国互联网档案馆达成共识,认识到国际合作在为后人保存互联网内容方面的重要性,共同建立了国际互联网保存联盟(International Internet Preservation Consortium,简称IIPC)。2004年,美国国会图书馆战略举措办公室专门成立了一个互联网档案团队,对濒危数字资源进行管理维护。

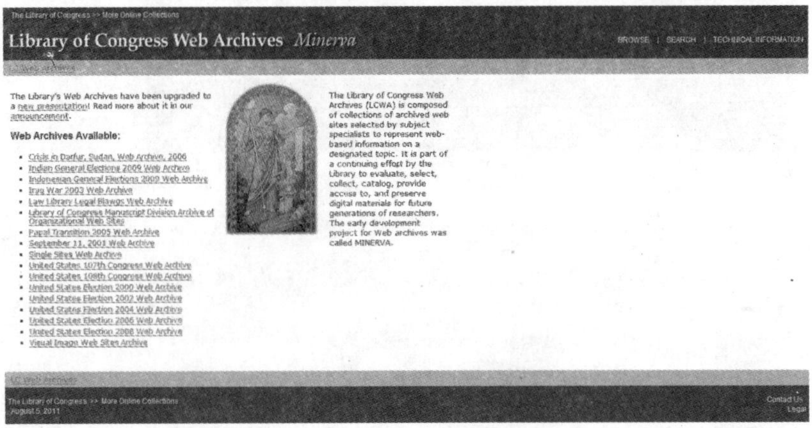

图3-36 LCWA旧版主页

5.2.2 资源概况

LCWA所存档的网站类型包括但不限于:美国政府(联邦、州、地区等)、外国政府、政府职务候选人、政治评论、政党、媒体、宗教组织、支持性团体、致敬纪念类、游说团体、教育与研究机构、创造性表达类(如漫画、诗歌等)以及博客。目前,LCWA项目尚不支持对个人站点进行存档。

LCWA的特点是按照专题进行网络资源的收集和保存,即按照主题、事件或主题领域对存档资源进行分类。目前,LCWA上的专题主要包括:美国大选互联网档案、美国国会及立法互联网档案、法律图书馆互联网档案、单独网站互联网档案、全球各国选举互联网档案、与国内外其他组织协作共建的互联网档案以及其他主题的互联网档案，如 2013 年教皇换任事件、伊拉克战争、9·11事件、美国第二次独立战争 200 周年纪念等。每个专题下包含了多个记录，即相关主题的多个网站。只要网站内容还在不断更新，LCWA 就会持续对其进行抓取保存，让所藏资源随之保持着活跃状态。

截至 2013 年 5 月，美国国会图书馆已收藏了约 422TB 的互联网档案数据，并且这些数据还在以每月 5TB 的速度不断增加。

5.2.3　资源的采编

在搜集保存网络资源这个过程中，美国国会图书馆及其合作伙伴在技术上做了很多探索，采用一些开源和定制开发软件工具来管理工作流程中的不同环节。如在选择和权限环节，美国国会图书馆开发应用了“数字板”（DigBoard）工具，除了可以让负责人通过它选择存档网站外，还能帮助对网站抓取、远程访问以及互联网档案质量审查过程进行法律权限方面的管理；抓取环节应用的是“Heritrix 档案网络爬虫”；存储环节的工具是 BagIt Library；安装 Wayback Machine 工具可对互联网档案进行本地访问。

在保存网站内容方面，美国国会图书馆的目标是像建立一个档案副本一样，以快照的方式将网站在某个特定时间的状态保存下来，包括 html 页面、图片、flash、pdf 文档、音频和视频文件等在内的网站全部内容都尽可能地保存详尽，以方便今后研究人员的利用。但由于当前技术的限制，还是会有某些网站内容，如需要人工输入、付费购买的一些内容，无法搜集保存。

一般来说，LCWA 对网站的采集抓取频率是每周或每月一次，具体频次视网站更新速度而定。更新慢的网站有可能每年就采集一到两次。对于一些在时间上比较敏感的特殊事件，LCWA 会掐准时间点及时跟进，如在美国大选前和结束时会立即采集相关网站。LCWA 上已经完成的专题会标注采集的起始终止时间，如“2012 年美国大选”（United States 2012 Election）专题是从 2011 年 10 月到 2012 年 12 月。而处于活跃状态的资源则没有特定截止时间。

从网站内容的最后一次抓取，到存档资源提供给研究人员访问，这期间大概会有一年的时间，在此期间，美国国会图书馆需要按照“元数据对象描述框架”（Metadata Object Description Schema，简称 MODS）对每个存档的网站进行编目，以利于管理利用。由于这个时间差的存在，美国国会图书馆还特别提供了 RSS 功能，以便研究人员及时了解其档案更新情况。通常一个网站在

LCWA 中保存为一条记录(Item),每条存档的记录会包括以下信息:格式(Format)、贡献者(Contributors)、存档日期(Dates)、语言(Language)、主题(Subjects);标题(Title)、摘要(Summary)、贡献者名称(Contributor Names)、主题词(Subject Headings)、类型(Genre)、形式(Form)、存储库(Respository)、其他格式(Other Formats)、源地址(Source URL)、准入条件(Access Condition)。如图 3 - 37 所示。

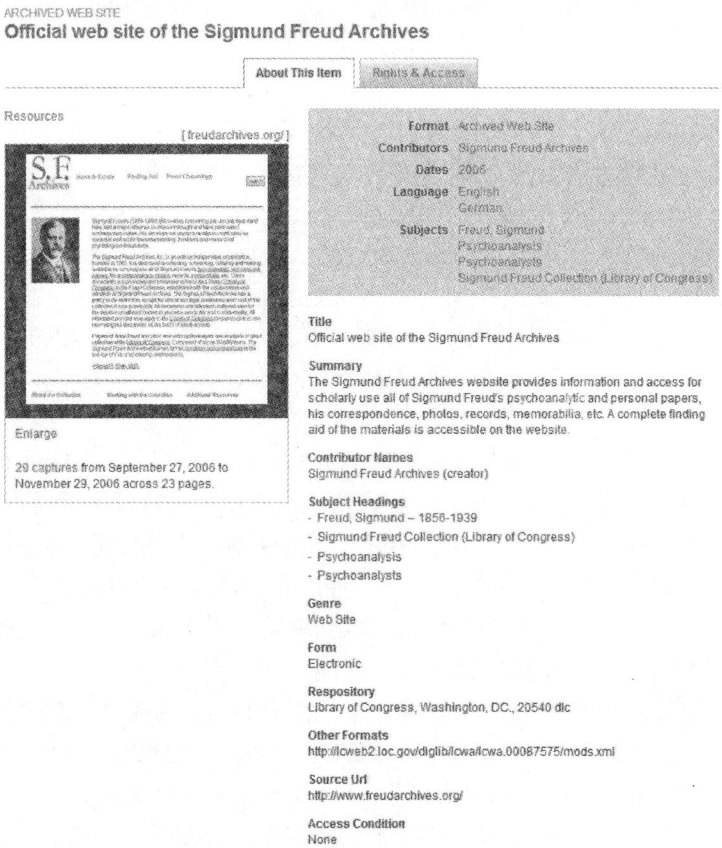

图 3 - 37　LCWA 存档的网站记录

一个网站保存为一条记录,而每条记录下又包含了若干子项目,以原网页的方式呈现,访问者可通过阅读器查看这些网页内容(如图 3 - 38)。在阅读器上方有该网页的一些相关信息,如归档时间,用来提示研究人员正在访问的是该网页的存档版本。每一个网站将按照原貌被保存在 LCWA 中,这样用户所访问到的档案就是网站当时发布的样子。但是,所存档的网站网页中,有一些功能不能使用,如检索、社交网络工具等。另外,研究人员还需要注意的是,LCWA 上的档案地址并不能作为引文索引,那仅仅是记录可搜索的存档网站而已。

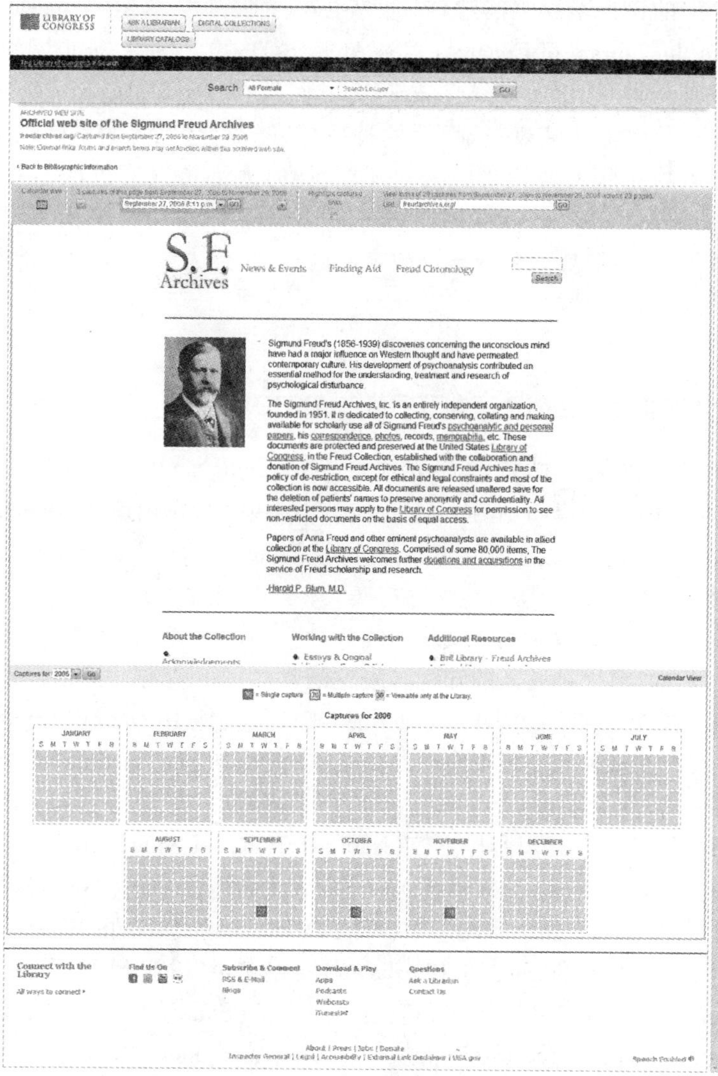

图 3－38　LCWA 存档的网页

5.2.4 资源版权问题

LCWA 存档的网站版权仍属于原网站所有者。美国国会图书馆在 LCWA 存档的每条记录中都附有“权利与存取”声明,表明相关权利与限制。

在对某一网站进行抓取存档之前,美国国会图书馆会向该网站发送一份主题为“您的网站将入编美国国会图书馆互联网档案”(Inclusion of your Website in the Library of Congress Web Archives)的电子邮件,征求网站的许可授权。在其互联网档案的开放存取程度方面,网站版权所有者可选择“允许非现场显示”或“禁止非现场显示”两种授权方式。这二者的不同在于,允许非现场显示的互联网档案将向公众开放,任何人都可以通过网络获取该资源;而禁止非现场显示的互联网档案,指美国国会图书馆将只在 LCWA 网站上公开其编目信息,要想获取该资源全部内容,研究人员只能到馆访问,或通过其他特定方式实现。

(刘剑英)

5.3 澳大利亚网络文档资源存取项目(PANDORA)

澳大利亚网络文档资源存取项目(Preserving and Accessing Networked Documentary Resources of Australia,简称 PANDORA),是由澳大利亚国家图书馆创建的一个网上灰色文献存取站点,网址为 http://pandora.nla.gov.au。该项目始建于 1996 年,主要搜集保存与澳大利亚及澳大利亚人有关的一些在线出版物,包括记录着澳大利亚文化、经济、社会、政治生活的资源,以及和澳大利亚社区活动、澳大利亚人的知识与表达活动相关的资源。该项目现由澳大利亚国家图书馆(National Library of Australia)与其他 10 所机构合作共建,它们是:澳大利亚土著和托雷斯海峡岛民研究所(Australian Institute of Aboriginal and Torres Strait Islander Studies)、澳大利亚战争纪念馆(Australian War Memorial)、国家电影和声音档案馆(National Film and Sound Archive)、澳大利亚国家美术馆(National Gallery of Australia)、北领地图书馆(Northern Territory Library)、新南威尔士州国家图书馆(State Library of New South Wales)、昆士兰州立图书馆(State Library of Queensland)、南澳大利亚州的图书馆(State Library of South Australia)、维多利亚州立图书馆(State Library of Victoria)、西澳大利亚州的图书馆(State Library of Western Australia)。这个合作伙伴名单将来还有可能继续增加新的成员。

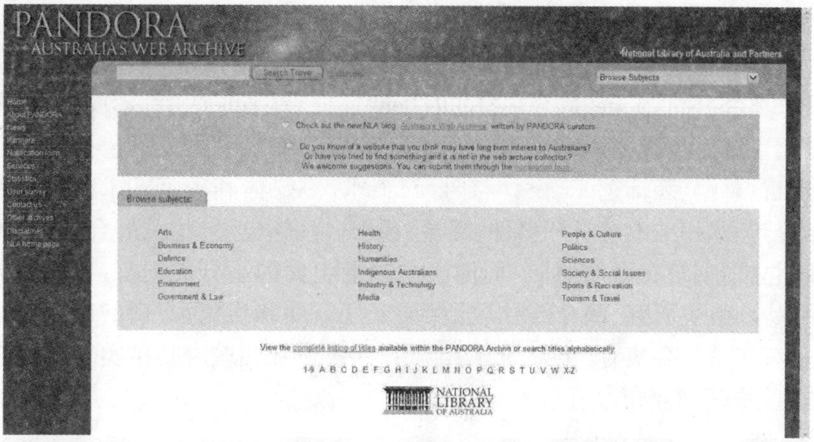

图 3－39　澳大利亚网络文档资源存取项目 PANDORA 主页

5.3.1　资源情况

截至 2013 年 11 月 26 日，PANDORA 收集的记录数量为 36 050 条，存档实例数量（Number of archived instances）为 92 258 个，文件数量 218 658 666 个，占用空间 9.91TB。如表 3－22 所示。

表 3－22　2013 年 11 月 26 日 PANDORA 资源统计数据及月增长量①

	本月	上月	本月增长量
存档记录（archived titles）	36 050	35 798	252
存档实例②（archived instances）	92 258	91 239	1019
文件（files）	218 658 666	212 553 148	6 105 518
总计	9.91 TB	9.65 TB	266 GB

PANDORA 设有 18 个主题：艺术、商业与经济、防御、教育、环境、政府与法律、健康、历史、人文科学、澳洲原住民、工业与技术、媒体、族群与文化、政

① PANDORA. PANDORA archive size and monthly growth[EB/OL].[2013－12－27]. http://pandora.nla.gov.au/statistics.html.

② 一个存档实例是指 PANDORA 中某个已添加的记录（title）的一个单次快照或副本。很多记录下的内容会随时更新发生变化，为此，就需要对其进行多次抓取存档。如，当系列记录有了新的版本，其中一个记录的每个新副本都是一个“存档实例”。

治、科学、社会与社会问题、体育与休闲、旅游业与旅游①。同时还将资源按照更为具体的主题或某一事件分为不同合集(Collections)。每个主题下,分别列有子分类(Subcategories)、合集(Collections)、记录(Titles)3 种不同列表,用户可据此来进一步查找所需资源(如图 3-40)。如艺术主题下包括的子分类有:建筑、舞蹈、装饰艺术、设计与时尚、美术、多媒体和数字艺术、摄影、表演艺术、与艺术相关的节日和事件、文学、音乐、诗歌、电影;相关的合集有"维多利亚州立图书馆在线展览"。而健康主题下包含的子分类则有:替代和补充医疗保险、卫生研究、医疗与住院治疗、医疗条件和疾病、心理健康、药品、公共卫生;相关的合集有"更好的健康频道(维多利亚州政府):事实表""用户医疗信息(维多利亚州政府)"。

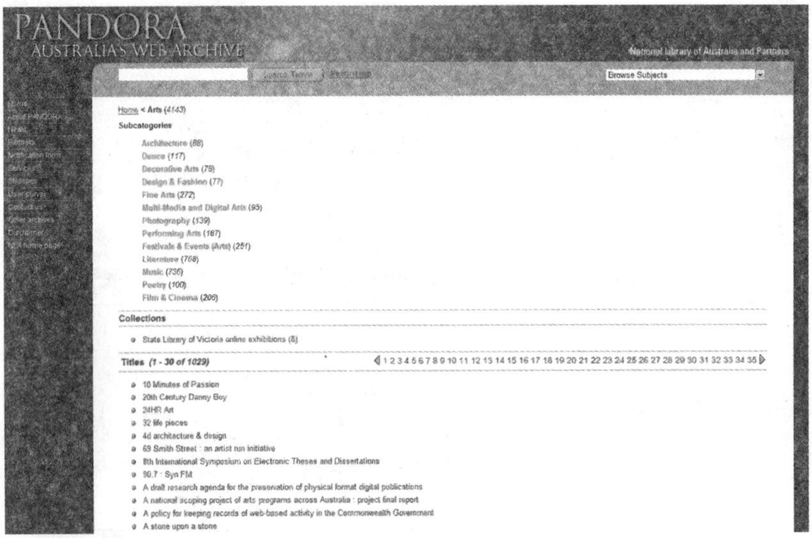

图 3-40　PANDORA 网站"艺术"大主题页面

5.3.2　提供的服务

作为国际互联网保存联盟(IIPC)的成员之一,澳大利亚国家图书馆一直致力于收集来自全球的大量互联网内容,使其能得到有效保存,并可长期存取。澳大利亚国家图书馆是 IIPC 深度网络工作组(Deep Web Working Group)

① PANDORA. Browse Subjects[EB/OL]. [2013-12-27]. http://pandora.nla.gov.au.

的领导和积极贡献者，该工作组主要负责开发各种方式和工具，对爬虫工具无法访问的网站进行识别、收集并保存。全世界任何人都可通过互联网获取 PANDORA 所保存的网络文档资源，大部分记录都是免费提供。人们有多种途径来获取 PANDORA 中的资源，PANDORA 网站首页不仅提供了记录的字母排序列表，还有按照主题进行分类的记录列表，当然，搜索工具也可在首页轻松找到。此外，人们也可通过澳大利亚国家图书馆的国家书目数据库 Kinetica或者在线目录，以及其他参建机构的在线目录来查找获取 PANDORA 中的资源。另外利用搜索引擎如雅虎、谷歌等也可检索到。

通过 PANDORA，澳大利亚国家图书馆也为出版商、索引和文摘机构、研究人员以及其他文档机构提供多种服务，如网站或在线文档入编、版权、商业出版物、PANDORA 友情链接、出版商指南、国际标准书号、国际标准期刊号、国际标准音乐编号、出版物编目、信息共享等。

当前研究人员在利用网页时普遍遇到的一个重要问题是无效链接。研究人员经常需要在其论文或论著中引用在线文档的内容，但他们却不能确定读者根据引文去查询时那些内容还在不在，很可能它们已在网上消失得无影无踪了。为此，PANDORA 特别为研究人员提供了可靠的引文服务。如果研究人员需要引用的资料尚未被 PANDORA 收入保存，研究人员也可向澳大利亚国家图书馆网络文档部门发送电子邮件提出相应的存档要求，邮件中需要注明出版物的标题及其网址，以便澳大利亚国家图书馆对此进行处理。

5.3.3　用户调查

为了更好地了解用户的需求，促进 PANDORA 网站的发展，PANDORA 特别在其网站设置了用户调查栏目，用户大约需要 10 分钟的时间来完成这一调查问卷。

调查问卷内容主要包括：你是通过什么途径进入 PANDORA 网站的；你的目的；所进行的研究项目的类型；此前是否访问过 PANDORA 网站；是否访问过其他存档网站，如互联网档案；如果你是通过搜索引擎链接而来，你是否意识到你在访问一个网络档案；如果你是直接访问的 PANDORA 网站，那为什么你会选择访问一个网络档案；你想要访问的网站或资源是否在 PANDORA 网站之外已经找不到了；以及用户个人信息，如性别、年龄、学历水平、居住地等和对 PANDORA 网站的意见建议等。

5.3.4　资源授权及采集方式

一直以来，澳大利亚国家图书馆是依据《版权法 1968》（Copyright Act

1968）对其印本馆藏进行搜集管理。该法的“呈缴本制度”要求出版机构必须为其出版物的每个版本向澳大利亚国家图书馆各缴送一个样本，但这一条款并未将电子出版物涵盖在内。澳大利亚大部分州都有自己的呈缴本制度，有的对电子出版物的物理形式做了规定，如 CD-ROM 和 DVD。但在PANDORA 的参建者中，只有北领地图书馆对在线出版物有明确规定。由于在线出版物相关法规的缺失，PANDORA 要求，在将网站或在线出版物复制保存至项目中前，需向其版权所有者获得授权许可，同时在网站上发布了免责声明。

任何拥有版权的机构和个人都可通过 PANDORA 网站上的申请表提交入编申请，向 PANDORA 提供其电子出版物以供存档。但 PANDORA 是一个有选择性的存档项目，也就是说，PANDORA 不是收集保存所有的澳大利亚在线出版物或网站，只会选择一些重要的、有长期研究价值的资源进行保存。每个 PANDORA 的参建机构都会根据各自的遴选准则来选择存档记录，如澳大利亚国家图书馆会重点搜集保存一些具有全国性意义的资源，而州立图书馆就更侧重于搜集保存能反映当地特性的资源。如澳大利亚战争纪念馆（Australian War Memorial）重点搜集保存和澳大利亚军事史相关的网站文档；澳大利亚土著和托雷斯海峡岛民研究所（Australian Institute of Aboriginal and Torres Strait Islander Studies）则主要对澳大利亚原住民的在线出版物和网站进行存档。

PANDORA 的参建者可通过澳大利亚国家图书馆开发的网络软件添加网络文档，如距离澳大利亚国家图书馆偏远的机构可利用 PANDORA 数字存档系统（PANDORA Digital Archiving System，简称 PANDAS）来完成工作。通常抓取收割过程是利用相关工具在线完成的，不过有时候出版商会将电子出版物内容通过邮件发送给 PANDORA。当然，如果网站太大或太复杂，PANDORA 也会要求出版商将其内容复制到磁盘或其他物理媒介上然后邮寄过来。

通常情况下，PANDORA 会将一个网站的全部内容收集保存起来，但某些特别大的网站，如某个政府部门的网站，PANDORA 则只选取相关的部分内容或频道进行抓取保存，对于有些大网站 PANDORA 只抓取保存其出版物，如电子期刊或通讯，以及科学或技术报告。而网站上的链接 PANDORA 只保存网站的内部链接，外部链接不在 PANDORA 的保存范围，这主要是基于授权的考虑。对网站的抓取频率则视该网站的性质而定，如网站的出版计划、内容价值及其稳定性、生存寿命。通常专著性质的网络出版物只抓取一次，连续出版物则每周抓取一次。对于某些特别事件，如悉尼奥运会，PANDORA 会每天对相关网站进行抓取保存，具体频次视实际情况而定，但 PANDORA 数字存档系统限定对一个记录每天只可收割一次。

PANDORA 中保存的互联网档案大部分是有计划、有程序地进行采集的。但互联网的资源是瞬息万变的、不断活动的，尤其是有了社交媒体之后。为此，作为网络档案资源的管理者，必须具备快速的反应能力。要想知道互联网最新最受关注的发展，通过社交媒体是一个很好的方式，而这也是 PANDORA工作人员选取网络存档的一个有效办法。为了让大众更了解 PANDORA是如何选取互联网资源进行保存，PANDORA 工作人员 Paul Koerbin在博文“网络存档有多快?”(How Fast is the Web Archiving?)中描述了他们是如何采集保存“How Fast is the NBN?”网站的①。

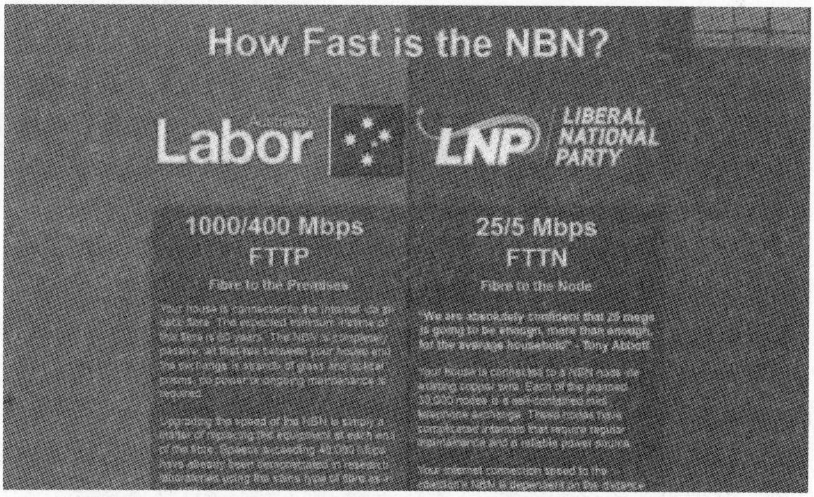

图 3-41　PANDORA 中保存的“How Fast is the NBN?”网站页面

国家宽带网络(NBN)政策是 2013 年澳大利亚联邦大选中讨论最激烈的一个问题，媒体和网络上到处都是关于这个话题的评论。2013 年 5 月 7 日星期二下午 3 点，James Brotchie 在社交网络上发布了他的网站“How Fast is the NBN?”对两党的国家宽带网络政策进行对比，很快，就获得 Facebook 上 5 万多人点赞，Twitter 上被评论 6000 多次。5 月 8 日星期三上午，Paul Koerbin 在 Twitter 上发

① Koerbin P. How Fast is the Web Archiving? [EB/OL]. [2013-12-30]. http://blogs.nla.gov.au/australias-web-archives/2013/05/10/how-fast-is-the-web-archiving.

现这个资源并迅速在 PANDORA 上进行了登记。5 月 9 日星期四下午 12 点 24 分,PANDORA 工作人员向 James Brotchie 发了一封邮件,申请授权。12 点 43 分,收到 James Brotchie 的回复邮件,获得许可。13 点 14 分,PANDORA 工作人员对该网站成功进行了首次抓取收割。这条记录可在 PANDORA 的"2013 年澳大利亚联邦竞选之媒体、评论、社交网络及视频网站"(2013 Australian federal election campaign - media,comment,social network and video sites)合集中查看到。

(刘剑英)

6 个人灰色文献资源开发利用案例

6.1 国家图书馆名家手稿文库

国家图书馆名家手稿文库建立于 1954 年,目前已经收藏了近现代 500 余名家的手稿近 5000 种,是国家图书馆最珍贵的特藏之一①。文库收录范围为名家的代表作手稿,具有史料价值的名家日记、书信和著名人物的老照片。

6.1.1 资源情况

1952 年,王国维的后人和许广平分别向国家图书馆捐献王国维手稿信札和鲁迅的大部分手稿,揭开了国家图书馆收藏名家手稿的历史。1954 年,国家图书馆创设了名家手稿文库,向社会各界征集近现代政治家、思想家、科学家、文化名人及历史人物的手稿②。经过几十年的努力,国家图书馆名人手稿文库现在已经收录有黄遵宪、康有为、梁启超、陈独秀、闻一多、吴晗、郭沫若、曹禺、巴金、郑振铎、徐志摩、陆小曼、毛泽东等近现代 500 余名家的手稿近 5000 种。其中不乏名家的名著、代表作手稿,例如梁启超《饮冰室合集》、詹天佑的学士论文《论大码头的起重机》、鲁迅的《从百草园到三味书屋》、郭沫若的《屈原》、巴金的代表作《家》《春》《秋》、吴晗的《朱元璋传》、曹禺的《北京

---

① 国家图书馆. 中国国家图书馆关于"海外华人名家手稿"的征集函[EB/OL]. [2014-02-14]. http://www.nlc.gov.cn/newzjqs/201011/t20101126_13412.htm.

② 张志清,李小文. 芸香四壁陈黄卷 锦绣文章看鸿泥——谈国家图书馆名家手稿珍藏展及手稿文库建设[EB/OL]. [2014-02-14]. http://www.nlc.gov.cn/old/old/wjls/html/2_02.htm.

人》、老舍的《龙须沟》等①。

国家图书馆名人手稿文库收录的人物范围包括：近现代著名政治家、军事家、社会活动家，民主党派主要领导人、著名无党派人士，著名海外华人华侨，著名海外学者、作家，著名科学家。名家手稿征集内容包括名家的代表作手稿，具有史料价值的名家日记、书信，名家代表作的题词本和题跋本以及著名人物的老照片。

6.1.2　手稿征集

国家图书馆在60余年的名家手稿文库建设过程中，积累了丰富的行之有效的手稿征集办法，很值得借鉴。早在20世纪50年代，当时的北京图书馆就提出了手稿征集要兼顾思想性、历史性和艺术性3个条件，并采取了通过组织写信征求、登门拜访当面动员和托熟人代为转达，待时机成熟再行征求的征集办法，取得了良好的效果②。

进入21世纪以来，名家手稿征集出现了一系列新的情况，一方面由于信息技术的发展，当代名家越来越多使用计算机来写作，手稿越来越少，成为稀缺资源；另一方面，名家手稿的研究与收藏价值越来越引起人们的重视，越来越多的收藏机构和个人进入到名家手稿收藏市场，并抬高了名家手稿的价格，使得图书馆采访难度增大③。基于上述情况，国家图书馆在先前3种征集方式的基础上，又采取了诸如参加拍卖会购买等多种征集方式，获得方式上则有无偿捐赠、有偿捐赠、有偿转让、馆内移交、拍卖会购买等多种形式④。在具体操作上，坚持以人为本的原则，充分照顾到捐赠者的感受，举办捐赠仪式，为捐赠者将来阅览、复制手稿提供保障，保持长期联系等，这些对于促进征集工作的开展具有积极的作用⑤。

6.1.3　典藏利用

手稿征集过来以后，国家图书馆手稿文库立即对手稿进行计算机编目，

---

①　国家图书馆.百年守望——国家图书馆特藏精品展[EB/OL].[2014-02-14].http://www.nlc.gov.cn/newbngq/bnsw/mjsg.

②　张志清，李小文.芸香四壁陈黄卷　锦绣文章看鸿泥——谈国家图书馆名家手稿珍藏展及手稿文库建设[EB/OL].[2014-02-14].http://www.nlc.gov.cn/old/old/wjls/html/2_02.htm.

③④⑤　李小文.新时期手稿采访的特点及对策[EB/OL].[2014-02-14].http://www.nlc.gov.cn/newgtcb/gtcbywyt/cfgz/dyjtscfgz/201011/t20101130_20747.htm.

并同时办理建库、入藏手续;一般是将不同名家的手稿集中存放,编号保管;对成体系的手稿设立专藏,在专藏中区分手稿和相关资料①。由于手稿纸张普遍含酸,墨水易变质,或者由于时间久远,不少手稿都出现了纸张脆化、墨迹褪色的现象,为防止名家手稿老化毁损情况的发生,国家图书馆根据情况对手稿展开了修复和保护工作。为此,国家图书馆建立了名家手稿的破损记录,设定修复缓急度,建立修复档案,并通过联网实现对上述过程和阅览、典藏的综合控制。同时,还通过拍摄缩微胶片或数字化的方式,实现手稿内容和特征的永久保存②。

由于手稿资源的特殊性,国家图书馆名家手稿文库原则上不向读者提供名家手稿的阅览服务。如果研究者需要阅览手稿,要提出书面报告,经相关部主任批准后可以获得一定范围手稿的阅览;一般情况下不轻易提供照片、日记和书信的阅览③。如果研究者确有需要,要事先征得名家本人或捐赠家属的认可,国家图书馆名家手稿文库在收到有相关书面认可书才提供照片、日记和书信的阅览。名家手稿拍摄缩微胶片时,应尽量使照片、日记、书信单独成卷,以便不影响其他部分的正常阅览。对名家本人或捐赠家属,阅览和复制则不受限制④。

为了弥补不能开展手稿阅览服务的局限,国家图书馆近年来开展了名家手稿展览,以满足大众对于名家手稿的学习、研究、赏析之需。例如,2001 年 8 月 2 日,国家图书馆首次面向社会公开展出了包括近黄遵宪、梁启超、康有为、王国维、鲁迅、闻一多等 90 多位近现代名家的近 200 件手稿,展览为期 3 个月。2008 年 4 月 7 日,为纪念傅雷 100 周年诞辰,国家图书馆首次展出傅雷先生的全部著作手稿和家书 100 多件⑤,展览一直持续到 4 月 22 日。2011 年 4 月 17 日,国家图书馆与上海音乐学院联合主办“纪念谭小麟先生百年诞辰系列学术活动:手稿展、音乐会、研讨会”,联合展出了国家图书馆馆藏的 86 页谭小麟作品手稿和一批珍贵的书信、文件以及上海音乐学院图书馆馆藏的包括

①②③④ 张志清,李小文. 芸香四壁陈黄卷 锦绣文章看鸿泥——谈国家图书馆名家手稿珍藏展及手稿文库建设[EB/OL].[2014 - 02 - 14]. http://www.nlc.gov.cn/old/old/wjls/html/2_02.htm.

⑤ 刘浚. 翻译家傅雷百年诞辰展在国图开幕[EB/OL].[2014 - 02 - 14]. http://www.chinadaily.com.cn/zgzx/2008-04/07/content_7438371.htm.

《别离》与《春雨春风》在内的4份谭小麟先生作品手稿和一批图书、乐谱①。

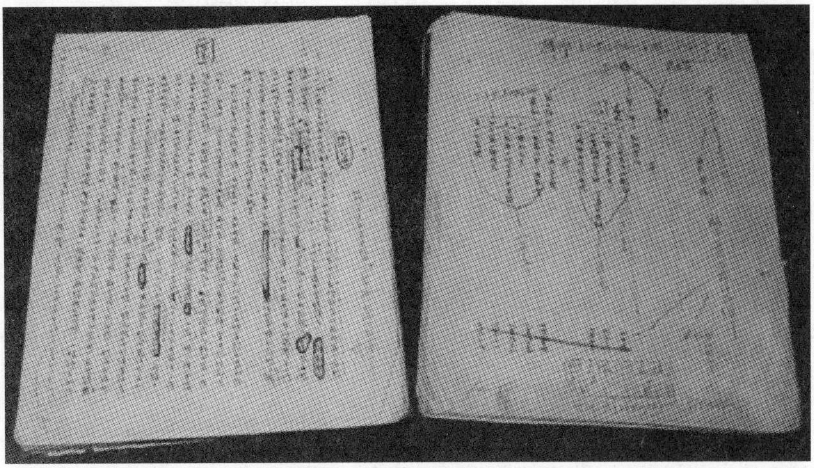

图3-42　傅雷译《幻灭》手稿（摄影：中国日报记者刘浚）

6.2　Email Britain

2007年5月，大英图书馆面向全体英国人发起一场活动，征集100万封个人电子邮件，然后整理为数据档案，以备后人了解当今英国的文化生活及社会万象。此项活动名为Email Britain，大英图书馆为此次活动专门设立了一个电子邮箱，邮箱地址是email@ emailbritain. co. uk，公众可免费参与此次活动。从2007年5月1日至5月31日，Email Britain活动持续进行了整整一月。微软Windows Live Hotmail为此次活动提供了技术支持。

在数字时代，电子邮件作为人们日常生活中的一部分，能够反映出大众生活真实的一面。有调查显示，今天英国人的文字通信有半数是通过电子邮件完成的。电子邮件已逐渐取代传统书信的地位，成为英国人日常生活中最普遍、最主要的沟通方式。为此，大英图书馆建立世界上第一家电子邮件数字档案馆，记录当前英国人的生活和所思所想与所感，使之成为后人了解英国历史的一大途径。基于此，大英图书馆特别规划了10种最能反映人们生活的邮件类别，以便让活动参与者能据此更有效地提交电子邮件。这10大类别

① 国家图书馆. 纪念谭小麟先生百年诞辰系列学术活动[EB/OL]. [2014-02-14]. http://www. nlc. gov. cn/newsyzt/newboke/201104/t20110426_41520. htm.

邮件是：

①和错误有关的邮件。令人尴尬的糗事，发生的误会等。

②反映生活中变化的邮件。工作机会、求婚等。

③投诉邮件。抱怨公共交通、差劲的客户服务等。

④广告邮件。所收到的最好或最差的广告邮件。

⑤爱情与浪漫邮件。打动人心的浪漫情书。

⑥幽默邮件。有趣的事、办公室幽默、笑话等。

⑦日常邮件。彼此交换食谱、组织夜生活等。

⑧资讯邮件。好消息或者坏消息，如孩子出生、生病、意外等方面的消息。

⑨关于周边世界的邮件。有关热点事件的邮件或评论、来自世界各地的新闻等。

⑩海外来信。来自遥远地方的长途邮件。

图 3－43　Email Britain 活动主页

活动参与者可以参考以上内容，选出那些自认为有趣或有意义的邮件，并在电子邮件主题中标注其类别，然后转发至大英图书馆专门设立的电子邮箱，或者也可以为此次活动特意撰写一封邮件。大英图书馆表示，只要不是诽谤诬蔑性质的邮件，都非常欢迎。大英图书馆还为参与者说明了一些需要注意的事项：如邮件涉及第三方，需先获得对方许可，并附在提交的邮件中；邮件中的一些商业和个人敏感信息，包括所有姓氏在内，需要删除干净，以免带来麻烦；提交的电子邮件应是完整的，但别太大，大小不得超过2MB；16岁以下的孩子在参加活动前应先征得父母的同意，并尽量在邮件中附上父母的联系方式；为了方便读者更好地理解邮件，建议对邮件进行简要说明，解释一下事件背景。

大英图书馆收到邮件后，会自动回复一封邮件，以便活动参与者确定自己的邮件已发送成功。大英图书馆将会把所收到的邮件以数字存档的方式长期保存起来，并编纂成一部“电子邮件英国志”，向公众开放。人们可以在大英图书馆的终端电脑上看到这部电子邮件“史书”。为了保护参与者的隐私权，邮件作者姓名将被封存100年，其真实身份只供后人参阅。

（刘剑英）

附录 历年国际灰色文献大会一览表

届次	主题	时间	地点
16	灰色文献游说团体:引擎与需求者的变化 Grey Literature Lobby: Engines and Requesters for Change	2014 年 12 月 8 日—9 日	美国国会图书馆
15	灰色文献审核——灰色文献的评估领域 The Grey Audit: A Field Assessment of Grey Literature	2013 年 12 月 2 日—3 日	斯洛伐克共和国首都伯拉第斯拉瓦
14	由灰色文献迈向创新 Tracking Innovation through Grey Literature	2012 年 11 月 29 日—30 日	意大利国家研究委员会
13	灰色文献界:从社交网络到财富创造 The Grey Circuit, From Social Networking to Wealth Creation	2011 年 12 月 5 日—6 日	美国国会图书馆
12	灰色文献透明度 Transparency in Grey Literature	2010 年 12 月 6 日—7 日	捷克共和国国家技术图书馆
11	灰色文献的马赛克:大家一起来拼接 The Grey Mosaic, Piecing It All Together	2009 年 12 月 14 日—15 日	美国国会图书馆
10	信息社会灰色文献网格设计 Designing the Grey Grid for Information Society	2008 年 12 月 8 日—9 日	荷兰阿姆斯特丹科技园
9	信息环境中的灰色文献基础 Grey Foundations in Information Landscape	2007 年 12 月 10 日—11 日	比利时安特卫普
8	掌控灰色文献的影响力 Harnessing the Power of Grey	2006 年 12 月 4 日—5 日	美国新奥尔良大学
7	灰色资源文献的开放存取 Open Access to Grey Resources	2005 年 12 月 5 日—6 日	法国国家科技信息研究所
6	灰色文献工作的进展 Work on Grey in Progress	2004 年 12 月 6 日—7 日	美国纽约医学院

续表

届次	主题	时间	地点
5	网络信息世界中的灰色文献材料 Grey Matters in the World of Networked Information	2003 年 12 月 4 日—5 日	荷兰皇家科学院
4	灰色文献的新领域 New Frontiers in Grey Literature	1999 年 10 月 4 日—5 日	美国 Kellogg 会议中心
3	展望科学技术信息的设计与传递 Perspectives on the Design and Transfer of STI	1997 年 11 月 13 日—14 日	卢森堡
2	21 世纪灰色文献的开发利用 Grey Exploitations in the 21st Century	1995 年 11 月 2 日—3 日	美国天主教大学
1	温伯格报告 2000 Weinberg Report 2000	1993 年 12 月 13 日—15 日	荷兰阿姆斯特丹 RAI 会议中心

（赵启玥翻译）

参考文献及网站

说明:图书馆灰色文献资源开发与利用涉及灰色文献总论、灰色文献来源与类型、版权建设、相关标准、资源评估、资源组织、技术平台、长期保存、开发利用等诸多方面的问题。因此,为了使读者朋友对灰色文献资源开发与利用有一个全面的了解并方便检阅,我们将本书参考的文献文献及网站按主题排序,其中,每个主题内部按照出版时间排序。

总论

1. e 线图情(http://www. chinalibs. net)

2. 国际灰色文献大会(http://www. textrelease. com)

3. 国际图联(http://www. ifla. org)

4. 中国图书馆学会(http://www. lsc. org. cn)

5. 美国图书馆学会(http://www. ala. org)

6. 国家图书馆(http://www. nlc. gov. cn)

7. 美国国会图书馆(http://www. loc. gov)

8. 大英图书馆(http://www. bl. uk)

9. 中国图书馆学报(http://www. jlis. cn)

10. 美国图书馆杂志(http://lj. libraryjournal. com)

11. 美国研究图书馆学会(http://www. arl. org)

12. OpenGrey(http://www. opengrey. eu)

13. Grey Net-Grey Literature Network Service(http://www. greynet. org)

14. The Grey Literature Report(http://www. greylit. org)

15. 澳大利亚灰色文献战略计划(http://greylitstrategies. info)

16. 吴建中. 转型与超越:无所不在的图书馆[M]. 上海:上海大学出版社,2012.

17. Fieldhouse M,Marshall A. Collection development in the digital age[M]. London:Facet Publishing,2012.

18. 国家图书馆外文采编部. 数字时代的文献资源建设——第四届全国文献采访工作研讨会论文集[C]. 北京:国家图书馆出版社,2012.

19. 蔡莉静,鄂丽君. 现代图书馆特色资源建设[M]. 北京:海洋出版社,2012.

20. 肖强. 商业数字图书馆信息资源建设模式[M]. 北京:世界图书北京出版公司,2012.

21. 韩红予,张联锋. 高校图书馆文献采访理论与实践[M]. 武汉:武汉大学出版社,2012.

22. 周金龙. 数字时代图书馆危机管理[M]. 北京:海洋出版社,2012.

23. 马费成,等. 数字信息资源规划、管理与利用研究[M]. 北京:经济科学出版社,2012.

24. Farace D J, Schöpfel J. Grey literature in library and information studies[M]. Berlin; New York: De Gruyter Saur, 2010.

25. 高红,朱硕峰,张玮. 世界各国图书馆馆藏发展政策精要[M]. 北京:海洋出版社,2010.

26. 詹福瑞. 国家图书馆第十次科学讨论会获奖论文选集[C]. 北京:国家图书馆出版社,2010.

27. 国家图书馆外文采编部. 新信息环境下图书馆资源建设的趋势与对策——第三届全国图书馆文献采访工作研讨会论文集[C]. 北京:国家图书馆出版社,2009.

28. 唐文惠,潘彤声. 高校图书馆文献资源建设与评价[M]. 武汉:武汉大学出版社,2009.

29. 董素音,蔡莉静. 图书馆竞争情报服务[M]. 北京:海洋出版社,2009.

30. 李大玲. 学术机构知识库构建模式研究[M]. 上海:上海交通大学出版社,2009.

31. Anderson K L. Changes on the horizon : proceedings of the 33rd Annual Conference of the International Association of Aquatic and Marine Science Libraries and Information Centers (IAMSLIC)[C]. Fort Pierce: IAMSLIC, 2008.

32. 王宪洪. 学术文献检索[M]. 北京:中国财政经济出版社,2008.

33. 曹均. 网络环境下高校图书馆信息资源采访[M]. 成都:电子科技大学出版社,2008.

34. 刘秉文,王志国,李志勇. 现代文献信息资源建设[M]. 呼和浩特:内蒙古人民出版社,2008.

35. 肖希明. 信息资源建设[M]. 武汉:武汉大学出版社,2008.

36. 程焕文,潘燕桃. 信息资源管理的理论与实践[M]. 广州:中山大学出版社,2008.

37. 肖希明,等. 数字信息资源建设与服务研究. 武汉:武汉大学出版社,2008.

38. 戴龙基,燕今伟,萧德洪,等. 文献资源发展政策研究[M]. 北京:北京大学出版社,2007.

39. 梁奋东. 图书馆数字资源建设与服务[M]. 深圳:海天出版社,2007.

40. Anderson K L, Ceci. Information for responsible fisheries : libraries as mediators : proceedings of the 31st Annual Conference of the International Association of Aquatic and Marine Science Libraries and Information Centers (IAMSLIC)[C]. Fort Pierce: IAMSLIC, 2006.

41. 王俊杰. 文献学概论[M]. 宁波:宁波出版社,2006.

42. 赵国忠. 文献资源建设的理论与实践研究[M]. 兰州:甘肃民族出版社,2005.

43. 秦珂. 数字图书馆版权导论:21 世纪初图书馆理论与实践前沿领域之一[M]. 北京:气象出版社,2005.

44. Farace D J, Franrzen J. International guide to persons and organisations in grey literature [M]. 4th ed. Amsterdam : GreyNet, 1999.

45. Švábová L, Schmeikal-Frei B, Marks A. Technology and society : a documentation of predominantly grey literature, 1983—1987 [M]. Vienna : European Coordination Centre for Research and Documentation in Social Sciences, 1988.

46. Auger C P. Information sources in grey literature[M]. 4th ed. London; New Providence: Bowker-Saur, 1998.

47. Grey Literature Network Service . Grey exploitations in the 21st century : second international conference on grey literature : reports, proceedings, dissertations, bibliographies, maunels, CD-rom, databases, bulletin boards, WWW, E-mail, internet, etc. : Catholic University of America, Washington, D. C., USA, November 2—3, 1995 [C]. Amsterdam : TransAtlantic, 1996.

48. Chakrabortty A R, Kapoor S K. Information flow in non-R&D context ; Grey literature : generation, organisational sources, bibliographical control, and information dissemination : papers presented at the 14th IASLIC Conference held at INSDOC, New Delhi, Dec. 26—29, 1983[C]. Calcutta : Indian Association of Special Libraries & Information Centres, 1983.

来源与类型

49. 国家知识产权局专利局专利文献部. 专利文献与信息检索[M]. 北京:知识产权出版社,2013.

50. 于洪君. 当代世界政党文献:2012[M]. 北京:党建读物出版社,2013.

51. 周耀林,戴旸,程齐凯. 物质文化遗产档案管理理论与实践[M]. 武汉:武汉大学出版社,2013.

52. 梁平. 网络信息资源优化配置研究[M]. 北京:中国书籍出版社,2013.

53. 吕绍虞. 中国目录学史稿[M]. 武汉:武汉大学出版社,2012.

54. 本书编写组. 党政机关公文处理最新规范读本——《党政机关公文处理工作条例》学习辅导[M]. 北京:国家行政学院出版社,2012.

55. 符绍宏,邓瑞丰,高冉,等. 互联网信息资源检索与利用[M]. 北京:清华大学出版社,2012.

56. 浙江省政协文史资料委员会. 口述历史[M]. 北京:中国社会科学出版社,2012.

57. 覃兆刿. 企业档案的价值与管理规范[M]. 上海:世界图书上海出版公司,2011.

58. 石国亮. 国外政府信息公开探索与借鉴[M]. 北京:中国言实出版社,2011.

59. 王维亮. 美国政府四大科技报告使用指南[M]. 北京:中国宇航出版社,2011.

60. 向国敏. 会议学与会议管理[M]. 北京:首都经济贸易大学出版社,2011.

61. 李小沧. 口述传播研究[M]. 天津:南开大学出版社,2011.

62.《中国的非物质文化遗产》编写组. 中国的非物质文化遗产[M]. 北京:北京语言大学出版社,2011.

63. 于海广. 中国的世界非物质文化遗产[M]. 济南:山东画报出版社,2011.

64. 徐建华. 中国的家谱[M]. 天津:百花文艺出版社,2010.

65. 来新夏,徐建华. 中国的年谱与家谱[M]. 北京:中国国际广播出版社,2010.

66. 王名. 非营利组织管理概论[M]. 北京:中国人民大学出版社,2010.

67. 王少辉. 迈向阳光政府——我国政府信息公开制度研究[M]. 武汉:武汉大学出版社,2010.

68. 中国标准出版社. 中国国家标准汇编 2009 年:修订 11[M]. 北京:中国标准出版社,2010.

69. 张洋. 网络信息资源开发与利用[M]. 北京:科学出版社,2010.

70. 杨正润. 现代传记学[M]. 南京:南京大学出版社,2009.

71. 周涧. 企业沟通——企业公关刊物传播动作研究[M]. 武汉:武汉出版社,2006.

72. 方允璋. 图书馆与非物质文化遗产[M]. 北京:北京图书馆出版社(今国家图书馆出版社),2006.

73. 章用秀. 拓片收藏四十题[M]. 天津:天津人民美术出版社,2004.

74. 彭斐章,乔好勤,陈传夫. 目录学[M]. 武汉:武汉大学出版社,2003.

75. 萨拉蒙,等. 全球公民社会——非营利部门视界[M]. 贾西津,魏玉,等,译. 北京:社会科学文献出版社,2002.

76. 单天伦. 中国地方志年鉴 2002[M]. 北京:中国地方志年鉴编辑部,2002.

77. 王平. 标准文献工作的理论与实践[M]. 北京:宇航出版社,1994.

78. 欧阳宗书. 中国家谱[M]. 北京:新华出版社,1993.

79. 格林伯格. 科学政策和政府科技报告[M]. 金宗蔚,等,译. 北京:科学出版社,1982.

80. 李泰棻. 方志学[M]. 北京:商务印书馆,1935.

版权建设

81. 吕淑萍. 图书馆数字资源版权管理实践与案例[M]. 北京:国家图书馆出版社,2013.

82. 谷秀洁. 开放型机构知识库著作权管理研究[M]. 上海:上海交通大学出版社,2013.

83. 任宁宁. 数字图书馆版权利益平衡机制研究[M]. 北京:经济管理出版社,2013.

84. 陈晋. 开放获取十年:2001—2011[M]. 北京:国家图书馆出版社,2012.

85. 曾湘琼. 开放获取理论与实践[M]. 湘潭:湘潭大学出版社,2011.

86. 程文琴. 数字图书馆的著作权问题研究[M]. 北京:中国农业出版社,2011.

87. Crawford W. Open access[M]. Chicago:American Library Association,2011.

88. 马海群,等. 面向数字图书馆的著作权制度创新[M]. 北京:知识产权出版社,2011.

89. 曹树金,张靖. 资讯管理研究进展[M]. 广州:中山大学出版社,2010.

90. 赵媛. 数字图书馆法律问题研究[M]. 成都:四川大学出版社,2009.

91. 陈传夫. 信息资源知识产权制度研究[M]. 长沙:湖南大学出版社,2008.

92. 乔冬梅. e 印本文库(e-print archive)建设与应用——开放存取运动典型策略研究[M]. 北京:北京图书馆出版社(今国家图书馆出版社),2006.

93. 王振清. 知识产权法理与判决研究[M]. 北京:人民法院出版社,2005.

相关标准

96. 中华人民共和国文化部. WH/T 47—2012 图书馆数字资源统计规范[S]. 北京:国家图书馆出版社,2013.

97. 唐琼. 图书馆数字资源选择标准研究[M]. 武汉:武汉大学出版社,2013.

98. 郑巧英,周晨,彭佳. 国家图书馆网络资源元数据规范和著录规则[M]. 北京,国家图书馆出版社,2013.

99. 郑巧英,梁蕙玮,陈幼华. 国家图书馆电子图书元数据规范和著录规则[M]. 北京:国家图书馆出版社,2013.

100. 郑巧英,周晨,彭佳. 国家图书馆图像资源元数据规范和著录规则[M]. 北京:国家图书馆出版社,2013.

101. 徐周亚,龙伟. 国家图书馆数字资源对象管理规范[M]. 北京:国家图书馆出版社,2013.

102. 朱强,张春红,龙伟. 国家图书馆音频数据加工标准和操作指南[M]. 北京:国家图书馆出版社,2011.

103. 肖珑,等. 国家图书馆元数据应用总则规范汇编[M]. 北京:国家图书馆出版社,2011.

104. 杨慧,刘峥. GB/T 3792. 9—2009《文献著录 第 9 部分:电子资源》应用指南[M]. 北京:国家图书馆出版社,2011.

105. Miller S J. Metadata for digital collections[M]. New York:Neal-Schuman Publishers,2011.

106. 郑巧英,王绍平,汪东波. 国家图书馆管理元数据规范和应用指南[M]. 北京:国家图书馆出版社,2010.

107. 吕淑萍,罗云川. 图书馆数字资源统计标准和应用指南[M]. 北京:国家图书馆出版社,2010.

108. 孙坦,宋文,贺燕. 国家图书馆数字资源唯一标识符规范和应用指南[M]. 北京:国家图书馆出版社,2010.

109. 马海群. 数字信息资源的国家宏观规划与管理[M]. 北京:知识产权出版社,2010.

110. 国家图书馆《中国图书馆分类法》编辑委员会. 中国图书馆分类法(第五版)[M]. 北京:国家图书馆出版社,2010.

111. 张建勇. 文献数据库数据加工规范[M]. 北京:知识产权出版社,2009.

112. 彭绪庶,蒋颖. 资源数字化标准问题研究[M]. 北京:北京图书馆出版社(今国家图书馆出版社),2005.

113. 韦衣昶. 特种文献机读书目数据[M]. 北京:北京图书馆出版社(今国家图书馆出版社),2002.

资源评估

114. 吴建华. 数字图书馆评价方法[M]. 北京:科学出版社,2009.

115. 肖琼. 网络环境下图书馆信息资源组织与评价[M]. 北京:兵器工业出版社,2008.

116. 索传军. 数字馆藏评价与绩效分析[M]. 北京:北京图书馆出版社(今国家图书馆出版社),2007.

117. 袁毅. 核心网站评选的理论与方法[M]. 北京:北京图书馆出版社(今国家图书馆出版社),2005.

118. 段宇峰. 网络链接分析与网站评价研究[M]. 北京:北京图书馆出版社(今国家图书馆出版社),2005.

119. 邱均平. 文献计量与内容分析——2004 信息化与信息资源管理研讨会论文选集[C]. 长春:吉林科学技术出版社,2005.

资源组织

120. Dublin Core Metadata Initiative(http://dublincore.org)

121. 孙晓菲. 数字时代的元数据实践[M]. 杭州:浙江大学出版社,2013.

122. 单志广,吴洁倩,栾捷. 信息资源分类——方法与实践[M]. 北京:科学出版社,2013.

123. 罗翀,等. 电子资源 MARC21 组织法[M]. 北京:国家图书馆出版社,2013.

124. 李清茂. 主题图理论与应用方法研究——以四川省阿坝州旅游文化信息资源组织为例[M]. 成都:西南交通大学出版社,2012.

125. 王军,卜书庆. 网络环境下的知识组织规范和应用指南[M]. 北京,国家图书馆出版社,2012.

126. 邹晓顺,王晓芬,邓珞华. 图书情报应用数学——知识组织、发现和利用中的数学方法[M]. 北京:国家图书馆出版社,2012.

127. 马张华,侯汉清,薛春香. 文献分类法主题法导论(修订版)[M]. 北京:国家图书馆出版社,2009.

128. 董慧. 本体与数字图书馆[M]. 武汉:武汉大学出版社,2008.

129. 肖珑,赵亮. 中文元数据概论与实例[M]. 北京:北京图书馆出版社(今国家图书馆出版社),2007.

130. 马文峰,杜小勇. 数字资源整合:理论. 方法与应用[M]. 北京:北京图书馆出版社(今国家图书馆出版社),2007.

131. 杨嫚. 网络信息资源组织与开发研究[M]. 武汉:华中科技大学出版社,2006.

132. 戴维民,汪东波,赵建华. 网络时代的信息组织——第四次全国情报检索语言发展方向研讨会文集[C]. 北京:北京图书馆出版社(今国家图书馆出版社),2006.

133. 俞君立. 与中国文献分类法百年发展与展望[M]. 武汉:武汉大学出版社,2002.

134.《图书馆杂志》编辑部,上海市图书馆学会. 网络资源与网络资源管理[M]. 北京:北京图书馆出版社(今国家图书馆出版社),2002.

135. 吴建中. DC 元数据[M]. 上海:上海科学技术文献出版社,2000.

技术平台

136. 美国图书馆馆藏与技术服务学会(http://www. ala. org/alcts)

137. 美国图书馆与信息技术学会(http://www. ala. org/lita)

138. 董晓莉. 数字资源长期保存关键技术研究[M]. 北京:中国书籍出版社,2013.

139. 中国社会科学情报学会. 图书馆 · 情报与文献学研究的新视野——中国社会科学情报学会成立二十周年学术论文集[C]. 北京:中国书籍出版社,2013.

140. 王荟,肖禹. 地方志数字化模式与案例分析[M]. 北京:国家图书馆出版社,2013.

141.《网络资源采集与数字资源长期保存学术研讨会论文集》编委会. 网络资源采集与数字资源长期保存学术研讨会论文集[C]. 北京:国家图书馆出版社,2013.

142. 衡中青. 地方志知识组织及内容挖掘研究——以《方志物产 · 广东》为例[M]. 芜湖:安徽师范大学出版社,2012.

143. 李芳,彭佳,杨梅,等. 学科信息资源建设方法[M]. 上海:上海交通大学出版社,2012.

144. 郑卫华,宋寅平. 国家标准文献共享服务平台研究与实践[M]. 北京:中国标准出版社,2011.

145. 王立清. 中文古籍数字化研究[M]. 北京:国家图书馆出版社,2011.

146. 王新才. 政府信息资源管理[M]. 北京:科学出版社,2011.

147. 贾宏,逯爱英. 数字图书馆技术应用研究[M]. 沈阳:白山出版社,2011.

148. Giaretta D. Advanced Digital Preservation[M]. New York :Springer,2011.

149. 沈迪云. 地方文献论文集——萧山 · 地方文献国际学术研讨会[C]. 太原:三晋出

版社,2010.

150. 贾磊磊. 数字化时代文化遗产的保护和展现——中美文化论坛[M]. 北京:文化艺术出版社,2010.

151. 毛建军. 古籍数字化理论与实践[M]. 北京:航空工业出版社,2009.

152. 谢春枝. 分布式数字图书馆资源整合与服务集成的管理研究[M]. 杭州:浙江工商大学出版社,2009.

153. 赵中新. 文献影像技术的发展与应用[M]. 北京:中国档案出版社,2008.

154. 周拴龙. 文献数字化理论与技术[M]. 北京:线装书局,2007.

155. 王兰成,敖毅. 数字图书馆技术——信息集成与信息检索[M]. 北京:国防工业出版社,2007.

156. 张晓林. 数字图书馆理论、方法与技术[M]. 北京:北京图书馆出版社(今国家图书馆出版社),2007.

157. 张付志. 异构分布式环境下的数字图书馆互操作技术[M]. 北京:电子工业出版社,2007.

158. Marco David. 元数据仓储的构建与管理[M]. 张铭,李钦,等,译. 北京:机械工业出版社,2004.

159. 中国国家图书馆. 中文拓片机读目录格式使用手册　中文拓片编目规则[M]. 北京:北京图书馆出版社(今国家图书馆出版社),2002.

160. 李耀明,黄儒虎. 标准文献信息管理[M]. 北京:中国计量出版社,1998.

长期保存

161. 戴龙基. 我国信息资源共建共享的可持续发展研究[M]. 上海:上海交通大学出版社,2012.

162. 林明,周旖,张靖,等. 文献保护与修复[M]. 广州:中山大学出版社,2012.

163. 谢永宪. 数字资源长期保存研究[M]. 上海:世界图书上海出版公司,2011.

164. 张绍武. 数字信息资源长期保存研究[M]. 昆明:云南科技出版社,2009.

165. 赵俊玲. 守护 e 时代的记忆——网络信息资源保存研究. 北京:北京图书馆出版社(今国家图书馆出版社),2007.

166. 宛玲. 数字资源长期保存的管理机制[M]. 北京:北京图书馆出版社(今国家图书馆出版社),2006.

后　记

灰色文献资源开发利用在我国图书馆早已有之。图书馆对于散布于民间的家谱的收藏利用、对于名人手稿的征集与收藏等,都是图书馆开发利用灰色文献资源的具体案例。虽然如此,但从宏观上看,我国图书馆对于灰色文献资源开发利用整体水平还有待进一步提升。虽然灰色文献(Grey Literature或Gray Literature)这个舶来词进入我国时日已经不短,但是灰色文献并没有与白色文献等量齐观并进入图书馆的视野。除了白色文献占据了其主要馆藏之外,大多数图书馆仅仅将自己剩余的有限的注意力聚焦于古籍、善本或者学位论文等灰色文献的冰山之一角,而对于其他丰富的灰色文献资源的关注不够。因此,从图书馆资源建设战略高度上对灰色文献资源开发利用进行研究和实践,是我们需要加强和注意的地方。

实际上,图书馆层面加强对灰色文献资源开发利用的重视,仅仅是问题的一个方面;另一个方面是,我们还应该从更高的战略层面上重视灰色文献资源的开发与利用。1993 年 12 月 13 日,第一届国际灰色文献会议在荷兰阿姆斯特丹召开,此后每两年召开一次会议,迄今为止已经召开了 15 届会议,而第 16 届会议将于 2014 年 12 月 8 日在美国国会图书馆召开,这次会议的主题是"灰色文献游说团体:引擎与需求者的变化"(Grey Literature Lobby: Engines and Requesters for Change)。会议主要通过讨论对政策制定者和决策者如何开展游说并进而使灰色文献开发利用获得合法投资,以应对技术、政策发展、经济刺激、知识共享、灰色文献存储、存取和长期保存方面的变化。由此,我们可以看出,以美国为代表的西方国家将灰色文献开发利用提升到一个较高的战略地位,这无疑对我国灰色文献资源开发利用具有相当的借鉴意义。

我们希望本书能够对我国灰色文献资源开发利用的历史与现状进行必要的总结,明确我们现在所取得的成绩和存在的不足,并对如何进一步做好灰色文献资源开发利用工作进行研究,以便对我国灰色文献资源开发利用的理论与实际工作有所参考。

由于作者水平有限,书中定然存在诸多不足,请读者朋友们多多包涵。

刘锦山

2014 年 3 月 1 日